Thomas Höffgen

Schamanismus bei den Germanen

Götter • Menschen • Tiere • Pflanzen

Edition Roter Drache

Im Mittelpunkt der germanischen Mythologie – im Zentrum des heiligen Haines – steht der Weltenbaum, das universelle Symbol des Schamanismus. In Sibirien gibt es ein Ritual, bei dem der Schamane auf eine Birke klettert, in die neun Einkerbungen geritzt sind, welche die neun Welten symbolisieren. Bei den Germanen ist es Wotan, der den Weltenbaum rituell erklettert, um die neun Welten zu erforschen. Rekonstruktion der Externsteiner Irminsul (mit neun Ästen).

7., vollständig überarbeitete und erweiterte Auflage Dezember 2024.

Edition Roter Drache, Am Hügel 7, 59872 Meschede
edition@roterdrache.org; www.roterdrache.org
Umschlag- und Buchgestaltung: Edition Roter Drache
© Foto des Runensteins auf dem Umschlag und im Buch: Sören Hallgren/ The Swedish History Museum
Sämtliche Bilder sind, soweit nicht anders angegeben, gemeinfrei.
Lektorat: Nicole Höffgen
Gesamtherstellung: Jelgavas Tipogāija, Lettland

ISBN 978-3-946425-20-5

Inhaltsverzeichnis

Vorwort zur Neuausgabe

Seit dieses Buch zum ersten Mal erschienen ist, hat das „Nordische Schamanentum“ zunehmend an Popularität gewonnen. Das Interesse an paganer Naturspiritualität ist stark gewachsen und mit ihm das Bedürfnis nach erweitertem Wissen.

Für die neue Auflage dieses Buches habe ich daher nicht nur ein paar alte Fehler korrigiert, sondern auch zahlreiche Überarbeitungen, Ergänzungen und Erweiterungen vorgenommen, den Inhalt des Buches maßgeblich verbessert und vermehrt. Der etwas emphatische Ton der Erstfassung wurde zwar nicht eliminiert, aber durch etliche Verweise, Diskurse und Exkurse gewissermaßen eingehegt. Nicht zuletzt habe ich viele neue Vergleichsbeispiele aus schamanischen Kulturen aus aller Welt hinzugefügt.

Das ursprüngliche Anliegen des Sachbuches ist freilich dasselbe geblieben, nämlich den Leser in die faszinierende Welt des germanischen Schamanismus einzuführen.

Wotan, der germanische Ur-Schamane, mit Zauberstab und Schlapphut, opferte sein Auge, um aus der heiligen Quelle der Erkenntnis zu trinken, die an den Wurzeln des Weltenbaums entspringt. Georg von Rosen, 1886.

Einleitung: Germanischer Schamanismus

In einer rustikalen Gaststube aus dem 19. Jahrhundert, die in dunkel-hölzernem Barock gehalten war, traf ich mich zu einem Abendessen mit dem alten Hochschullehrer Hasenfratz. Im Schein der Kerze offenbarte ich dem Schweizer Religionshistoriker die Idee, ein Buch zum Thema „Schamanismus bei den Germanen" zu verfassen. Freilich ein schillerndes Thema. Der emeritierte Professor fand die Idee jedoch „höchst spannend" und rezitierte mir sogleich den ersten Merseburger Zauberspruch in althochdeutscher Sprache – ich konterte mit dem zweiten. Hasenfratz sah mich scharf mit einem Auge an und sagte: „Natürlich macht ein solches Unterfangen Sinn. Denken Sie nur einmal an den Weltenbaum, den haben die Germanen ebenso wie alle zirkumpolaren schamanischen Kulturen. – Der Weltenbaum", sagte Hasenfratz und setzte im Hinausgehen seinen Hut auf, „könnte Sie tatsächlich zu den germanischen Schamanen führen". Der Mann ließ mich verdutzt zurück, widersprachen seine Worte doch der wissenschaftlich etablierten Lehrmeinung, welche diesem Thema tendenziell mit Ablehnung entgegentritt. Doch er machte mir auch Mut, meine langjährige Privatforschung, die zum Teil zu unorthodoxen Ergebnissen geführt hat, zu diesem kleinen Büchlein auszuarbeiten.

Fast alle akademischen Untersuchungen, die sich mit dem Thema „Schamanismus bei den Germanen" befassen, sind gekennzeichnet durch eine kritische, ja allzu kritische Herangehensweise: Da ist allenfalls von „schamanistischen Elementen" (Ohlmarks) bzw. „Spuren" und „schamanischen Überbleibseln" die Rede sowie von Motiven, die zwar „seltsam schamanisch" seien, aber „nicht Schamanismus im strengen Sinn" (Eliade). Man spricht von „schamanistischen Zügen in der altisländischen Überlieferung" (Buchholz) oder „Zügen des Schamanentums in der germanischen Überlieferung" (Lichtenberger). Wissenschaftlicher Konsens sind nur mehr „Ähnlichkeiten" und „Parallelen" bzw. „Spuren schamanischer Praktiken" sowie „schamanoide" Züge (Simek). Aber sind es wirklich lediglich Spuren, Züge und Einzelheiten, die auf einen germanischen Schamanismus schließen lassen? Oder erfüllt die Rede von den Einzelheiten vielmehr den Tatbestand der wielandschen Verwirrung, in welcher der vorsichtig-übervorsichtige Forscher nur mehr Bäume sieht, ohne sie als Teil des Waldes wahrzunehmen? Sieht er nicht, dass es sich um Weltenbäume handelt?

In der schamanischen Kosmologie spielt der Weltenbaum eine Schlüsselrolle: Er ist Sinnbild für die *axis mundi*, die das Weltgefüge konstituiert und strukturiert („Weltachse"). An seinem Stamm vermögen die Schamanen die drei Welten zu erklettern. Für den Schamanismus ist der Weltenbaum fundamental, und ohne Schamanismus macht ein Weltenbaum kaum Sinn. Dass ein solcher kosmischer Baum nun auch für die Germanen von zentraler Bedeutung war, lässt sich leichterdings belegen: In der nordischen Mythologie ist von einer Esche Yggdrasil die Rede, die das All verkörpert und in deren Schatten die Götter alltäglich Rat halten. Äste, Stamm und Wurzeln dieses Baumes umfassen die drei Welten (Asgard, Midgard, Utgard) bzw. neun Welten (Asgard, Wanenheim, Lichtalbenheim; Midgard, Jötunheim, Muspellsheim; Schwarzalbenheim, Niflheim, Hel). Und von Odin, dem germanischen Ekstasegott, wird dieser Weltenbaum – eindeutig schamanisch – rituell erklettert.

Indes ist das doch keine Kleinigkeit, wenn im Mittelpunkt der germanischen Mythologie – im Zentrum des heiligen Haines – ein Weltenbaum gedeiht, also *das* Symbol des Schamanismus. Vielmehr lässt die exponierte Position des Baumes auf eine besondere, ja substanzielle Bedeutung des Schamanismus bei den Germanen schließen. Das ist zumindest eine ziemlich „heiße Spur". Es drängt sich der Verdacht auf, dass die germanische Religion gerade doch und ganz grundsätzlich vom Schamanismus beherrscht und schamanisch strukturiert gewesen ist.

Mitnichten soll hier das Verdienst all der genannten (und nicht genannten) Forscher geschmälert werden, zumal ihre Arbeiten dem vorliegenden Werk durchaus zugrunde liegen. Ganz im Gegenteil haben sie zuweilen regelrechte Pionierarbeit geleistet. Gerade der rumänische Religionswissenschaftler Mircea Eliade hat mit seinem Buch *Schamanismus und archaische Ekstasetechnik* (1951) ein Meisterwerk der Schamanismusforschung vorgelegt und darin bereits die

Grundzüge des germanischen Schamanentums umrissen: „Gewisse Einzelheiten innerhalb der Religion und Mythologie der Germanen lassen sich mit Vorstellungen und Techniken des nordasiatischen Schamanismus vergleichen".[1] Dennoch lässt sich in so ziemlich allen akademischen Abhandlungen von damals bis heute feststellen, dass es durchaus gewisse Vorbehalte gibt, die Sache beim Namen zu nennen. Selbst der Ethnologe Hans Peter Duerr, dessen Arbeiten zum Hexen- und Schamanentum wohl zu den bedeutsamsten zählen dürften, nennt Odins rituelle Weltenbaumbesteigung „schamanenartig" bzw. „schamanistisch".[2]

Eine Ausnahme bilden etwa die alten Theorien des Mediävisten Karl Hauck seit den 1970er Jahren, in denen es vor allem um die Deutung von germanischen Brakteaten (Amuletten) ging: Hauck war davon überzeugt, dass die Bilder auf diesen Amuletten germanische Schamanen darstellen und einen schamanischen Kontext mit Seelenreisen, Tierverwandlungen und Hilfsgeistern offenbaren – er spricht gar von einer germanischen „Schamanenreligion" bzw. einer „beachtlichen Ausbreitung des paganen Schamanismus" und nennt „Odin-Wodan" wörtlich einen „göttlichen Arzt und Schamanen".[3] Doch auch Hauck ruderte später zurück und konstatierte, dass der kulturübergreifende Ersatzbegriff Schamane „überflüssig" sei und es stattdessen genüge, „schamanistische Züge der germanischen Religion" zu beschreiben.[4]

Seitdem gab es zwar immer wieder zum Teil durchaus überzeugende Versuche, die These vom „germanischen Schamanentum" wiederzubeleben, vor allem vonseiten der akademischen

[1] Eliade, Mircea: *Schamanismus und archaische Ekstasetechnik*, S. 362.

[2] Duerr, Hans Peter: *Traumzeit*, S. 58 bzw. 338.

[3] Hauck, Karl: *Goldbrakteaten aus Sievern*, S. 444ff.

[4] Behr, Charlotte: F*orschungsgeschichte/Karl Hauck und die Ikonologie der Goldbrakteaten*, S. 227. Vgl. ebd.: „Odin war für ihn der zaubermächtige göttliche Schamane, der in Begleitung seiner Hilfsgeister primordiale Heilungs- und Regenerationsrituale vollzog. In späteren Arbeiten hat Hauck eine mehr oder weniger radikale Abkehr von dieser schamanistischen Deutungsperspektive vollzogen".

Wotan reitet auf dem Schamanenpferd und schlägt die Trommel.
Runenstein von Möjbro (Schweden), 5.-7. Jhd. (Rundata U 877)

Archäologie (Hedeager, Solli, Price), aber auch der freien Ethnologie (Blain, Storl, Rätsch) und des modernen Schamanismus (Vömel, Baumgarten, Appel); es gibt sogar ein Scandinavian Center for Shamanic Studies (Høst, Horwitz, Waldebäck). Dennoch hat sich im Diskurs bis heute eindeutig die Ansicht durchgesetzt, dass es sich bei allen diesen Hinweisen und Überschneidungen eben um nicht mehr handelt als „Züge, Spuren, Einzelheiten". Im *Reallexikon der germanischen Altertumskunde* heißt es zusammenfassend:

> Daß sich in der nordischen Religion wie auch in den meisten anderen Spuren von Schamanismus finden, läßt sich übereinstimmend festhalten. [...] Der springende Punkt ist, in welchem Ausmaß diese

> schamanistischen Züge als konstituierend für die religiöse Praxis und die religiöse Vorstellungswelt gelten können.[5]

Sinnfällig zu machen, dass diese „Spuren“ und „schamanistischen Züge“ sogar in sehr hohem Maße für die germanische Religion als „konstituierend“ gelten können, ist das Anliegen des vorliegenden Buches. Im Grunde soll hier der alte Faden wieder aufgegriffen und der Versuch gewagt werden, die germanische Religion fürwahr als eine Art „Schamanenreligion“ zu deuten. Eine Hauptarbeit besteht freilich darin, alle diese vielen kleinen „Spuren“ zu versammeln und anschaulich zu machen, um daraus ein größeres Gesamtbild zu schaffen. Außerdem sollen möglichst viele dieser „Elemente“ in direkten Vergleich mit schamanischen Motiven, Mythen oder Riten aus der ganzen Welt gestellt werden, um grundsätzliche Übereinstimmungen dingfest zu machen. Sinn der Sache ist es schließlich, die germanische Religion nicht mehr als „schamanistisch“ oder „seltsam schamanoid“ wahrzunehmen und für wahr zu nehmen, sondern als schlechthin „schamanisch“.

Das Gespräch mit Hasenfratz ließ mich auch an die Sámi denken, jenes letzte indigene Volk Europas, das im zirkumpolaren Skandinavien beheimatet ist, in „Lappland“ bzw. „Sápmi“. Wenngleich sich der Lebensraum der Sámi über weite Teile Norwegens und Schwedens erstreckt, zählen sie doch nicht zu den Germanen; sie sprechen keine germanische, sondern eine uralische Sprache. Vermutlich wanderten die Sámi kurz nach der letzten Eiszeit (ca. 10.000-5.000 v. u. Z.) aus dem nordwestlichen Sibirien nach Nordeuropa ein, von wo aus sie auch den Schamanismus mitbrachten. Die alten Sámi verehrten die Natur und gingen von der Allbeseelung des Kosmos aus sowie davon, dass ein Schamane – ein „Noaidi“ – die Fähigkeit besitzt, mit dieser von Geistwesen belebten Umwelt in Kontakt zu treten.[6] Das

[5] *Reallexikon der germanischen Altertumskunde*, Bd. 26, S. 595f.

[6] „They were believed to have the ability to change their appearance, sometimes into animal form, as well as to travel in these guises or as natural phenomena such as gusts of wind“. Kent, Neil: *The Sámi*, S. 103.

wichtigste Ritualgerät der samischen Schamanen war natürlich die Trommel mitsamt dem aus Rentiergeweih gefertigten Schlägel. Das Fell vieler dieser Trommeln ist bemalt mit verschiedenen Formen und Figuren: Göttern, Menschen, Tieren und Pflanzen, Wesen aus der Anderswelt und Ahnengeistern (gemalt mit roter Farbe aus der Rinde des Erlenbaums). Es handelt sich um eine Art mythische Weltkarte, die es dem Schamanen möglich macht, sich während seiner Jenseitsreise orientieren zu können. Im mythologischen Bewusstsein der Sámi ist diese Schamanentrommel aus dem Holz des Weltenbaums gefertigt.

Die frühste schriftliche Quelle zu den Sámi ist ausgerechnet die *Germania* (98 n. u. Z.) des antiken Historikers Tacitus, ein Buch, das als wichtigste Quelle zur Kultur und Religion der altgermanischen Stämme gehandelt wird. Dass die Sámi gar keine Germanen sind, hat Tacitus zwar geahnt, doch führt er sie gleichwohl in seinem ethnographischen Bericht auf, weil sie der germanischen Kultur so nahestanden. Tatsächlich trieben Sámi und Germanen einen regen Tauschhandel, und es ist durchaus naheliegend, dass sie sich nicht nur wirtschaftlich, sondern auch geistig-kulturell austauschten. Sollte hier der *missing link* liegen, durch den sich der Schamanismus – als Phänomen zirkumpolarer Völker – in die germanische Kultur transferieren lässt?[7]

Bezeichnenderweise werden in der *Chronicon Norvegicum* (12. Jhd.), der ältesten schriftlichen Quelle zum Schamanismus bei den Sámi, die magischen Tätigkeiten der Noaiden mit den altnordischen Worten *gandr* bzw. *galdr* beschrieben, Bezeichnungen, die gleichsam zur Beschreibung der Zauberkünste der Germanen dienten. Nicht unwahrscheinlich, dass nicht nur die Worte, sondern auch die Techniken sich überschneiden. Schon im frühen 18. Jahrhundert verglich man das Schamanentum der Sámi mit den geheimen

[7] Schon 1877 machte Johan Fritzner auf diese mögliche Verbindung aufmerksam, am Rande auch Wolfgang Golther 1895, und 1935 ging Dag Strömbäck davon aus, dass der germanische Seiðr unter dem Einfluss des Sámi-Schamanismus entstanden sei.

Runenzauberkünsten der Germanen.[8] Nicht umsonst nennt man die samische Schamanentrommel auch „Runebomme".[9]

Dann gibt es noch den berühmten Runenstein aus dem schwedischen Möjbro (vgl. das Cover zu diesem Buch): Dieses rund zweieinhalb Meter hohe germanische Kultdenkmal aus der Völkerwanderungs- bzw. frühen Vendelzeit stellt – unterhalb der eigentlichen Runeninschrift – kunstvoll einen von zwei Hunden begleiteten Reiter dar, der angeblich ein Schwert und einen Rundschild in den Händen hält. Als ich den Stein zum ersten Mal sah, dachte ich jedoch: „Das ist ein germanischer Schamane, der mit einem Stöckel auf die Rahmentrommel schlägt. Er reitet auf dem Schamanenpferd und wird begleitet von den Höllenhunden, den Hütern der Schwelle. Das ist der Schamanengott Odin mit seinen Krafttieren, dem Pferd Sleipnir und den Wölfen Geri und Freki". Tatsächlich erkennt man bei genauerer Betrachtung, dass der längliche Gegenstand des Reiters an der Oberspitze eine Rundung aufweist – schlecht für ein Schwert, typisch für den Schlägel. Die Runeninschrift lautet *frawaradaR anahahaislaginaR* und konnte bislang nicht wirklich übersetzt werden. Allerdings scheint sie auf einen gewissen „Einäugigen"[10] anzuspielen, also doch wohl auf Odin, den einäugigen Schamanengott der germanischen Mythologie.

Die Runenkunst trägt selbst ausgesprochen schamanischen Charakter.[11] Immerhin wird sie von Odin im Rahmen seiner Weltenbaumbesteigung erlangt (Odins Runenlied). Die altnordischen Runenmeister ritzten ihre Runen in Ekstase (*alu*) und gaben sich selbst Tiernamen wie Rabe, Adler oder Wolf („Totemismus"). Wie Odin

---

[8] Pfitzer, Johannes Nikolaus: *Kurzer Bericht von der Lappländer Zauber-Kunst, Hexerey und Wahrsagerey*, S. 58ff. Dieser Text findet sich im Anhang zu einem alten Faust-Buch aus dem Jahr 1717.

[9] Zur samischen Schamanentrommel vgl. Manker, Ernst: *Die lappische Zaubertrommel* (1938/1950). Vgl. auch Kasten, Erich: *Die Trommel der Saami als Abbild von Weltbild und ritueller Praxis im Wandel* (2021).

[10] Vgl. Düwel, Klaus: *Runenkunde*, S. 39f.

[11] Vgl. Höffgen, Thomas: *Weißt du zu ritzen?* (2023).

mussten sie einen geweihten Baum besteigen, den Weltenbaum, um die Runenkunst zu lernen und sich mit ihrem Kultgott mystisch zu vereinigen. In vielen Runeninschriften spricht der Gott persönlich, zum Beispiel auf dem Brakteaten von Nebenstedt (Deutschland) aus dem 6. Jahrhundert: „Ich, der Glanzäugige, weihe diese Runen".[12] Man hat daher sogar vermutet, dass zwischen dem Runenmeister und dem Runengott eine mystische Identität bestand: „Der Runenmagiker ist eine Inkarnation, eine Emanation des Gottes, ja man kann sagen, er ist der Gott selbst".[13] Freilich war in der Germanenzeit nicht jedermann ein Runenmeister (oder eine Runenmeisterin). Doch ist die Überlieferung eindeutig, dass der Runenzauber auch im gewöhnlichen Volk weit verbreitet war (Ynglingasaga 7), vielleicht vergleichbar mit dem von Eliade (und anderen) sogenannten „Hausschamanismus" (bei den sibirischen Korjaken).[14]

Dass die germanische Mythologie und Religion fürwahr all das zu bieten hat, was man bei schamanisch strukturierten Völkern findet, soll dem Leser im Folgenden vor Augen geführt werden.

---

[12] Vgl. Düwel, Klaus: *Runenkunde*, S. 47.

[13] Marstrander, Carl J. S.: *De nordiske runeinnskrifter i eldre alfabet*, S. 244. Vgl. auch Düwel, Klaus: *Runenkunde*, S. 36.

[14] Eliade, Mircea: *Schamanismus und archaische Ekstasetechnik*, S. 242.

Was ist Schamanismus?

Der „Schamane“

„Der Schamane ist ein Mensch mit großen magischen Kräften, der sich mithilfe von Tanz, Musik und Drogen in Rauschzustände versetzt, um Seelenreisen zu unternehmen und Verbindung mit den Verstorbenen und Geistern aufzunehmen. Die Schamanen wirken als Priester und Heiler“.[15] Diese Definition der *Duden*-Redaktion klingt zunächst recht zutreffend, ist jedoch zugleich so vage formuliert, dass sich jeder darunter etwas anderes vorzustellen vermag. Tatsächlich besteht hinsichtlich der Frage, was Schamanismus überhaupt *ist*, Uneinigkeit.

Wie unterschiedlich man den Schamanismus wahrnehmen kann, zeigt schon die Begriffsgeschichte: Der erste Europäer, der das Wort „Schamane“ gebrauchte, war der Niederländer Nicolas Witsen. Für den christlichen Diplomaten, der Ende des 17. Jahrhunderts durch Sibirien reiste, waren diese Leute, die fellbekleidet und mit Geweih auf dem Kopf die Trommel schlugen, jedoch schlichtweg „Teufels-Priester“.[16] Rund hundert Jahre später, im Aufklärungsjahrhundert, wurde der Begriff „Schamane“ quasi synonym zu „Scharlatan“ verwendet und vor allem mit dem (unaufgeklärten) „Aberglauben“ assoziiert.[17] Und noch im ausgehenden 19. und beginnenden 20. Jahrhundert ging man davon aus, dass Schamanen „Geisteskranke“ seien, die unter „Schizophrenie“ bzw. „arktischer Hysterie“ litten.[18] Parallel dazu bildeten sich freilich auch positivere Sichtweisen heraus, beginnend wohl schon mit Herder und Goethe im 18. Jahrhundert und Nietzsche und Rohde im 19. Jahrhundert.[19] Spätestens Mitte des 20. Jahrhunderts änderte sich die Wahrnehmung deutlich, nicht zuletzt mit Mircea Eliade,

[15] *Duden*. Allgemeinbildung, S. 319.

[16] Witsen, Nicolas: *Noord en Oost Tartarije*, S. 663.

[17] Vgl. das Lustspiel *Der sibirische Shaman* (1788) von Katharina II.

[18] Vgl. Ohlmarks, Åke: *Studien zum Problem des Schamanismus*, S. 36ff.

[19] Vgl. Kocku, Stuckrad von: *Schamanismus und Esoterik*, S. 66ff.

der den Schamanismus als eine Art Urphänomen der menschlichen Religiosität interpretierte, das weltweit gleichermaßen anzutreffen sei und von dem alle anderen Religionen (einschließlich der Weltreligionen) gewissermaßen abstammten. Eliades Theorien wurden vor allem in den USA begeistert aufgegriffen, zum Beispiel vom Anthropologen und Ethnobotaniker Weston La Barre, der den Schamanismus wortwörtlich als „Ur-Religion“ bezeichnete, von der sogar die Götter selbst abstammen:

> The ancestor of the god is the shaman himself, both historically and psychologically. There were shamans before there were gods. The very earliest religious data we know from archeology show dancing masked sorcerers or shamans at Lascaux, Les Trois Frères, and other Old Stone Age cave.[20]

Obwohl derartige Theorien von der modernen Forschung meistenteils zurückgewiesen wurden, hatten sie doch einen denkbar großen Einfluss auch auf die Populärkultur und trugen maßgeblich dazu bei, dass der „Schamanismus“ seit den 60ern und 70ern auch außerhalb der Wissenschaft deutlich „an Anziehungskraft in den westlichen Industriegesellschaften“ gewonnen hat: „Dort spielt er eine erhebliche Rolle bei der Suche nach Spiritualität, in der Sorge um die sogenannte Umwelt, in dem Bemühen um die Stärkung der Rechte von Frauen und auch in der alternativen Medizin“.[21]

Einen ersten Hinweis darauf, was Schamanismus ist, gibt die Etymologie[22] des Wortes selbst: „Schamane“ leitet sich vom sibirisch-tungusischen Wort *šaman* ab und heißt „der, der weiß“ bzw. „der erregt ist“ oder auch „weiser Mann“. Der Schamane ist also ein Mensch, der im Zustand der Erregung (Raserei, Ekstase) eine Art von Wissen oder Erkenntnis erfährt. Der Ursprung des

[20] La Barre, Weston: *The Ghost Dance*, S. 161.

[21] *Metzler Lexikon Religion*, Bd. II, S. 240.

[22] Vgl. Stuckrad, Kocku von: *Schamanismus und Esoterik*, S. 10. Vgl. auch Eliade, Mircea: *Schamanismus und archaische Ekstasetechnik*, S. 457ff.

Wortes *šaman* wiederum wird im Hunnisch-Ungarischen *kám*, „Seher, Wahrsager", vermutet. Demnach ist der Schamane dazu in der Lage, das in der Erregung geschaute wahre Wissen mythisch mitzuteilen. Vielleicht hängt *šaman* auch mit dem Sanskrit-Wort *cramana*, „Bettelmönch, Asket", zusammen, was auf die Funktion des Schamanen als Mystiker und Magier sowie als praktischer Philosoph hindeutet.

> Die alte Volksreligion der Mongolen und ihrer Nachbarländer ist in Europa als Schamanismus bekannt, die Anhänger selbst haben für ihre Religion jedoch keine besondere Bezeichnung. Schamanismus wurde ‚der Schwarze Glaube' (*Khara Shadjin*) genannt, im Gegensatz zum ‚Gelben Glauben' (*Shira Shadjin*). Die Chinesen wiederum bezeichneten den Schamanismus als *Tao-Shen* (‚im Antlitz der Geister tanzen'). Diese Namen vermitteln jedoch nicht im Geringsten einen Eindruck vom wahren Wesen des Schamanismus.[23]

Der Begriff „Schamane" ist nicht zwingend eine Selbstbezeichnung derjenigen, die „schamanisch" tätig sind, sondern nur bei ganz bestimmten Völkern Nord- und Mittelasiens anzutreffen. Vielmehr hat jede Kultur und Tradition – sogar unter verwandten Völkerschaften – ihren eigenen Begriff: Noch „im 19.-20. Jahrhundert gab es bei den Völkern Mittelasiens und Kasachstans keine einheitliche Bezeichnung für Schamanen".[24] Nicht der Begriff also, sondern das Phänomen, das wir als „Schamanismus" bezeichnen, ist weltweit verbreitet – und zeitlos.

---

[23] Gorbatcheva, Valentina und Federova, Marina: *Die Kunst Sibiriens*, S. 149.

[24] Basilow, Wladimir: *Das Schamanentum bei den Völkern Mittelasiens und Kasachstans*, S. 54. Seit Anbeginn der Schamanismusforschung in Europa im 16. und 17. Jahrhundert wurde der sibirische Schamane als „ekstatischer Zauberer" bezeichnet, aber auch als „Schwarzkünstler" und „Hexenmeister".

Steinzeit-Schamanismus

Der Schamanismus führt in die Ur-Geschichte der Menschheit, die Zeit der Jäger und Sammler, die Altsteinzeit. Besonders das Jungpaläolithikum (40.000-10.000 v. u. Z.) gilt nicht nur als die Geburtsstunde des modernen Menschen, sondern auch als Hochphase des Schamanismus.

> Im Leben der Jäger, Sammler und Nomaden nahm der Schamane eine zentrale Stellung ein: Er war geistlicher Führer des Clans, Opferpriester, Seelenführer, Magier, aber auch Heiler, Dichter und Sänger. Er unterhielt die Kontakte zu den allgegenwärtigen Geistern, die ihm in ekstatischen Sitzungen in Tiergestalt erschienen. In Trance begab er sich mit ihnen auf seine mystischen Himmel- und Unterweltfahrten.[25]

Aus Mammut-Elfenbein gefertigte Figuren gelten als die ältesten Kunst- und Kulturwerke der Menschheit. Hervorzuheben ist eine knapp 30 Zentimeter große Figur, die bei archäologischen Ausgrabungen in einer Höhle der Schwäbischen Alb (Deutschland) gefunden wurde: Sie ist rund 35.000 Jahre alt und stellt einen menschlichen Körper mit dem Kopf und den Extremitäten eines Höhlenlöwen dar – offensichtlich handelt es sich um einen in ein Tier verwandelten Schamanen.[26] Weltberühmt sind außerdem die Höhlenmalereien in Frankreich, die zoomorphe Mischgestalten abbilden, man denke etwa an den Mann mit Hirschgeweih („gehörnter Gott") oder den Mann mit Stierhörnern („Hexenmeister mit dem Mundbogen") in der Grotte des Trois-Frères in Montesquieu-Avantès.

---

[25] Clottes, Jean und Lewis-Williams, David: *Schamanen* (frz. 1996, dt. 1997).

[26] Vgl. Zeeb, Lanz, Andrea und Reymann, Andy: *Löwenmenschen und Schamanen*, S. 41: „Hervorstechendste Merkmale für die Interpretation der Figur als Schamane in tiefer Trance sind zum einen die tierischen Attribute wie Löwenkopf und -pranken, zum anderen die Darstellung des Schwebens, hervorgerufen dadurch, dass die Fußsohlen den Boden nicht berühren".

> Im Magdalénien von Mas d'Azil aber tritt uns ein Mann mit Bärenkopf, in der Grotte von Espélugues bei Lourdes, ebenfalls in Südfrankreich, ein solcher mit Pferdekopf entgegen. Dies waren sicher Maskentänzer, die sich mit einem entsprechenden Fell und Kopf als Bär oder Pferd verkleidet vor einem geplanten Jagdzug auf diese Tiere Zauberkraft zu deren Erbeutung zu verschaffen versuchten.[27]

Tierverwandelte Ekstatiker begingen in den steinzeitlichen Höhlen schamanische Kulte: In der Brillenhöhle bei Blaubeuren (Schwäbische Alb) fand man bei Ausgrabungen einen fast 20.000 Jahre alten Trommelschlägel aus Rengeweih, der stark an diejenigen erinnert, die von den Sámi-Schamanen verwendet werden.[28]

> In den jungpaläolithischen Höhlenmalereien finden sich gelegentlich Szenen, in denen Männer in Tierverkleidung eine zentrale Rolle spielen. In der Höhle von Lascaux (Dordogne) ist ein Mann abgebildet, der eine Vogelkopfmaske trägt und wie tot, in seltsam verkrampfter Haltung, am Boden liegt. Unweit von ihm steht eine Stange mit einem Vogel darauf. Letztes Motiv ist gut aus dem sibirischen Schamanismus bekannt: Der Vogel stellt entweder einen Hilfsgeist des Schamanen oder dessen eigene Seele auf der Reise ins Jenseits dar, mit Hilfe der Kostümierung zum Vogel verwandelt, während der Leib des Schamanen, bewußtlos, in Trance zurückbleibt.[29]

Der vielleicht beeindruckendste Beleg für den mitteleuropäischen Schamanismus im Mesolithikum (ca. 10.000-5.000 v. u. Z.) ist die sogenannte „Bestattung von Bad Dürrenberg" (Sachsen-Anhalt).[30] In dem rund 8.000 Jahre alten Grab fand man das Skelett einer

[27] Reinhardt, Ludwig: *Der Mensch zur Eiszeit in Europa*, S. 264.

[28] Vgl. Riek, Gustav: *Das Paläolithikum der Brillenhöhle bei Blaubeuren*, S. 146.

[29] Müller, Klaus E.: *Schamanismus*, S. 9.

[30] Vgl. Meller, Harald und Michel, Kai: *Das Rätsel der Schamanin* (2022).

(aufrecht sitzenden) Frau, einer Schamanin, die zwischen ihren Schenkeln einen Säugling hielt. Das Grab war rund 30 Zentimeter hoch mit rotem Ocker befüllt.[31] Außerdem fand man über 100 Skelettreste von verschiedenen Säugetieren, über 120 Muschelstücke, unzählige Feuersteinfragmente und die Panzer von mindestens drei Sumpfschildkröten, ein Beil aus Hornblendschiefer mitsamt Fassung aus Hirschgeweih sowie rund 100 Schmuckstücke aus Tierzähnen und -hauern. Man fand auch die Fragmente einer kultischen Kopfbedeckung aus Schädelknochen mit dem Geweih von Rehen, welche deutlich an die Tracht sibirischer Schamanen erinnert.[32] Wahrscheinlich waren dies die heiligen Requisiten, die der Schamanin dabei halfen, sich in ein Tier zu verwandeln. Vielleicht besaß die Frau die außergewöhnliche Gabe, sich mit einem bloßen Kopfnicken in Trance zu versetzen. Darauf deutet jedenfalls eine Anomalie am Atlaswirbel hin, die bei bestimmten Bewegungen eine Arterie zum Gehirn abklemmte.[33]

Den Funden von der Schwäbischen Alb und aus Sachsen-Anhalt nach zu urteilen, mussten vielleicht gar nicht erst die Sámi den Germanen den Schamanismus bringen. Warum sollte sich der Steinzeit-Schamanismus nicht bis in die Germanenzeit erhalten haben? Schließlich gab es auch bei den Germanen Menschen, die zu gewissen Zeiten Fell anlegten, Tiermasken trugen und sich mit Leder, Federn und Gehörn verkleideten, um rituell zum Tier zu werden, man denke an die Berserker oder Ulfheðnar. Handelt es sich bei den germanischen Bärenmenschen und Werwölfen, Vogelfrauen und Geißweiblein nicht um die Urenkel dieser steinzeitlichen Tiermenschen?

[31] Roter Ocker ist ein Zaubermittel, das weltweit in schamanischen Kulturen anzutreffen ist und bei den Germanen zum Einfärben von Runen verwendet wurde.

[32] Solche Masken fand man auch in Nordostengland. Vgl. Clark, Grahame: *Excavations at Star Carr* (1954).

[33] Vgl. Porr, Martin: *Grenzgängerin*, S. 295.

Heilige Ekstase

Als Begründer der modernen Schamanismus-Forschung gilt der Religionswissenschaftler Mircea Eliade. Er betrachtete den Schamanismus als eine *rituelle Praxis*, mittels derer der Schamane bewusst (nämlich durch bestimmte Techniken, die tranceartige Zustände hervorrufen) außerkörperliche Erfahrungen induziert. Ziel der Praxis sei es, den gewöhnlichen Bewusstseinszustand zu verändern und die subjektive Wirklichkeit zu transzendieren, um mit den Göttern oder Geistern – das heißt: gewöhnlich unsichtbaren Entitäten – in Kontakt zu treten. „Eine allererste Definition dieses komplexen Phänomens", schreibt Eliade, „wäre: Schamanismus = *Technik der Ekstase*".[34] Von der jüngeren Forschung wurde diese Definition im Wesentlichen übernommen:

> Die wichtigste, schlechthin unabdingliche Voraussetzung für eine erfolgreiche Séance aber war, daß der Schamane in Trance fiel, genauer: *in Ekstase* geriet, das heißt *ganz Seele* wurde und sich so vom Leib befreien und ins Jenseits begeben konnte. Dazu hatten Schamanen in aller Welt eine Fülle von ‚Techniken' entwickelt.[35]

Das altgriechische Wort *ekstasis* bezeichnet das „Aus-sich-Heraustreten" bzw. die „Begeisterung, Verzückung". Psychologisch lässt sich der Begriff wie folgt definieren: „Als Ekstase wird das in höchster Form von Erregung stattfindende ‚Heraustreten der Seele' aus den Körpergrenzen bezeichnet".[36] Die Religionswissenschaft beschreibt die Ekstase folgendermaßen:

> Ekstase ist ein Bewusstseinsphänomen, bei dem die Grenzen zwischen Ich und Nicht-Ich durchlässig sind und das mitunter als Verzückung, Rausch, Trance, Besessenheit, Enthusiasmus oder Begeisterung beschrieben wird. Psychische Zustände des Außersichseins

---

[34] Eliade, Mircea: *Schamanismus und archaische Ekstasetechnik*, S. 14.

[35] Müller, Klaus E.: *Schamanismus*, S. 80. Vgl. Lexikon der Religionen, S. 580ff.

[36] Müller, Lutz und Anette: *Wörterbuch der Analytischen Psychologie*, S. 97.

> können durch halluzinogene Stoffe, durch Drogen und Alkohol, aber auch durch asketische Übungen oder rituellen Tanz hervorgerufen werden. [...] Berichte über ekstatische Erlebnisse handeln von Reisen in die Ferne, zu Göttern, Geistern und in den Himmel. Schamanen beziehen ihre Kraft und Erkenntnisse über medizinische Mittel häufig aus ekstatischen Reisen zu den Geistern, die für die Heilung der Menschen zuständig sind.[37]

Der Begriff „Ekstase" ist in Europa insbesondere im Kontext der vorchristlichen Mysterien im antiken Griechenland gebräuchlich (Eleusis, Delphi, Dodona etc.). Ein bestes Beispiel für diese heidnischen Ekstasekulte der Hellenen sind die Dionysien, rituelle Festspiele und Verkleidungskulte zu Ehren des Rauschgottes Dionysos (Bacchus), die fest in der griechischen Kultur verwurzelt waren. Schon Eliade erkannte in den wilden Mysterien des Dionysos „Wesensmerkmale schamanischer Initiationen".[38]

In archaischer Zeit bestanden die Dionysien aus wilden Umzügen, bei denen die Teilnehmer unter Trommelschlägen freudentaumelnd durch die Wälder tanzten. Die weiblichen Kultanhängerinnen des Dionysos nennt man Mänaden; sie hüllen ihre nackte Haut in Hirschkalbfelle, werfen tanzend ihre Köpfe in den Nacken und empfinden keinen Schmerz; ihr Name deutet auf den Schamanismus (*mania*: „Raserei").[39] Die männlichen Kultanhänger nennt man Satyrn; sie sind Mischwesen aus Mensch und Bock und transzendieren die Grenze zwischen Zivilisation und Wildnis; Ekstase bedeutet immer auch „das Aus-der-Kultur-Heraustreten".[40] Die Dionysien dienten als eine Art „Ventil" und Ausgleich zur gesellschaftlichen (apollinischen) Ordnung; sie waren die gezielt eingeleitete Erfahrung des ‚ganz Anderen'. Natürlich wurden die griechischen

---

[37] Weber, Hartwig: *Lexikon Religion*, S. 86.

[38] Eliade, Mircea: *Schamanen, Götter und Mysterien*, S. 92. Zum griechischen Schamanismus vgl. auch Dodds, Erec: *Die Griechen und das Irrationale* (1970).

[39] Vgl. ebd. *Mania* lässt sich auch als „Wahnsinn" übersetzen.

[40] Vgl. Duerr, Hans Peter: *Traumzeit*, S. 106ff.

Dionysien immer wieder mit dem deutschen „Hexensabbat" verglichen.[41] Aber auch in den altgermanischen „Vegetationskulten" zum Beispiel rund um den „phallischen Gott Freyr" wurden bereits „bacchantische Szenen im Kult" bemerkt.[42]

> Die dionysische Ekstase bedeutet vor allem die Überschreitung der menschlichen Bedingtheit, die Entdeckung der totalen Befreiung, das Erlangen einer Freiheit und Spontaneität, die dem Menschen sonst unerreichbar sind. Daß zu diesen Freiheiten auch die Loslösung von Verboten, von ethischen und sozialen Regeln und Konventionen gehörte, scheint sicher. Dies erklärt zum Teil auch die starke Anhängerschaft von Frauen. Doch rührte die dionysische Erfahrung an tiefere Schichten. Die Bakchantinnen, die rohes Fleisch verschlangen, zeigten wieder ein Verhalten, das seit mehr als zehntausend Jahren verdrängt war; eine solche Raserei legte eine Verbindung mit den vitalen und kosmischen Kräften frei, die nur als ein Besessensein von einem Gott gedeutet werden konnte.[43]

Hinter dem Schleier der Natur

„Die gesellschaftliche Funktion des Schamanen war es, als Dolmetscher und Vermittler zwischen dem Menschen und den Mächten hinter dem Schleier der Natur zu wirken"[44], schreibt der US-amerikanische Mythologe Joseph Campbell. Hier gilt es zu beachten, dass der Schamanismus *per defintionem* in Kulturen vorkommt, die von einer Art Allbeseelung oder Alldurchgeisterung des Kosmos ausgehen („Animismus"): Die ganze Natur wird als heilig und belebt empfunden, und mit allen Dingen lässt sich – im ekstatischen Bewusstseinszustand – kommunizieren. Denn hinter (besser: in)

[41] Vgl. z. B. Baroja, Caro: *Die Hexen und ihre Welt* (1961). Aber schon Praetorius brachte im 17. Jahrhundert die Bacchanalien auf dem Parnaß mit dem Hexensabbat auf dem Blocksberg zusammen. Dionysos wird auch „Sabazios" genannt.

[42] Simek, Rudolf: *Lexikon der germanischen Mythologie*, S. 189.

[43] Eliade, Mircea: *Schamanen, Götter und Mysterien*, S. 86.

[44] Campbell, Joseph: *Mythologie der Urvölker*, Bd. 1, S. 327.

Germanischer Werwolf – Schamanentanz zu Ehren Odins.
Bronzeplatte aus Torslunda, 6.-7. Jhd.

der materiellen Welt existiert eine dem gewöhnlichen Bewusstsein verborgene Welt der Geister, in der gleichsam die metaphysischen Ursachen für die physischen Zustände und Ereignisse liegen. Als Meister der Ekstase ist es der Schamane, dessen Aufgabe es ist, mit den kosmischen Entitäten hinter der Erscheinungswelt in Kontakt zu treten, um Einfluss auf die Wirklichkeit zu nehmen und für das Wohlergehen des Stammes zu sorgen. Ihrer Funktion entsprechend erscheinen ihm die Geister der Natur in personifizierter Form: als Mutter Erde, Herr der Tiere, Himmelsherrscher, Berg-, Baum- oder Flussgeist. In Trance verhandelt der Schamane mit den Geistern, einige sind persönliche Verbündete, andere gefährliche Feinde, um die *Heiligkeit* und *Harmonie* des Kosmos zu erhalten bzw. herzustellen.

Auch heute noch wird Schamanismus praktiziert, nämlich überall dort, wo die Menschen noch in einer traditionellen Kulturform leben. So haben die archaischen Ekstasetechniken im Regenwald von Südamerika bis heute eine enorme kulturelle Bedeutung. Noch immer besitzen die Schamanen dieser Gegenden die Fähigkeit, „hinter dem Schleier der Natur zu wirken“. Zum Beispiel mithilfe des schamanischen Rauschgetränkes Ayahuasca: „Ayahuasca ist bis heute Bestandteil des spirituellen Lebens vieler Stämme in den von Regenwald bedeckten Bergregionen Südamerikas".[45] Für die Ayahuasqueros („Ayahuasca-Schamanen") ist die durch diesen Zaubertrank wahrgenommene Welt kein Truggebilde, sondern die wahre Welt, eine höhere Wirklichkeit, in der die Alltagsrealität spirituell begründet liegt:

> Im Nordwesten Südamerikas gibt es eine magische Droge, von der die Indianer glauben, daß sie die Seele vom Körper löst, so daß diese frei umherwandern und dann wieder in den Körper zurückkehren könne. Die so befreite Seele führe ihren Besitzer fort vom Alltag in ein wunderbares Reich, das er für die eigentliche Wirklichkeit hält, und mache es ihm möglich, mit seinen Vorfahren in Verbindung zu treten. Der Quetchua-Ausdruck für diesen berauschenden Trank ist Ayahuasca.[46]

Der Schamane, der hinter den Schleier der Natur blickt, ist ein praktischer Philosoph par excellence: Er unternimmt eine Seelenreise in die Welt der Ur-Ideen, der platonischen Ur-Bilder, von denen die materielle Welt bloß ein Abbild ist. Dort steht er in Kontakt mit den Dämonen wie schon der weise Sokrates, der nach eigenen Angaben einen „Daimonion" besaß, einen „kleinen Gott" oder „Hilfsgeist". Die hellenischen Gelehrten hatten sogar einen philosophischen Fachbegriff für diese spirituelle Sphäre hinter der Natur: „Metaphysik" (altgr. *metá:* „hinter, jenseits" und *phýsis*: „Natur"). Der niederländische Philosoph Govert Derix beschreibt seine erste Erfahrung mit der metaphysischen Anderswelt wie folgt:

---

[45] McKenna, Terence: *Die Speisen der Götter*, S. 280.

[46] Hofmann, Albert und Schultes, Richard Evans: *Pflanzen der Götter*, S. 124. Vgl. ebd., S. 62: „Nach dem Verständnis der Indianer in Südamerika öffnet Ayahuasca die Pforten zur wirklichen Welt – das Alltagsleben wird hingegen als Illusion betrachtet".

> An jenem Abend, an dem ich zum ersten Mal Ayahuasca trank, erlangte ich die Fähigkeit wieder, die Welt mit Verwunderung zu betrachten. Es war wie ein Schock. Innerhalb einer Viertelstunde betrat ich eine Wirklichkeit, deren Existenz ich nie geahnt hatte, aber deren große lebensphilosophische Relevanz mir sofort einleuchtete. Die Erfahrung war so intensiv, dass ich nach draußen rannte und mich übergeben musste.[47]

Der Jhakri vom Himalaya

Auch im Himalaya – auf dem „Dach der Welt" – ist der Schamanismus noch lebendig.[48] In abgelegenen Bergdörfern haben sich zum Teil sehr alte Traditionen erhalten, die denen des sibirischen Schamanismus stark ähneln. Hier wirken die Schamanen (*Jhakri*) immer noch als Heiler und Dämonenjäger: „‚Hätten wir keine Schamanen', versicherten Raji im südwestlichen Nepal einem Ethnologen, ‚wären wir alle des Todes'".[49]

In der Kosmologie der nepalesischen Schamanen spielt der Weltenbaum eine zentrale Rolle und ist mit dem wichtigsten Ritualgerät verbunden: Der sogenannte „Phurba" ist ein dreiseitiger, zugespitzter Holzstab, der als „Ritualdolch" bzw. „Geisterdolch" fungiert, den der Schamane bei der Jenseitsreise in den Händen hält, „um krankmachende Energien aus dem Körper zu ziehen".[50] Der Phurba symbolisiert zugleich die Weltachse, mit seiner Hilfe manövriert sich der *Jhakri* durch die drei Welten. Deshalb befindet

---

[47] Derix, Govert: *Eine Kritik der psychedelischen Vernunft*, S. 12f.

[48] Berühmt sind Michael Oppitz' Filmepos *Schamanen im blinden Land* (1980) und *Bilderbuch aus dem Himalaya* (1981). Aber noch immer wird der nepalesische „Weg des Schamanen" weitergetragen (*mundhum*): In der Hauptstadt Kathmandu gibt es sogar ein „Shamanistic Studies and Research Center".

[49] Müller, Klaus E.: *Schamanismus*, S. 26. Die Raji sind eine kleine Volksgruppe aus Westnepal. Zum Raji-Schamanismus vgl. Reinhard, J. G.: *Deskriptive Analyse von Schamanismus und Hexerei bei den Purbia Raji Südwest-Nepals* (1973) und den wissenschaftlichen Film desselben: *Raji (Nepal) - Shaman Initiation* (1977).

[50] Winner, Ellen und Rai, Mohan: *Mundum*, S. 239.

sich der Phurba traditionell an der Schamanentrommel (*Dhyangro*): Die beidseitig mit Fell bespannte Rahmentrommel wird im Sitzen gespielt, mit der einen Hand an einem Griff gehalten und mit der anderen mit einem Schlägel geschlagen – dieser „Griff" ist der Geisterdolch, der Weltenbaum.

Vor ein paar Jahren hatte ich die Gelegenheit, der *Séance* eines Himalaya-Schamanen vom Stamme der Tamang beizuwohnen, die wohl mustergültig exemplifiziert, was man sich – zumindest äußerlich – unter der schamanischen Ekstase vorzustellen hat. Der Schamane trug die traditionelle weiße Tracht eines nepalesischen *Jhakris*, eine mit Pfauenfedern verzierte Kopfbedeckung und schwere Glockenketten um den Körper. Mantras murmelnd warf der *Jhakri* ein paar Reiskörner auf die Ritualwerkzeuge und Kultgegenstände, die vor ihm auf dem Boden ausgebreitet waren. Er schloss die Augen und begann rhythmisch auf die Trommel einzuschlagen – und zwar viel härter als ich es erwartet hatte. Aus den Mantras wurden lautstarke Gesänge und im Takt der Trommel bewegte sich der *Jhakri* (im Schneidersitz) heftig auf und ab. Der Schlagrhythmus mutierte immer mehr zu einem monotonen Trommelfeuer, das den verräucherten Raum dröhnend erfüllte wie ein tosendes Gewitter. Klirrender Lärm ging von den Ketten aus, die sich mit den heftigen Bewegungen des Schamanen syn-ästhetisch verbanden; die Gesänge klangen jetzt erhaben-hymnisch, gleichsam urtümlich-naturgewaltig. Das Szenario ließ mich unwillkürlich an die Wilde Jagd denken, jenen germanischen Geisterzug, der unter Peitschenknall und Hörnerblasen lautstark durch die nebeligen Rauhnachtstürme galoppiert. Immer fester schlug der *Jhakri* auf die Trommel und es sah so aus, als würde er gleich aufspringen, umfallen und sich über den Boden winden. Er hyperventilierte, riss die Augen heftig auf und schien für diese Augenblicke Dinge anzustarren, anzurufen, die nur er allein wahrnahm. Er verdrehte seinen Kopf, gab laute Zischgeräusche von sich und schnalzte mit der Zunge – die Stimmen der Geister. Mit rüttelnden Bewegungen und Zuckungen am ganzen Körper sah der Schamane aus wie einer, der vollkommen den Verstand verloren hat. Und in der Tat, der Mann war völlig außer sich, war *in Ekstase*. Endlich nahmen Geschwindigkeit und Lautstärke des Trommelrhythmus wieder ab, taumelnd kehrte der verschwitzte *Jhakri* in die Alltagswelt zurück. Mit letzter Puste sprach er Mantras und warf noch ein paar Reiskörner, bevor er sich erschöpft zurücklehnte und freundlich lächelte.

Der Weltenbaum

Yggdrasil

Im Mittelpunkt der germanischen Mythologie steht der Weltenbaum, der älteste und schönste aller Bäume, an dessen Stamm die Götter alltäglich Gericht halten. In der nordgermanischen Überlieferung trägt der Weltenbaum den Namen Yggdrasil und ist eine immergrüne Esche. Im ältesten Lied der *Edda* beschreibt eine Seherin (Schamanin) den Weltenbaum (Völuspá 19):

> Eine Esche weiß ich stehen, sie heißt Yggdrasil,
> Ein hoher Baum, überschüttet mit glänzendem Nass;
> Von dort kommt der Tau, der in den Tälern niederfällt,
> Sie steht immer grün über dem Urdbrunnen.

„Die Esche ist der größte und beste aller Bäume. Ihre Äste breiten sich über die ganze Welt aus und erstrecken sich über den Himmel" (Gylfaginning 15). An den Wurzeln des Weltenbaumes sprudelt eine Quelle, der Urdbrunnen, der heilige Brunnen der Nornen; die Nornen sind drei Göttinnen, die das Schicksal der Welt aus Runen lesen und die Schicksalsfäden der Menschen weben; am Stamm des Weltenbaumes leben die Menschen, er ragt säulenartig hoch empor bis in den Götterhimmel; die Krone ist der Wohnsitz der Götter; ein Drache schlingt sich um die Wurzeln, vier Hirsche äsen an den Zweigen, ein Eichhörnchen flitzt entlang des Stammes und obenauf sitzt ein Adler.

Der Weltenbaum ist keine Fiktion, sondern ein philosophisches Gleichnis. Er ist ein Sinnbild für das harmonische Zusammenwirken aller Dinge und für die kosmische „All-Einheit". Der Weltenbaum ist ein mikrokosmisches Abbild des Universums, in dem alles sinnvoll ineinandergreift und einen einheitlichen Organismus bildet. Alles steht in Beziehung zueinander, und aus dem Wechselspiel entsteht die Wirklichkeit. Er ist der Baum des Lebens und des Todes, der Baum der Erkenntnis und der Weisheit – der „Nabel der Welt". Eliade nennt ihn den „Ausdruck der Heiligkeit, der Fruchtbarkeit und

Ewigkeit der Welt“ sowie „der absoluten Realität“.[51] Der Weltenbaum ist ein kosmisches Symbol und fungiert als eine „Weltachse“ (*axis mundi*), welche die Weltebenen miteinander verbindet: Er bildet „eine Verbindung zwischen Himmel und Erde, zwischen Mikrokosmos und Makrokosmos“.[52] Der Weltenbaum ist ein Symbol für die kosmische Ordnung, das in der Mythologie zahlloser Naturvölker angetroffen werden kann: Der Weltenbaum ist eine Art Archetyp, ein Ur-Bild. Er kommt überall vor, kulturübergreifend und zeitlos, vor allem aber bei schamanisch strukturierten Völkern. In Sibirien zum Beispiel erzählt man sich,

> daß es einen Baum mit vielen Wipfeln gibt. Die Schamanen aus der ganzen Welt werden alle an diesem Baume aufgezogen. Je größer der Schamane nach Bedeutung und Kraft ist, um so höher liegt seine Seele auf dem Baum. Das heißt, die Seele liegt dort in verschiedener Höhe. Die Schamanen selbst sagen gewöhnlich, daß als Erzieher ein Rabe erscheint, der auf den Zweigen dieses Baumes sitzt und die Seele groß zieht.[53]

Eine andere Schamanengeschichte aus Sibirien besagt:

> Im Himmel ist ein Baum mit Namen Yjyk-Mas. Sein Wipfel reicht bis in den neunten Himmel, seinen Umfang kann niemand feststellen. Von der Wurzel bis zur Spitze ist dieser Baum mit Auswüchsen bedeckt. Keine freien Zweige sind an ihm zu sehen. In diesen Auswüchsen werden die Schamanen geboren, die Schamaninnen und alle diejenigen, die mit Zauberei und Hexerei bekannt sind. Starke werden am Fuße des Stammes geboren, Schamanen mit voller Kraft entstehen an der Wurzel des Baumes in einem Auswuchs, der groß ist wie ein kleiner Grabhügel.[54]

[51] Eliade, Mircea: *Schamanismus und archaische Ekstasetechnik*, S. 261.

[52] Becker, Udo: *Lexikon der Symbole*, S. 35.

[53] *Schamanengeschichten aus Sibirien*, S. 158.

[54] Ebd., S. 161.

Nun ist der Weltenbaum für den Schamanen aber nicht nur eine Metapher für die Harmonie des Kosmos, sondern auch – ganz praktisch – eine Verbindungsachse zwischen den Welten, an der er in das Reich der Götter, Geister und Dämonen klettert: „Weltachse und Weltbaum stellten, für Schamanen wie Geistmächte, eine ideale, weil die direkteste Verkehrsverbindung zwischen den Welten dar“.[55] Im veränderten Bewusstseinszustand sieht der Schamane diese Achse, um an ihren Sprossen in die Anderswelt zu klettern und sich bei der Reise in das Jenseits zurechtzufinden. Der Weltenbaum wird auch Seelenranke genannt, weil der Schamane an ihr ins Wolkengeisterreich des Himmels fliegt. Der Weltenbaum ist gleichfalls die Liane, die der Schamane in den Händen hält, wenn er in das unterirdische Reich der Toten eintritt: „Mehrheitlich unterschied man nicht lediglich drei, sondern sieben oder neun Welten, also je drei bzw. vier in der Ober- und Unterwelt. In dem Falle besaß der Weltbaum entsprechend viele Zweigetagen“.[56] Abzulehnen sind die Theorien, nach denen es sich beim Weltenbaum um ein christliches Symbol handelt.[57]

In der germanischen Mythologie heißt es übrigens, dass in der Krone des Weltenbaums eine „schwankende Himmelsstraße“ (*bifröst*) oder Regenbogenbrücke erscheine, die den Himmel und die Erde miteinander verbinde: Die Götter nutzten diese Brücke, um in die Menschenwelt zu reiten. Warum sollten nicht auch die Menschen auf demselben Weg das Götterreich begehen können? Schon Eliade hat den „Aufstieg über den Regenbogen“ bei vielen Schamanenvölkern beschrieben: „Die Schamanentrommeln tragen Zeichnungen des Regenbogens in Gestalt einer Brücke“.[58]

[55] Müller, Klaus E.: *Schamanismus*, S. 40.

[56] Ebd.

[57] Vgl. Simek, Rudolf: *Lexikon der germanischen Mythologie*, S. 495f.: „Die vielfältigen, in Yggdrasil zusammenfallenden Symbolismen als Weltbaum, Weltachse, Himmelsstütze, Odins Opferbaum haben dazu geführt, daß man in diesem Mythem christliche Züge hat nachweisen wollen (vgl. die Kreuzholzlegende); wahrscheinlicher sind aber indogermanische, wenn nicht überhaupt archetypische Vorstellungen um den Weltenbaum in Yggdrasil zusammengeflossen“.

[58] Eliade, Mircea: *Schamanismus und archaische Ekstasetechnik*, S. 139.

Die neun Welten

Der Weltenbaum strukturiert das Universum. Er ist die „All-Säule", an deren Ästen die Seele des Schamanen in die verschiedenen Weltebenen klettert. Meistens unterteilt der Weltenbaum den Kosmos in drei Dimensionen, es können aber auch neun (3x3) oder zwölf (3x4) sein. In der germanischen Mythologie gibt es neun Welten, so weissagt die Seherin der *Edda* (Völuspá 3):

> Neun Welten gedenk ich, neun Ästen
> Des herrlichen Weltenbaums unter der Erde.

Zwar ist an keiner Stelle genau überliefert, wie sich die neun Welten Yggdrasils konstituieren. Doch werden in der germanischen Mythologie verschiedene Weltennamen genannt und beschrieben, die sich durchaus sinnvoll zusammenfassen lassen. Von einem ‚genormten Weltenbaum' ist bei den Germanen ohnehin nicht auszugehen, sondern von stammgebundenen individuellen Ausformungen (Varianten) ein und derselben Sache (Mythologem). Bei der folgenden Darstellung handelt es sich um eine Rekonstruktion der neun Welten Yggdrasils unter Einbezug der Ausführungen des altisländischen Gelehrten Snorri Sturluson:

OBERE WELT

1. *Asgard* heißt die prunkvolle Wohnstätte des Göttergeschlechtes der „Asen". Zwölf Himmelsburgen aus Gold und Silber, umgeben von gigantischen Mauern. Hier hat Odin seinen Hochsitz. Hierhin kommen die gefallenen Helden – die Einherjer – nach dem Tode: Entweder zu Odin (Walhall) oder Freyja (Folkwang). Die Regenbogenbrücke Bifröst reicht von Asgard in die Menschenwelt Midgard.

2. *Wanenheim* ist der Name der Wohnstätte der Wanen, des zweiten Göttergeschlechtes der Germanen. Hier haben die Geschwister Frey („Herr") und Freyja („Herrin") ihren Sitz, alte, vielleicht vor-indoeuropäische Fruchtbarkeitsgötter. Freyja ist auch die Göttin der

Liebe und der Magie, die ‚Venus des Nordens'. Sie ist die Göttin des schamanischen Seiðr.

3. *Lichtalbenheim* ist der Ort, an dem die Lichtalben leben, das Feenreich. Alben bzw. Elfen sind Naturgeister, die in den Phänomenen erscheinen, in Pflanzen, Steinen oder Bächen. Beim „Álfablót" brachten die Germanen ihnen Opfer dar. Dieses Opfer fanden wahrscheinlich zur Herbstzeit im Inneren des Gehöftes statt und wurden von den Frauen ausgeführt.

MITTLERE WELT

4. *Midgard* heißt die Menschenwelt, die Welt, wie wir sie kennen. Midgard ist zugleich die Bezeichnung für die Hecke, die das germanische Gehöft vom Wald abgrenzt, bezeichnet also den vom Menschen kultivierten Lebensraum im Gegensatz zur Wildnis. Im mythologischen Bewusstsein der Germanen wird Midgard von der Midgardschlange umschlungen.

5. *Jötunheim* ist das Reich der Riesen, Elementarwesen, die die Naturgewalt verkörpern. Jötunheim liegt in Utgard, das ist die „Außenwelt", die Welt außerhalb von Midgard. In der Volksdichtung werden Riesen in Zusammenhang gebracht mit wilden Leuten, also Menschen, die den vertrauten Lebensraum verlassen und „aus-Midgard-heraus-treten".

6. *Muspellsheim* liegt im Süden, wo das Feuer dominiert; hier leben die Feuergeister und Feuerriesen. Die Funken des Feuerlandes sind die Gestirne am Firmament: Sonne, Mond und Sterne. Das Feuer ist aber auch ein Symbol für die Erkenntnis und die Wesensschau, den Geistesblitz, man denke nur an die Erfindung des Feuermachens mit dem Feuerstein.

UNTERE WELT

7. *Schwarzalbenheim* wird die Wohnstätte der Zwerge, Kobolde und Erdgeister genannt. Diese Wesen leben unterirdisch in Höhlen und

Gebirgen oder unter Bäumen, sind zauberkundig und kräftig und manchmal etwas eigenwillig. Sie lieben (Edel-)Metalle und Waffen und sind vorzügliche Schmiede. Schwarzalben sind nicht ‚schwarz' im Sinne von ‚bösartig', sondern ‚erdverbunden'.

8. *Niflheim* liegt im Norden, wo das Eis ist. Ein Wolkenschleier zieht sich über diesen Ort: „Nebelheim". Volkstümlich wird der Herbst- bzw. Winternebel mit dem Erscheinen der Geister assoziiert. Doch nicht nur kalter Nebel steigt hier auf, sondern auch kochend-heißer Dunst: In Niflheim entspringt die heiß-brodelnde Quelle Hvergelmir, die alle Flüsse speist.

9. *Hel* ist sowohl der Name des unterirdischen Totenreichs als auch von dessen Herrscherin. Eine goldene Jenseitsbrücke führt die Seelen der Verstorbenen zu diesem Ort. „Hel" ist verwandt mit dem Wort „Hölle". Doch mitnichten droht hier ewige Verdammnis; diese Vorstellung ist christlich. Vielmehr heißt „Hel" (indogerm. **kel*) „verhüllen, verbergen, schützen".

Kultbäume der Germanen

Über die Rolle Yggdrasils im Kult ist nichts Genaues bekannt.[59] Gleichwohl scheinen die mittelalterlichen Nordgermanen ihre Heiligtümer und Naturdenkmäler explizit mit Yggdrasil assoziiert zu haben. So berichtet der Theologe Adam von Bremen im 11. Jahrhundert in seiner *Hamburgischen Kirchengeschichte*, dass die Heiden unweit ihres Tempels in Uppsala (Schweden) einen „sehr großen Baum" verehrten, „der seine Zweige weithin ausbreitet und im Winter, wie im Sommer immer grün ist. Welcher Art derselbe ist, weiß niemand". Am Fuße dieses Baumes, an einer „Quelle", kamen die heidnischen Germanen zum Kult zusammen und brachten „Opfer" dar. Wer denkt bei dieser Beschreibung nicht an die immergrüne Esche Yggdrasil mit ihrer Schicksalsquelle?

[59] Vgl. *Reallexikon der Germanischen Altertumskunde*, Bd. 28, S. 458.

Pfahlkulte und Baumidole lassen sich bis in urgermanische Zeiten zurückverfolgen. Nicht unwahrscheinlich, dass sich sogar der Name des germanischen Göttergeschlechtes „Ase" von germ. **ans* für „Pfahl" bzw. „Holzbalken" ableitet und direkt auf die Verehrung solcher Kultpfähle und Baumidole zurückgeht: „Das Wort heißt ursprünglich schlechtweg der Balken, dann bezeichnet es den Balken, der kultisch verehrt wurde, darauf das aus ihm geschnitzte Götterbild, endlich den Gott selbst".[60] Sicher belegt ist außerdem, dass die Germanen gewisse Bäume ihren Göttern weihten. Dies waren meist besonders alte Bäume, die an exponierter Stelle in den Hainen standen und in deren Schatten der jeweilige Stamm über hunderte von Jahren sich zum Thing oder zum Kult versammelte. Erst im Zuge der Christianisierung Europas im Mittelalter wurden die heiligen Bäume der Germanen gefällt und die Verehrung der Natur verboten und verteufelt.[61]

Die südgermanischen Chatten beispielsweise, die alten Hessen, huldigten dem Gewittergott Donar unter einer mächtigen Eiche unweit des heutigen Dörfchens Geismar („Donareiche"). Ein jähes Ende fand dieser Kult jedoch, als Bonifatius, der sogenannte „Apostel der Deutschen", die heidnischen Hessen zwangschristianisierte und im Jahre 723 die Donareiche niederhauen ließ.[62] Die alten Sachsen verehrten einen Weltenbaum in stilisierter Form als kunstvoll gefertigte Ikone unter dem Namen „Irminsûl" im Sauerland. Traurige Berühmtheit erlangte die Irminsûl im Jahre 772, als der Christenkönig Karl der Große in das Sachsenland einfiel und das Heiligtum zerstörte.[63] Die einzige nähere Beschreibung dieses

[60] Helm, Karl: *Altgermanische Religionsgeschichte*, S. 227.

[61] Vgl. Höffgen, Thomas: *Der verteufelte Waldgott* (2022).

[62] „In der Bevölkerung wirkte vor allem die Tatmission, so die berühmte Fällung der von den Heiden als Kultobjekt angesehenen Donareiche in Geismar, aus deren Holz er die erste Peterskirche in dem neu gegründeten Kloster zu Fritzlar errichtete". Padberg, Lutz E. von: *Die Christianisierung Europas im Mittelalter*, S. 84.

[63] „In seiner ersten größeren Amtshandlung als Alleinherrscher fiel er im Sommer 772 mit seinem Heer im Sachsenland ein, entweihte durch die Zerstörung der

Weltenbaumes stammt aus dem Jahre 863 vom Mönch und Missionar Rudolf von Fulda:

> Sie verehrten auch unter freiem Himmel einen senkrecht aufgerichteten Baumstamm von nicht geringer Größe, den sie in ihrer Muttersprache ‚Irminsul' nannten, was auf lateinisch columna universalis bedeutet, welche gewissermaßen das All trägt.[64]

Wie die Irminsûl tatsächlich aussah, ist unbekannt. Ein ernstzunehmender Hinweis findet sich indessen an den Externsteinen im Teutoburger Wald. Die Externsteine sind eine markante Sandsteinfelsformation, die nachweislich schon in der Altsteinzeit von Menschen aufgesucht wurde. Nicht unwahrscheinlich, dass hier die Germanen einen Kultplatz hatten, obwohl sich das bislang nicht beweisen ließ.[65] An einer Seite dieses Felsens findet sich jedoch ein christliches Relief, das die Kreuzabnahme Christi zeigt. Schaut man genau hin, erkennt man etwas weiter unten ein weiteres Symbol, nämlich einen abgeknickten Baum, der unter der Last des Kreuzes leidet. Womöglich handelt es sich hierbei um ein Bildnis der zerstörten Irminsûl, das Karl als Mahnmal in das heidnische Heiligtum hat eingravieren lassen.

> Ihre ausgezeichnete Merkwürdigkeit erregte von den frühsten Zeiten Ehrfurcht; sie mochten dem heidnischen Gottesdienst gewidmet seyn und wurden sodann dem christlichen geweiht. […] Ohne also weitläufiger zu sein, geben wir gerne zu, daß ein mönchischer

Irminsul, eines Baumheiligtums auf oder bei der Eresburg bei Obermarsberg an der Diemel, deren religiöses Zentrum und kehrte reich beladen mit Beute rechtzeitig zur Eröffnung der Jagdsaison in den Ardennen zurück". Vgl. ebd., S. 93.

[64] Schröder, Franz Rolf: *Quellenbuch zur germanischen Religionsgeschichte*, S. 103.

[65] Trotz fehlender Hinweise wurden die Externsteine in den 1930er Jahren als „urgermanischer Kultplatz" bezeichnet. Der Ort wurde ideologisch vereinnahmt und völkisch korrumpiert. Gründer und Vorsitzender der sogenannten „Externstein-Gesellschaft" war der Massenmörder Heinrich Himmler.

> Künstler, unter den Schaaren der Geistlichen, die der erobernde Zug Carl des Großen nach sich zog, dieses Werk könne verfertigt haben.[66]

Das Aussehen dieser externsteiner Irminsûl ist bedeutungsvoll. Es handelt sich um eine sogenannte Gabelsäule, also einen Stamm, der sich am oberen Ende in zwei Richtungen ausbreitet und eine Art „T“ bildet, eben eine *columna universalis*, eine „Säule, die das All trägt“. Bedeutsam deshalb, weil dieselbe Form im Schamanismus bei den zirkumpolaren Kulturen Eurasiens vorkommt: Bei den Sámi etwa lassen sich solche Gabelsäulen bis ins 17. Jahrhundert nachverfolgen. Diese lappischen Allsäulen haben gleichfalls eine kosmische Bedeutung und umfassen die drei Welten, „the upper, the middle – earth – and the lower, all held in order by a world-tree or pillar, fixed to the Norh Star“.[67]

Gewisse Baumkulte der Germanen haben sogar bis in die Gegenwart überlebt, man denke nur an das noch heute wohlbekannte Errichten eines Maibaums, eine Tradition, die „schon vor der Entstehung des Christentums vorhanden“ war und „aus älterer Tradition so zu sagen fertig aufgenommen“ wurde, freilich nicht selten christlich „umgedeutet“.[68] Ein schlechthin schamanisches Relikt aus vorchristlicher Zeit ist auch der immergrüne Weihnachtsbaum. Natürlich handelt es sich dabei um den *Weltenbaum*. Das wusste schon der Psychologe Carl Gustav Jung, der sich ebenfalls mit dem „christlichen Anspruch auf den Weltenbaum“ befasste und bereits dessen uralte „schamanistische Motivik“ beschrieb:

> Bestenfalls handelt es sich um nachträgliche Umdeutungen, wie ja überhaupt das Geburtsfest Christi auf bereits bestehende mittwinterliche Vegetationsfeste aufgepropft worden ist. [...] Der Baum hat z. B. eine kosmische Bedeutung – er ist Weltenbaum,

[66] Goethe, Johann Wolfgang: *Die Externsteine*, S. 130 bzw. S. 133.

[67] Kent, Neil: *The Sámi*, S. 79.

[68] Mannhardt, Wilhelm: *Wald- und Feldkulte*, Bd. I, S. 297.

> Weltsäule, Weltachse. Denken Sie bloß an Yggdrasil, die Weltesche der nordischen Mythologie, einen erhabenen immergrünen Baum im Weltmittelpunkt. Der Baum, besonders seine Krone, ist die Wohnstätte von Göttern. [...] Nun wissen Sie auch, was die Kugeln am Christbaum bedeuten: Sie sind nichts anderes als die Himmelskörper, Sonne, Mond und Sterne. Der Weihnachtsbaum ist der Weltenbaum. Aber er ist, wie gerade die alchemistische Symbolik deutlich zeigt, außerdem ein Wandlungssymbol, ein Symbol für den Prozeß der Selbstverwirklichung. Nach bestimmten alchemistischen Quellen erklettert der Adept den Weltenbaum – ein uraltes schamanistisches Motiv. Der Schamane besteigt in Ekstase den magischen Baum, um in den Himmel, d. h. in die Oberwelt zu kommen, wo er zu seinem eigentlichen Selbst gelangt. Indem er den magischen Baum, der zugleich auch ein Erkenntnisbaum ist, erklettert, wird er seiner wahren und umfassenden geistigen Persönlichkeit habhaft.[69]

Rituale, bei denen ein Baum ins Haus geholt wird, um an dessen Fuß einen Altar zu erreichten und den Göttern zu opfern, sind weltweit in schamanischen Kulturen anzutreffen. Nicht selten bleibt der geweihte Weltenbaum das ganze Jahr über im Haus stehen, ja in einigen Schamanenhütten oder -jurten, namentlich in den zirkumpolaren Kulturen Eurasiens und Nordamerikas, stellt der Baum sogar den Hauptstützbalken der Behausung dar, wie denn die *columna universalis* („Allsäule") das Firmament stützt.

Odin erklettert den Schamanenbaum

Dass der Weltenbaum auch in der germanischen Mythologie eine schamanische Funktion erfüllt, belegt der Mythos von Odin und Yggdrasil. Wie ein Schamane erklettert dieser Gott den Weltenbaum und verharrt neun Nächte kopfüber in den Zweigen, vom eigenen Speer verwundet, hungernd und dürstend (Hávamál 138):

---

[69] Jung, Carl Gustav: *Carl Gustav Jung und der Weihnachtsbaum*, S. 181ff.

Ich weiß, dass ich hing am windigen Baum
Neun ganze Nächte,
Vom Speer verwundet und Odin geopfert,
Selber mir selbst,
An dem Baum, von dem niemand weiß,
Aus welchen Wurzeln er wächst.

Im körperlichen und geistigen Ausnahmezustand – in Ekstase – gelangt Odin zur Erleuchtung (Hávamál 141):

Da begann ich zu gedeihn und klug zu sein
Und zu wachsen und mich wohl zu fühlen;
Wort gab mir Wort aus dem Wort,
Werk gab mir Werk aus dem Werk.

Sakrales Wissen offenbart sich ihm, Runen fallen von den Zweigen. Er wird eingeweiht in die geheimen Künste der Magie, lernt zu ritzen und zu röteln, lernt magische Lieder und Zaubersprüche (Hávamál 144):

Weißt du, wie man ritzen soll, weißt du, wie man raten soll?
Weißt du, wie man färben soll, weißt du wie man prüfen soll?
Weißt du wie man beten soll, weißt du wie man opfern soll?
Weißt du wie man darbringen soll, weißt du wie man vernichten soll?

Man zählt dieses Gedicht der *Edda* zur Weisheitsliteratur. Die Neunzahl (neun Nächte) ist wohl symbolisch zu verstehen: Es sind die neun Welten, die Odin am Stamm des Weltenbaumes durchwandert. Sein Geist durchdringt den Kosmos und gelangt noch in die letzten Winkel der neun Welten. Nach neun Nächten kehrt er als „weiser Mann" zurück – als *ša-man*.

Der Mythos von Odin auf dem Weltenbaum ist eindeutig schamanisch. Denn tatsächlich gibt es fast genau die gleiche Geschichte bei schamanischen Kulturen auf der ganzen Welt. Genauer gesagt handelt es sich nicht um eine Mythe, sondern ein Ritual, das sich

„Baumbesteigung“ nennt und auch auf vielen anderen Kontinenten zu finden ist.[70] Zum Beispiel bei den Indianern Nord- und Südamerikas, wo die „rituelle Besteigung der Bäume“ eine zentrale Rolle bei den „religiösen Festen des Stammes wie bei den Pubertätsinitiationen und den schamanischen Heilungszeremonien“ spielt.[71]

Bei den Burjat-Mongolen in Sibirien gibt es einen schamanischen Initiationsritus, bei dem der Einzuweihende – er ist am ganzen Körper angemalt mit dem Blut eines geopferten Bockes – auf eine Birke klettert, in die neun Einkerbungen geritzt sind, welche die neun Welten symbolisieren. In der Hand trägt der Initiand ein Schwert (bei Odin ist es der Speer). Auf dem Baum sitzend fällt der Jungschamane in Ekstase. Der einzige Unterschied zur germanischen Mythe ist, dass Odin bei seiner Baumbesteigung explizit die Runenkunst gelehrt bekommt, eine magische Technik, die andere Kulturen so nicht kennen. Für die Runologen war es lange Zeit ein Rätsel, was es mit diesem Mythos auf sich hat, bis sie die „Bedeutung und Herkunft dieses seltsamen Selbstopfers“ mit „schamanistischen Praktiken in Zusammenhang“ brachten, „von denen man in Skandinavien durch die benachbarten Finnen-Samen erfahren haben könnte“.[72]

> Die Schamanen an der Unteren Tunguska erzählen den Ethnographen, ihre Seelen klettern während der Ekstase an einer Holzstange entlang in die andere Welt, während die Stange selber wüchse und

[70] Vgl. Eliade, Mircea: *Schamanismus und archaische Ekstasetechnik*, S. 130ff. Vgl. auch Campbell, Joseph: *Mythologie der Urvölker*, Bd. 1, S. 289: „Die Vision des Baumes ist ein charakteristisches Merkmal des sibirischen Schamanismus. Das Bild kann aus den großen Überlieferungen des Südens stammen, wird jedoch bezogen auf ein eindeutig schamanisches Erfahrungssystem. Wie Yggdrasil, der Baum Wotans, ist er die bis zum Zenit reichende Weltenachse. Der Schamane ist auf diesem Baum aufgezogen worden, und seine aus dem Holz des Baumes angefertigte Trommel trägt ihn in seiner ekstatischen Trance zu ihm zurück“.

[71] Eliade, Mircea: *Das Mysterium der Wiedergeburt*, S. 138.

[72] Vgl. Krause, Arnulf: *Runen*, S. 37.

> wüchse, bis sie ‚zur Spitze des Himmels' reichte. Bei den Burjaten ist der Schamanenbaum mit einer Schnur aus gedrehter Seide umwunden, die zum Nabel und zur Gebärmutter der Erde führt. Auch der schamanenartige Odin hing nach Auskunft des Hávamál bekanntlich neun Tage lang am Weltenbaum Yggdrasil, und als er schließlich von ihm abfiel, war er voller Weisheit und der Zauberei mächtig.[73]

Auf Grund der Ähnlichkeiten haben einige Forscher vermutet, dass es sich bei Odins Runenlied und Weltenbaumerlebnis um das mythische Modellverfahren einer Initiation zum Odinskrieger und Ekstasekünstler handelt – eine ‚Proto-Initiation'.[74] Odin hat es vorgemacht, er ist der erste Eingeweihte und der Ur-Schamane, nun gilt es, es ihm gleichzutun.

> Durch die Initiation wird der junge Mann zum Krieger Odins und eingeweiht in die ‚wütige' Schar, das ‚wilde Heer' der Toten. Das Ritual enthält: Scheinhängen und Speermarkierung und (vielleicht) Mutproben. Durch Speermarkierung (Ritzen mit einem Speer, der Waffe Odins) wird der Initiand Eigentum des Kultgottes. Und Scheinhängen ist eine Technik, ekstatische Erlebnisse zu induzieren (andere Kulturen bedienen sich dazu asketischer und meditativer Praktiken, bestimmter Körperhaltungen, des Tanzes, verschiedener Rauschgifte und narkotischer Getränke): der Einzuweihende wird an einem Strick (um den Hals) hochgezogen, bis er das Bewusstsein verliert, dann wieder heruntergelassen. Er erfährt an sich den ‚kleinen Tod', eine neue, tiefere Dimension des Seins, das Außer-sich-Sein, die spirituelle Wirklichkeit. […] Der Mythus von der Einweihung Odins dürfte die wichtigsten Elemente des männerbündischen Aufnahmerituals und seiner Wirkungen – auf

[73] Duerr, Hans Peter: *Traumzeit*, S. 58

[74] Vgl. Ström, Åke V. und Biezais, Haralds: *Germanische und Baltische Religion*, S. 53. Simek nennt Odins Baumbesteigung immerhin „eine der schamanischen ähnliche Initiation". Simek, Rudolf: *Lexikon der germanischen Mythologie*, S. 321.

menschliches Maß reduziert – wiedergeben. Die Initiation in den Männerbund eröffnet dem jungen Mann den Zugang zum Training bestimmter Ekstatsetechniken, die ihn befähigen, an sich die sog. *Berserker-Wut* zu erzeugen, eine Kampfekstase, die mit Unverwundbarkeit durch Eisen und Unempfindlichkeit gegen Feuer und mit Gestaltwandel oder Seelenexkursion verbunden ist: der Kämpfer vermag sich in ein wildes Tier (Bär oder Wolf) mit dessen Eigenschaften zu verwandeln oder seelische Kräfte in Tiergestalt (Bär) von seinem Körper zu trennen und in den Kampf auszusenden, während der Körper in Untätigkeit (Schlaf) verfällt.[75]

Das Trommelpferd

Yggr ist ein Beiname Odins. Das altnordische Wort *drasil* heißt „Pferd". Yggdrasil heißt also „Odins Pferd" und bezeichnet das Schamanenpferd, auf dessen Rücken Odin in das Jenseits und durch die neun Welten reitet.

Das Ross des Gottes trägt eigentlich den Namen Sleipnir, hat acht Beine und ist schnell wie der Wind. Es führt die wilde Jagd an, ein wütiger Gaul, ein feuriger Hengst. In Niedersachsen war es noch lange Sitte, dem Pferd Wotans ein Ernteopfer darzubringen, indem man einiges vom Korn des Feldes stehen ließ: Unter „Wode! Wode!"-Rufen wurde Wodelebier gereicht und sich berauscht.[76] In der germanischen Überlieferung wird mehrfach davon berichtet, dass Sleipnir gesattelt wird und ein Gott auf ihm in die Unterwelt reitet, um von den Toten Auskunft einzuholen oder mit der Todesgöttin Hel über eine Seele zu verhandeln. Diese Sleipnir-Geschichten – Jenseitsreisen und Unterweltfahrten – sind „deutlich schamanisch".[77]

---

[75] Hasenfratz, Hans-Peter: *Die religiöse Welt der Germanen*, S. 66f.

[76] Vgl. Wanderer, K. F. W.: *Deutsches Sprichwörter-Lexikon*, S. 329: „Nach der erwähnten Ceremonie, welche ‚Erntesegen' heisst, gibt der Gutsherr den Knechten ein Gelage, das ‚Wodelbier' heisst. Das Bier scheint beim Wodansdienst, und besonders bei der Erntefeier, eine namhafte Rolle gehabt zu haben".

[77] Eliade, Mircea: *Schamanismus und archaische Ekstasetechnik*, S. 365.

Der Bildstein von Tjängvide mit dem Motiv eines Reiters auf einem achtbeinigen Pferd, welches als Odins Pferd Sleipnir interpretiert wird. © Foto: T. Lückewerth

Für die Germanen waren Pferde göttliche Tiere. Sie hielten Schimmel in heiligen Hainen und nutzten diese zur Weissagung.[78] Pferde hatten eine kosmische Bedeutung: „Tag" (altnord. *dagr*) und „Nacht" (altnord. *nótt*) reiten auf zwei Pferden durch den Himmel, namentlich auf Skinfaxi („Lichtpferd") und Hrímfaxi („Rußpferd"). Zauberkundige Germanen riefen die numinosen Pferdekräfte nicht zuletzt mithilfe von Runen herbei, insbesondere natürlich mit der „Pferderune" (ᛗ) und der „Rittrune" (ᚱ). Eine kurze Runeninschrift aus dem norwegischen Tröndelag (ca. 400) lautet *ea*, das heißt:

[78] „Auf Kosten der Allgemeinheit hält man in den erwähnten Hainen und Lichtungen Schimmel, die durch keinerlei Dienst für Sterbliche entweiht sind. Man spannt sie vor den heiligen Wagen; der Priester und der König oder das Oberhaupt des Stammes gehen neben ihnen und beobachten das Wiehern und Schnauben. Und keinem Zeichen schenkt man mehr Glauben, nicht etwa nur beim Volke: auch bei den Vornehmen, bei den Priestern; sich selbst halten sie nur für Diener der Götter, die Pferde hingegen für deren Vertraute" (*Germania* 10).

„Ewahz (Pferd) Ansuz (Götter)". Und auf einem schwedischen Brakteaten aus Tirup-Heide (ca. 500) heißt es *ehwu*, also „Pferd".[79]

Für Eliade ist das Pferd das Schamanentier par excellence: Es diene dem Schamanen zur Herbeiführung der Ekstase und der Ritt symbolisiere den ekstatischen Flug, die Trance und den mystischen Tod. Er berichtet von Ritualen in Sibirien, bei denen die Schamanen einen Stock mit Pferdekopf zum ekstatischen Tanz benutzen, und von einem indischen Todesmythos, bei dem die Seele des Verstorbenen von einem achtbeinigen Pferd ins Jenseits getragen wird:

> Nun ist das achtbeinige Pferd, wie wir wissen, typisch schamanisch. [...] Die Pferde mit acht Füßen oder ohne Kopf sind in den Riten und Mythen der ‚Männerbünde' bezeugt und zwar im germanischen wie im japanischen Bereich. In allen diesen Kulturzusammenhängen haben die mehrfüßigen und Gespensterpferde zugleich die Funktion eines Toten- und Ekstasetiers.[80]

Im Tengrismus, das ist die schamanische Weltanschauung Zentralasiens (Mongolen, Turkvölker), wird die Seele des Menschen allegorisch als „Windpferd" bezeichnet (auch Sleipnir wurde schon als Wind gedeutet); der Sitz des Pferdes ist die Brust des Menschen. In der mongolisch-türkischen Überlieferung gibt es ein achtbeiniges Pferd, das fliegen kann. Es gilt als die Kraft des Menschen, Himmel und Erde harmonisch zu verbinden. Stärken lässt sich diese Kraft durch Rituale, Gebete und Opfer sowie das Inhalieren bestimmter Zauberkräuter. Bei den benachbarten Jakuten gilt das „mit übernatürlichen Gaben ausgestattete" Pferd nicht nur als „bevorzugtes Opfertier an die Gottheiten" (wie bei den Germanen), sondern auch als „treuester Gefährte des Helden, der hin und wieder sogar wie ein zweites Ich gleiches Schicksal mit seinem Herrn teilt".[81]

---

[79] „This term for horse may have been used as a magic word". Simek, Rudolf (Hrsg.) *Runes, Magic and Religion*, S. 82.

[80] Eliade, Mircea: *Schamanismus und archaische Ekstasetechnik*, S. 433.

[81] *Schamanengeschichten aus Sibirien*, S. 17.

In Sibirien ist der Weltenbaum fest mit dem Schamanenpferd verbunden – im wahrsten Sinne des Wortes. Denn dort dient dieser Baum – „ein heiliger Baum mit durchsichtigem, duftendem Harz, mit Rinde, die nicht trocknen wird und nicht platzt, mit schön gemustertem, nie bleichendem Laub, mit Früchten gleich Reihen umgekehrter Kumysbecher“ – als Pfosten, an dem die Schamanen ihre Pferde festbinden: „Der Wipfel dieses Baumes wuchs hinauf in den siebenschichtigen Himmel und bildete dort den Hauptanbindepfahl für die Pferde“.[82] Erstaunlicherweise findet sich dieselbe Darstellung, also ein an einen Baum angebundenes Jenseitspferd, auch auf einem germanischen Runenstein aus dem schwedischen Ramsund (1040), wobei man sich einig ist, dass es sich bei diesem dargestellten Pferd um Grani handelt, das Pferd des Helden Sigurd und das Kind des Schamanenpferdes Sleipnir.[83]

Das Pferd ist die Schamanentrommel: Wenn der Schamane rhythmisch auf sie einschlägt, klingt sie wie ein rennendes Pferd im achtbeinigen Galopp. Auf dem Rücken dieses Pferdes, im Einklang mit dem monotonen Trommeltakt, in Trance, reitet der Ekstatiker über die Regenbogenbrücke in die Anderswelt. Zugleich geben die sibirischen Schamanen an, dass ihre Trommeln aus dem Holz des Weltenbaums gefertigt werden, die es dann gewissermaßen ‚einzureiten‘ gilt. Um die Trommel magisch zu beleben, streift der Schamane sich ein Fell über, ruft die Hilfsgeister herbei und setzt sich im Schneidersitz auf den Boden – auf ein ausgebreitetes Pferdefell. Dann beginnt er zu singen und rhythmisch auf die Trommel zu schlagen:

> Dich verwandeln meine Worte in ein Roß von Heldengröße.
> Und ein Pferd von großer Schnelle wird geschaffen.
> Sei ein Springer unermüdlich, schnell und ruhig sei dein Schritt!

---

[82] Ebd., S. 285f. Vgl. auch Eliade, Mircea: *Schamanismus und archaische Ekstasetechnik*, S. 259: „Die Mongolen verbildlichen […] einen Baum in der Mitte; die Götter benutzen ihn als Pflock, an dem sie ihre Pferde anbinden – wie die Weltsäule“.

[83] Vgl. Düwel, Klaus: *Runenkunde*, S. 140.

Dann sei stark, mein Pferd, und feurig, jung wie Sturm und voller Glück!
Lass auf deinem runden Rücken rhythmisch mich den Schlägel schwingen!
– Niemals läuft der Sinn der Wohltat von dir fort, mein kühnes Pferd!
Heilung werden bringen wir, ich und du, mein Pferd und Trommel.
Dieses seist du, kühne Trommel, Wundertrommel, Trommelpferd!

Pferd zum Fahren! Roß zum reiten!
Kühnes Roß, gebändigt Tier du!
Kühnes, gehorsames, scheckiges Pferd,
Soll ein wunderschöner Knabe
Dich an Zaum und Zügel halten!
Soll dir nie der Sattel rutschen!
Sei das beste kühne Pferd
Auf dem großen Opferwege!
Großes Wunder! Trommelpferd!
Große, starke, hohle Trommel,
Spannpferd bist du, trägst ein Halfter!
Schwerer Krankheit, schnellen Unglücks,
Wisse deren Grundursache,
Jag, verfolg sie, reib sie auf,
Werd nicht schwankend, werd nicht schwach! –[84]

[84] Ebd., S. 303ff. Gekürzte Fassung.

Drei Götter der Ekstase

Odin, der Zauberer

Wohlbefugt lässt sich Odin (nordgerm.) bzw. Wotan (südgerm.) als der germanische Schamanengott bezeichnen.[85] Odins Krafttiere sind die Raben Hugin und Munin, die Wölfe Geri und Freki sowie das achtbeinige Schamanenpferd Sleipnir. Der Gott kann sich in jedes Tier verwandeln und beherrscht die Fähigkeit, mit seiner Seele seinen Körper zu verlassen, um zu „fliegen" (Ynglingasaga). In der *Edda* wird er auch „des Zaubers Vater" genannt und mit vielerlei Formen der Magie in Verbindung gebracht, mit Zauberliedern und -sprüchen, Runen- und Orakelkunst, Heilkunde und Nekromantie, um nur wenige Beispiele zu nennen: „Er ist der Gott des *Sejd*, d.h. der schamanistischen Kunst, mittels derer bestimmte inspirierte Frauen die Zukunft schauen und schaffen".[86] Die Germanen assoziierten Odin mit dem Fliegenpilz, einer Rauschdroge, die auch von den zirkumpolaren Völkern schamanisch genutzt wird.[87] Die substanziellen Fertigkeiten eines jeden Schamanen – Tranceinduktion und Bewusstseinstechnik – sind dem ersten Eingeweihten seit der Initiation am Baum der Bäume wohlvertraut: In einem altnordischen Götterlied heißt es, dass Odin beim „Schlagen" auf die „Trommel" (in Trance) „zusammensackt" wie ein Schamane.[88]

Es ist nicht sicher, wieweit diese schamanischen Attribute Odins auf Einflüsse aus dem saamischen Schamanismus zurückgehen oder alte (indo-)germanische Traditionen fortführen. Immerhin

[85] Bei Eliade heißt es, dass Odin „mehrere Züge" zeige, die „seltsam schamanisch" seien. Eliade, Mircea: *Schamanismus und archaische Ekstasetechnik*, S. 362ff. Golowin nennt ihn einen „großen Häuptling und Schamanen". Golowin, Sergius: *Rabe*, S. 72. Für Lichtenberger ist er „der oberste Gott, der auch Schamane ist". Lichtenberger, Sigrid: *Züge des Schamanentums in der germanischen Überlieferung*, S. 57.

[86] Ström, Åke V. und Biezais, Haralds: *Germanische und Baltische Religion*, S. 116.

[87] Vgl. Abraham, Hartwig und Thinnes, Inge: *Hexenkraut und Zaubertrank*, S. 117f.

[88] Dieses *Lokasenna* genannte Lied wird im Kapitel über Loki näher besprochen.

> deutet sein sicher nicht junger germanischer Name auf eine originäre schamanische Funktion und dieser Gott war auch unter den Kontinentalgermanen des ersten Jahrtausends weit verbreitet.[89]

Odin ist ein „weiser Mann“ (*ša-man*), weil er aus der heiligen Quelle getrunken hat, die an der Wurzel des Weltenbaumes entspringt, „in der Klugheit und Verstand verborgen sind. Mimir heißt der, dem sie gehört. Er ist voller Weisheit, denn er trinkt mit dem Horn Gjallarhorn aus dieser Quelle. Dorthin kam Allvater (Odin) und erbat sich einen Trunk aus ihr. Aber er bekam nichts, bevor er sein Auge als Pfand gab“ (Gylfaginning 15). Deshalb ist Odin einäugig. Als Mimir der Kopf abgeschlagen wird, konserviert Odin diesen und trägt den Totenschädel immer bei sich, um ihn beizeiten um Rat zu fragen; eine divinatorische Technik übrigens, die auch die sibirischen Schamanen kennen.[90] Derartige Praktiken mit Totenschädeln waren bei den Germanen durchaus weit verbreitet und nicht nur den Göttern vorbehalten: Eine der frühsten namentlichen Erwähnungen Odins befindet sich auf einer Runeninschrift, die in das Bruchstück eines menschlichen Schädelknochens geritzt und als schamanisches Schutzamulett um den Hals getragen wurde (Ribe-Schädelfragment, Dänemark, 8. Jhd.).

Odin ist der germanische Schamanengott, weil er dazu in der Lage ist, die Grenze zwischen Diesseits und Jenseits zu überschreiten und „hinter den Schleier der Natur“ zu blicken: Er ist ein Grenzgänger, der – wenn es sein muss – ohne zu zögern in den Tod reitet, um sich dort geheimes und dem gewöhnlichen Bewusstsein verborgenes Wissen anzueignen; dafür weckt er auch schon einmal eine tote Seherin aus ihrem Todesschlaf, um sie durch Zauberwort

[89] Wamers, Egon (Hrsg.): *Bärenkult und Schamanenzauber*, S. 66.

[90] Vgl. Eliade, Mircea: *Schamanismus und archaische Ekstasetechnik*, S. 373. Vgl. auch Simek, Rudolf: *Lexikon der germanischen Mythologie*, S. 363: „Odin wird auch mit Details der Magie in Zusammenhang gebracht, die auf eine schamanistische Frühstufe der germanischen Religion zurückzuführen sein könnten: Er verwendet Mímirs sprechenden Kopf für Prophezeiungen“.

zu bannen, dass sie ihm ihr Wissen preisgebe (Baldrs drumar). Diese Fähigkeit, Verstorbene zu neuem Leben zu erwecken, ist auch aus dem sibirischen Schamanentum bekannt und überliefert.[91]

Odin ist auch der Hauptgott der ekstatischen Geheimbünde und totemistischen Verkleidungskulte. Das wichtigste Hilfsmittel bei diesen Kulten war die Maske, meist aus Naturmaterialien, Pflanzen, Fell und Federn, wobei es anzumerken gilt, dass vergleichbare Phänomene im weltweiten Schamanismus zu finden sind.[92] Die Masken der Schamanen spiegeln zumeist ihren Schutzgeist wider: In Mesoamerika etwa wird das Krafttier des Schamanen *nagual* genannt und das heißt wörtlich „Maske". Bei den Germanen aber wurde Odin Grímr bzw. Grimnir genannt und das heißt gleichfalls „Maske" (*gríma*). Über 180 weitere Namen bezeugen, dass es sich bei diesem Gott um einen schamanischen Gestaltwandler schlechthin handelt. Odin ist ein wahrer Meister der Verkleidungs- und Verwandlungskunst: Er erscheint als Weisheitsgott, Totengott und Kriegsgott, als Gott der Dichter und der Mettrinker. Er ist ein Schwarzmagier und Heilkünstler. Mal erscheint er als Greis mit langem Bart und Schlapphut, mal als junger Krieger auf der Höhe seiner Manneskraft.

In der altisländischen *Ynglingasaga* (ca. 1.230) werden Odins Zauberkünste ausführlich beschrieben:

> Odin konnte seine Gestalt verändern. Sein Körper lag wie tot oder schlafend da; er war aber ein Vogel oder ein Tier, ein Fisch oder eine Schlange und fuhr in Augenblicken in andere Länder, in die Angelegenheiten seiner selbst oder anderer Leute. Allein mit Worten konnte er Feuer schlagen und das Meer beruhigen und den Wind in jede Richtung bewegen, wie er wollte. Odin hatte ein Schiff, das Skídbladnir hieß, das über die Maßen groß war, aber das man wie ein Tuch zusammenlegen konnte. Odin trug immer Mímirs Haupt bei sich, welches ihm Nachrichten aus der anderen Welt weissagte. Manchmal weckte er sogar die Toten aus der Erde

[91] Vgl. *Schamanengeschichten aus Sibirien*, S. 192.

[92] Eliade, Mircea: *Schamanismus und archaische Ekstasetechnik*, S. 166ff.

> auf oder setzte sich unter Gehenkte; deswegen nannte man ihn auch Herr der Wiedergänger oder Herr der Gehenkten. Er hatte zwei Raben, denen er die Sprache der Menschen beigebracht hat; sie flogen weit übers Land und erzählten ihm viele Neuigkeiten. Er war in allen Dingen besonders weise. All dies lernte er mit Runen und den Liedern, die Zaubersprüche heißen. (Ynglingasaga 7)

Der Flug der Seele, während der Körper schläft, ist typisch schamanisch und auch etwa bei den Sámi belegt: „Der Lappe […] verfällt dann in einen tiefen Schlaf, von seiner Frau bewacht, so daß ihm während der Zeit, in der sein zweiter Leib in ferne Welten eilt, nichts Lebendiges berührt".[93] Die Tierverwandlung zählt ebenfalls geradezu zur Definition des weltweiten Schamanentums und ist zum Beispiel in Sibirien bestens bezeugt: „Der Schamane kann sich verwandeln" und die Gestalt von einem „Stier" oder einer „Wespe" annehmen, etwa wenn er „etwas Verborgenes finden will, z. B. die von den Geistern des oberen Landes geraubte Seele einer Frau".[94]

Nicht nur in der Mythologie des hohen Nordens erscheint Odin als Schamanengott, sondern auch in der südgermanischen Überlieferung: Wotan heilt Kranke mit magischen Gesängen (*Merseburger Zauberspruch*) und mit Pflanzenmedizin (*Neun-Kräuter-Segen*). Als weiser Mann mit Stock und Schlapphut durchstreift er die kontinentaleuropäischen Märchenwälder: Er ist der Reiter mit dem langen Zaubermantel, der wilde Jäger und der Werwolf. Grimm nennt ihn den „größten zauberer oder wunderer von allen".[95]

„Von allen Fähigkeiten der Schamanen ist aber die zur Ekstase am stärksten bei Odin ausgeprägt. Aus dieser Ekstase heraus erwächst seine Kraft der Dichtung und damit zum Zauberspruch und Zauberlied ebenso wie auch zur Kraft des Kampfes".[96] Dass

[93] Lichtenberger, Sigrid: *Züge des Schamanentums in der germanischen Überlieferung*, S. 31.

[94] *Schamanengeschichten aus Sibirien*, S. 44.

[95] Grimm, Jacob: *Deutsche Mythologie*, Bd. II, S. 1030.

[96] Lichtenberger, Sigrid: *Züge des Schamanentums in der germanischen Überlieferung*, S. 29f. Vgl. auch Simek, Rudolf: *Lexikon der germanischen Mythologie*, S. 363: „Am wichtigsten

Wotan der Beherrscher der Ekstase ist, lässt sich eindeutig an seinem Namen festmachen: Das gemeingermanische Wort **woda* heißt „besessen, erregt" und bezieht sich offenkundig auf das Schütteln des Schamanen beim Eingehen in die Geisterwelt, auf das „Außer-sich-geraten" in der Trance: „Wuodan id est furor", charakterisiert Adam von Bremen in seiner *Hamburger Kirchengeschichte* (11. Jhd.) diesen Gott. Wotan, das ist Wut, Raserei und wilde Leidenschaft, Verzückung, Wahnsinn und Besessenheit. Volkstümlich wird Wotan auch Tolljäger oder Tollmann genannt, der, der die Tollkirsche gegessen hat.

Die älteste namentliche Erwähnung des Gottes Wotan findet sich als Runeninschrift auf einer Bügelfibel (Gewandspange) aus dem 6. Jahrhundert, die im bayrischen Nordendorf gefunden wurde („Nordendorfer Runenspange"). Die alte Inschrift ist nach wie vor geheimnisvoll, sie lautet: *„logaþore wodan wigiþonar*". Mit der vollständigen Übersetzung dieser Gravur hat die wissenschaftliche Forschung lange Zeit ihre Schwierigkeiten gehabt. Die Wörter *wodan* und *wigiþonar* sind eindeutig den germanischen Göttern Wotan und Donar zuzuordnen, letzterem in seiner Form als Weihe-Donar (germ. *wigian*: „weihen") oder Kampf-Donar (germ. *wigan*: „kämpfen"). Das erste Wort *logaþore* jedoch ist rätselhaft. Es könnte auf den Gott Loki hindeuten. Dreifachnennungen von Götternamen – wie Loki, Wodan, Donar – waren bei den Germanen weit verbreitet; sie dienten der magischen Beschwörung. Vielleicht handelt es sich bei dem ersten Wort aber auch nicht um einen Eigen-, sondern Gattungsnamen (Appellativ) zum altenglischen Glossenwort *logeþer* für „Zauberer". Dann lautete die Inschrift: „Zauberer (sind) Wodan (und) Donar".[97] Was auch immer die Nordendorfer Inschrift nun genau bedeuten mag, kraftvolle Schamanengötter sind sie alle drei: Wotan, Donar und Loki.

---

aber sind die Parallelen zwischen der Odinistischen Religion und den ekstatischen Trance-Zuständen, in denen Schamanen Heilungen oder Vorhersagen ausführen".

[97] Für diese und andere Deutungen vgl. Düwel, Klaus: *Runenkunde*, S. 63f.

Thor, der Donnergott

Thor (nordgerm.) bzw. Donar (südgerm.) bewohnt das größte Haus in Asgard. Er ist der Sohn und Zauberlehrling Odins und strotzt nur so vor magischer Kraft: Sein mächtiger Wunderhammer – geschmiedet von zwei Zwergen – verfehlt niemals das Ziel und kehrt nach jedem Wurf zur Hand zurück. Ein Handschuh aus Eisen hilft ihm, den schweren Hammerschaft zu fassen. Außerdem besitzt er einen Kraftgürtel, der die Asenkraft noch um das Doppelte erhöht. Von der Reifriesin Gríðr bekommt er einen Stab geschenkt, der Gríðavölr heißt (vgl. Völva). Dies sind gewiss schamanische Ritualobjekte, die Donar als einen mächtigen Schamanen auszeichnen; zum Beispiel findet sich vergleichbare Gürtel und Handschuhe auch im nordamerikanischen Schamanentum.[98] Und schamanische Zauberstäbe sind von der Steinzeit bis zur Neuzeit bestens belegt.[99] Thors Reisen in das Riesenland, die „Außen-Welt" (Utgard), erinnern deutlich an die Reisen der Schamanen in die Anderswelt; „und niemand ist so klug, daß er alle seine Großtaten erzählen wüßte. Ich könnte so manche Nachricht von ihm berichten, daß der Tag vergehen würde, ehe alles gesagt wäre, was ich weiß" (Gylfaginning 21).

Thor ist der kraftstrotzende Beschützer der Menschen wie der Götter. Wer ihn an seiner Seite weiß, muss sich nicht fürchten. Das ist auch gut so, weil einige der jenseitigen Mächte immer wieder Ärger machen und Krankheit oder Missernte und Schneesturm bringen.[100] Solche Angelegenheiten regelt Donar mit dem Hammer. Legendär sind seine Reisen in das Reich der Riesen und seine Kämpfe mit den schlangenartigen Dämonen aus der Außenwelt. Dabei kommt der Hammer immer dann zum Einsatz, wenn es darum geht, feindselige

[98] Tecklenburg, Réne: *Die Verdichter - eine religionsethnologische Studie zum Schamanismus der Lakota*, S. 186, 355.

[99] Vgl. Müller, Klaus E.: *Schamanismus*, S. 73f.

[100] Ärger machten aber auch die Christen, die das heidnische Germanien zum Teil gewaltsam – „mit eiserner Zunge" – missionierten. Thors Hammer, als Schutzamulett um den Hals getragen, wurde bei den Nordgermanen bald zum Symbol des Widerstandes gegen die Bekehrer, die ihrerseits das Kreuz als Kette trugen.

Geschöpfe fernzuhalten oder in die Flucht zu schlagen. Hammer und Funktion erinnern an schamanische Kultwaffen, etwa an den Zauberdolch der nepalesischen Schamanen, mit dem krankmachende Schlangengeister in die Flucht geschlagen werden, sogenannte Nagas.[101] Bei den Germanen gab es solche schamanischen Kultwaffen vor allem in Form von Hämmern, Äxten oder Beilen, die übrigens nicht selten – wie der Thorshammer noch heute – als Schutzamulette um den Hals getragen wurden:

> Äxte und Beile sind bei anderen Völkern als Fetische wie als Symbole und Götterattribute weit verbreitet, und auf Grund dieser Parallelerscheinungen darf man auch diesen germanischen Äxten und Beilen, die keine Gebrauchsgegenstände sein können, religiöse Bedeutung zuschreiben. Die kleineren Miniaturbeile dürfen als Amulette erklärt werden, die man trug, um sich gegen die Bedrohung einer übermenschlichen Macht, eines Dämons zu schützen, später um sich in den Schutz eines Gottes zu stellen.[102]

Im naturmythologischen Bewusstsein der agrarisch lebenden Germanen spielte Thor – dessen Mutter Jörð heißt: „Mutter Erde" – eine zentrale Rolle als Wettergott. Für alle Ackerbauern ist der Wetterzauber wichtig. Sie sind auf Regen angewiesen, der die Saat aufgehen lässt. Die Germanen, die Himmel und Erde verehrten, huldigten dem Gott, der den Boden fruchtbar macht, dem „Donnerer" bzw. „Donner" (ahd. *donar*). Wenn es regnete und grollte, dann sagte man: Thor ziehe auf seinem von Böcken gezogenen Wagen am Firmament entlang. Sein Wunderhammer trägt den Namen Mjölnir, das heißt „Blitz". Mit diesem lässt Donar es krachen, trommelt Wind und Wetter, schleudert Blitze aus den Wolken und donnert, was der Himmel hergibt.

---

[101] Vgl. Winner, Ellen und Rai, Mohan: *Mundum*, S. 238: „Das Wort Naga steht in der altindischen wie auch schamanischen Kosmologie für alle Arten von männlichen Schlangengeistwesen. […] Sie können gleichermaßen als hilfreiche, wie auch als dämonische Kräfte in Erscheinung treten".

[102] Helm, Karl: *Altgermanische Religionsgeschichte*, S. 191.

„Alte Götter sind Zauberer", heißt es bei Grimm.[103] Und Thor/Donar ist gewiss einer der ältesten. In einem eddischen Mythos heißt es, dass dieser Gott einst in einen Streit geriet mit dem Riesen Hrungnir und es zum Zweikampf kam. Die Waffe, die der Riese mit sich führte, war ein gigantischer Wetzstein. Thor trug seinen metallischen Wunderhammer Mjölnir bei sich. Als beide Waffen aufeinanderprallten, zersplitterte der Stein am Hammer; auch Hrungnirs Haupt wurde zerschmettert. Manche Forscher vermuten, dass in dieser Geschichte der Übergang von der Steinzeit zur Metallzeit überliefert ist. Gewiss ist jedenfalls, dass der Donnergott schon in der Bronzezeit bekannt war und verehrt wurde. Zahlreiche Felsritzungen aus dieser Zeit bilden einen Gott ab, der in den Händen einen Hammer hält, etwa der sogenannte „Axtgott von Lilla Flyhov" (ca. 1.500-1.000 v. u. Z.). Weltberühmt sind außerdem die über 3.000 Jahre alten Felsritzungen von Tanum (Schweden), die zum UNESCO-Weltkulturerbe gehören und Hammergötter abbilden.[104] Auffällig ist dabei, dass diese Figuren gelegentlich mit den Attributen eines Tieres, nämlich eines Bockes, ausgestattet sind und also sehr deutlich an die steinzeitlichen Höhlenmalereien von tierverwandelten Schamanen erinnern, etwa den „gehörnten Gott" oder den „Hexenmeister mit dem Mundbogen". Einige dieser Hammerböcke sind mit erigiertem Penis dargestellt, genau wie der Schamanen-Vogelmensch in der Steinzeithöhle von Lascaux. Zugleich erinnern diese Darstellungen an die antiken ithyphallischen Satyrn, aber auch an die wilden Leute mit der Keule in der Hand, die noch im Mittelalter durch die Wälder zogen.

Dass es sich bei Donar, der auch „Herr der Ziegen" bzw. „der Böcke Herr" genannt wurde (Hymiskviða 20, 31), um einen germanischen Schamanengott handelt, belegt auch eine Geschichte, die in der *Edda* überliefert ist (Gylfaginning 44) und die „sehr an schamanoide Praktiken" erinnert.[105]

[103] Grimm, Jacob: *Deutsche Mythologie*, Bd. III, S. 303.

[104] Vgl. Höffgen, Nicole: *Die Felsritzungen der Nordischen Bronzezeit* (2024).

[105] Simek, Rudolf: *Religion der Germanen*, S. 135.

> Am Anfang dieser Geschichte steht, daß Ökuthor (Thor) mit seinen Ziegenböcken und dem Wagen loszog, und bei ihm war der Ase, der Loki heißt. Am Abend kamen sie zu einem Bauern und erhielten dort ein Nachtlager. Und an diesem Abend nahm Thor seine Böcke und schlachtete beide. Danach wurden sie abgehäutet und in einen Kessel gelegt. Als sie fertig gekocht waren, setzten sich Thor und seine Begleiter zum Nachtmahl. Er lud auch den Bauern mit seiner Frau und den Kindern zum Essen ein. Der Sohn des Bauern hieß Thjalfi, die Tochter Röskwa. Thor legte die Bocksfelle vor das Feuer und sagte, der Bauer und seine Hausleute sollten die Knochen darauf werfen. Thjalfi, der Sohn des Bauern, hielt den Oberschenkelknochen eines Bocks, öffnete ihn mit seinem Messer und brach ihn bis zum Knochenmark auf. Thor verbrachte dort die Nacht, aber er stand noch vor Tagesanbruch auf und kleidete sich an. Er nahm den Hammer Mjölnir, hob ihn empor und weihte die Bocksfelle. Da standen die Böcke auf, einer jedoch hinkte auf dem Hinterbein. Thor bemerkte dies und sprach, der Bauer oder jemand aus dem Haus müsse nicht vorsichtig mit den Knochen des Bockes umgegangen sein. Er stellte fest, daß der Oberschenkelknochen gebrochen war. Nicht mehr ist davon zu erzählen; alle vermögen zu wissen, wie erschrocken der Bauer gewesen sein wird, als er sah, wie Thor seine Augenbrauen über die Augen senken ließ. Aber das, was er von den Augen noch sah, dünkte ihm so, als müsse er von seinem Blick allein schon sterben. Seine Hände umschlossen den Hammerschaft so fest, daß die Fingerknöchel weiß wurden. Der Bauer machte, was zu erwarten war, und ebenso alle seine Leute: Sie schrien laut und baten um Schonung; alles, was sie besaßen, boten sie als Buße an. Aber als er ihre Angst sah, da verging sein Zorn, und er beruhigte sich. Und zum Ausgleich nahm er von ihnen ihre Kinder, Thjalfi und Röskwa. Sie sollten seine Diener sein. Seitdem folgen sie ihm überallhin.

Lichtenberger vermutet, dass hier „ein alter Zauber der Jägerkultur erzählt“ wird, „den wir noch heute in den nordamerikanischen Indianermärchen finden: daß der Knochen als Lebenskeim anzusehen ist, aus dem sich das Tier immer wieder erneuern kann".[106] Wahrscheinlicher ist jedoch, dass hinter diesem Mythos ein Initiationsritus steckt, der im Schamanismus weltweit verbreitet ist, nämlich die sogenannte „Zerstückelung" – das heißt: das Schlachten, Häuten, Kochen und Wiederbeleben des angehenden Schamanen.[107] Die sibirischen Berichte sind voll davon.[108] Die Zerstückelung ist eine Traumvision, ein Fiebertraum im Zuge der Schamanenkrankheit oder eine bewusst eingeleitete psychedelische Erfahrung. Das Ritual kann so aussehen, dass der angehende Schamane einen menschenleeren Ort aufsucht, wo er sich niederlegt und drei, sieben oder neun Tage lang fastet. Sein Haupt ist mit einem Strick umwunden, der den baldigen Tod symbolisiert.[109] Dann erscheinen ihm die Geister – wie die Geier über einem Sterbenden. Sie beginnen, den Einzuweihenden bei lebendigem Leibe Stück für Stück auseinanderzunehmen und aufzufressen. Sie trennen die Gelenke auf, reißen die Gliedmaßen vom Körper ab und verzehren die Eingeweide, so dass das Blut spritzt.[110] Manchmal werden die Glieder zuvor in einem großen Hexenkessel gekocht. Die Augen werden aus den Höhlen genommen und an einen erhobenen Ort gelegt, so dass der Initiand das schauerliche Schauspiel seiner eigenen Zerstückelung die ganze Zeit mit ansehen muss.[111] Doch geben die Geister auch sorg-

[106] Lichtenberger, Sigrid: *Züge des Schamanentums in der germanischen Überlieferung*, S. 30.

[107] Vgl. Simek, Rudolf: *Lexikon der germanischen Mythologie*, S. 427: „Hinter dem Mythos verbirgt sich ein Opferritus, wie er auch im außergermanischen Bereich gut belegt ist: Nach der Schlachtung folgt seine Weihung an die Gottheit und Wiederbelebung; vor allem im schamanischen Ritus ist das Schlachten, Häuten und Kochen mit anschließender Wiederbelebung als Weg der Kontaktaufnahme mit den Göttern bestens bezeugt."

[108] Vgl. *Schamanengeschichten aus Sibirien*, S. 28, 136, 140.

[109] Vgl. auch das Hängeopfer Odins am Weltenbaum Yggdrasil.

[110] Hier sei an die griechischen Mänaden erinnert, die wilden Weiber der Dionysien, die nicht nur wilde Tiere bei lebendigem Leib zerrissen und verschlangen, sondern auch den Orpheus, den schon Herder als einen Schamanen identifiziert hat.

[111] Vgl. auch die Divination aus Schädelknochen (Mimir, Odin).

sam darauf acht, dass die abgetrennten Knochen nicht zu Bruch gehen. Sie sammeln diese nämlich und sortieren sie. Sobald der Körper vollständig zerlegt ist, wenn der Initiand also ‚gestorben' ist, beginnen die Geister, diese Knochen fein säuberlich zu reinigen und sorgfältig zum ursprünglichen Skelett zusammenzusetzen. Sie fügen auch die Augen wieder in die Höhlen. Und mit Zauberkraft beleben sie zuletzt den Körper, so dass der Initiand aus dem luziden Traum erwacht. Er wird ‚wiedergeboren' und ist jetzt ein Schamane.

Loki, der Listige

„Die größte Schamanenkraft besitzt aber der Gott Loki, der innerhalb der germanischen Götterwelt eine Außenseiterstellung einnimmt".[112] Loki erinnert an den Schamanen, dessen Hütte abseits der Siedlung steht, am Waldrand, und der den Dorfbewohnern zwielichtig erscheint. Loki ist eine schillernde Figur. Er wird zu den Göttern gezählt, ist jedoch ein Kind der Riesen. Beim Weltenbrand Ragnarök wird er mit den Riesen gegen die Götter kämpfen. Seine schöpferischen Kräfte sind überwältigend, doch nutzt er sie nicht selten, um furchterregende Kreaturen und Weltfeinde hervorzubringen: Er ist der Vater des Fenriswolfes und der Midgardschlange. Häufig schadet er den Göttern oder hintergeht sie. Er hat Balder auf dem Gewissen, den Sohn Odins und Liebling aller Götter. Aber Loki ist nicht immer feindlich. Oft hilft er auch den Göttern, um schwierige Aufgaben zu lösen und brenzlige Situationen zu meistern. In vielen *Edda*-Liedern tritt Loki als der Begleiter und Diener des Thor auf, wenn dieser gegen die Riesen zieht. Er ist der „Freund des Thor" und der „Freund des Odin". So hinterlistig Loki ist, so listenreich steht er den Göttern immer wieder treu zur Seite.

Loki ist also ein äußerst ambivalenter Gott, mal schadenbringend, mal nutzbringend. Schon das zeichnet ihn als einen Schamanengott aus. Loki verkörpert das schamanische Universum, in dem es kein „Gut und Böse" gibt, sondern alle Dinge sowohl positive als auch negative Eigenschaften tragen: Er ist mit dem „trickster

[112] Lichtenberger, Sigrid: *Züge des Schamanentums in der germanischen Überlieferung*, S. 30.

Das germanische Pantheon auf dem Deckblatt einer Edda aus dem 18. Jahrhundert.

archaischer Religionen“ zu vergleichen und übt die „Doppelfunktion des Kulturheroen und Betrügers“ aus.[113]

> Gute Schamanen haben einen roten Schamanenmantel, böse Schamanen einen schwarzen. Dieselben Farben werden auch von den Jakagiren-Schamanen getragen. Die Mehrheit der Schamanen vereint allerdings Talente aus all diesen Kategorien in sich, sie vollbringen im Namen der Geister allerlei Tricks, sagen die Zukunft voraus und sprechen Beschwörungsformeln.[114]

[113] Vgl. Simek, Rudolf: *Lexikon der Germanischen Mythologie*, S. 255.

[114] Gorbatcheva, Valentina und Federova, Marina: *Die Kunst Sibiriens*, S. 184.

Loki ist der Trickster der germanischen Mythologie, der verschlagene Kerl und Schelm, der Schalk, der über geheimes Wissen verfügt sowie die Verwandlungskunst beherrscht. Er ist gleichfalls der Narr, der zum Lachen einlädt, weshalb einige der Loki-Mythen Schwänke sind. Er ist blitzgescheit und führt immer etwas im Schilde. Er ist der „Teufel" aus der Volksdichtung, der nichts von einem Satan hat, der hilfreiche Rumpenstunz, der für seine Hilfe das Erstgeborene der jungen Königin einfordert. Loki ist der germanische *Mephisto*, jener „Geist, der stets verneint! / Und das mit Recht; denn alles was entsteht / Ist wert dass es zugrunde geht; / Drum besser wär's dass nichts entstünde" (Faust I, V.1338ff.).

Ein altes Lied der *Edda* trägt den Namen *Lokasenna*, das heißt „Lokis Spottgedicht". Es handelt sich um eine Satire, in der Loki alle Götter anprangert, beleidigt und verhöhnt. Der Stil ist schwankhaftderbe. Die Anfeindungen gehen nicht selten unter die Gürtellinie: Weicheier seien die Götter allesamt, und Huren die Göttinnen. Doch die *Lokasenna* trägt nicht nur zur Unterhaltung bei, sondern offenbart auch einiges über die Eigenschaften und Fähigkeiten der germanischen Götter. In jedem Wort des Tricksters, seien es auch Lügen und Verleumdungen, steckt ein geheimes Wissen. So liefert Lokis doppeldeutige Schmährede zugleich einen wichtigen Beleg für den Schamanismus bei den Germanen. Über Odin heißt es nämlich (Lokasenna 24):

> Aber du, sagte man, zaubertest auf Samsey,
> Und du triebst Hexerei wie die Seherinnen;
> In Zauberers Gestalt zogst du durchs Menschenvolk,
> Und das halt ich für eines Unmännlichen Art.

Das liest sich in der Tat wie die Beschreibung (und Beschimpfung) eines großen Hexenmeisters, der auf jener dänischen (oder samischen?) Insel Samsey Zauber trieb. Die Lektüre des altisländischen Originals bringt jedoch noch mehr zu Tage, nämlich die Auszeichnung Odins als einen praktischen Schamanen: In der Haupthandschrift R der *Lokasenna* heißt es – statt „du zaubertest (*sida*) auf

Samsey" – „du sankst (*siga*) auf Samsey". Dieses „Sinken" lässt sich auf das Zusammensacken des Schamanen in der Trance beziehen.[115] Der Folgevers – „du triebst Hexerei (*draptu á vétt*) wie die Seherinnen" – lässt sich gleichbedeutend als „auf etwas schlagen (*drepa á*)" übersetzen, nämlich auf den „Deckel" bzw. die „Trommel" (*vétt*).[116] Odin sank also in Trance zusammen, er fiel in die Ekstase, als er seine Trommel schlug – die mustergültige Darstellung eines Schamanen. Überdies bezeugt die Strophe, dass nicht nur Odin auf die Trommel schlägt, sondern auch die Menschen es ihm gleichtun, nämlich „die Seherinnen" bzw. „Schamaninnen". So hat der mitunter destruktive Loki wieder einmal maßgeblich dazu beigetragen, ein ‚Rätsel zu lösen', ein Mysterium zu offenbaren. In diesem Fall: die Frage nach der germanischen Schamanentrommel. Loki ist eben „ein Teil von jener Kraft, / Die stets das Böse will und stets das Gute schafft" (Faust I, V.1335f.).

Dass Loki Odin als „unmännlich" bezeichnet, weil er sich gebärdet „wie die Seherinnen", lässt sich als Polemik werten. Vielleicht ist „unmännlich" (*ergi*) aber auch als eine Chiffre zu verstehen für die Fähigkeit des Schamanen, seine Gestalt zu wandeln, und zwar nicht nur vom Menschen zum Tier, sondern auch vom Mann zur Frau bzw. andersherum. Tatsächlich lässt sich die Handschrift auch so lesen, dass Odin nicht „in Zauberers Gestalt", sondern „in Frauengestalt" (*vitka líki*) durchs Volk zieht. Der rituelle Geschlechtswandel ist im sibirischen Schamanismus bestens bezeugt.[117]

> In diesem Fall erhielten die Frauen von dem Geist, der bei ihrer Berufung die führende Rolle spielte, die Weisung, ‚zum Mann zu

---

[115] „Auf der Höhe seiner wilden motorischen Erregung sinkt er (der Schamane) zu Boden, und seine Seele, sein eigentliches Ich, verläßt den wie leblos daliegenden Körper und begibt sich mit Unterstützung seiner Geister - angeführt von seinem Schutzgeist - in ferne Gegenden". *Schamanengeschichten aus Sibirien*, S. 19.

[116] Diese Lesart wurde bereits 1877 von Johan Fritzner vorgestellt; vgl. Ohlmarks, Åke: *Arktischer Schamanismus und altnordischer Seidr*, S. 177.

[117] Vgl. Eliade, Mircea: *Schamanismus und archaische Ekstasetechnik*, S. 248.

> werden'. Auf der Stelle kleideten und frisierten sie sich wie Männer, verhielten sich, sprachen und traten entsprechend auf, lernten zu jagen und Waffen zu führen, ja heirateten unter Umständen sogar aufs neue – eine andere Frau. Derartige Fälle kamen vor allem, aber dennoch vergleichsweise selten, in Nordostasien bei Itelmen, Korjaken, Tschuktschen, asiatischen Eskimo und Aleuten-Insulanern vor – und ebendort erging, häufiger noch, die entgegengesetzte Aufforderung auch an männliche Schamanenkandidaten, die dann in allem analog reagierten.[118]

Wie es im Universum des Schamanen kein absolutes Gutes oder Böses gibt, so verschwimmen auch die Grenzen zwischen männlich und weiblich: „Die geschlechtsverwandelten Schamanen gelten bei manchen sibirischen Völkern als die mächtigsten".[119] Deshalb ist der Schamane in der Jenseitsreise gewissermaßen ungeschlechtlich bzw. alterniert zwischen den Geschlechtern, wie es die Situation gerade verlangt. Er ist in jeder Hinsicht ein Zwischenwesen. Niemand exemplifiziert diesen Umstand besser als Loki. Denn was den Wandel des Geschlechts angeht, ist Loki ein wahrer Meisterschamane. Er ist noch viel „unmännlicher" als Odin. In zahlreichen Mythen verwandelt Loki sich in eine Frau; sogar Kinder hat er dergestalt geboren. Loki verkleidet sich als „Brautjungfer", um zusammen mit dem als „Braut" verkleideten Thor den gestohlenen Hammer Mjölnir zurückzuholen – ein Travestie-Spiel. Auch um Balder zu beseitigen, tritt er als Frau

[118] Müller, Klaus E: *Schamanismus*, S. 33f.

[119] Buchholz, Peter: *Schamanistische Züge in der altisländischen Überlieferung*, S. 45. Vgl. auch Baumann, Hermann: *Das doppelte Geschlecht*, S. 39: „Der kultische Geschlechtswandel ist in erster Linie ein Mittel, eine spezifische Abweichung von der Norm, hier der heterosexuellen Geschlechtseigenarten, als Ausdruck einer gesteigerten magisch-religiösen Wirkungsmächtigkeit zu sehen. Ähnlich den Zwillingen, unregelmässig Zahnenden, albinotischen Wesen usw. gelten die geschlechtlichen Abweichungen zeigenden Wesen als von Geistmächten Auserwählte und besonders Begabte".

auf. Gewiss deuten diese Mythen auf schamanische Verkleidungskulte hin.

Tacitus überliefert, dass einige der religiösen Oberhäupter der Germanen die Grenze zwischen den Geschlechtern transzendierten: „Bei den Naharnavalern zeigt man einen Hain, eine uralte Kultstätte. Vorsteher ist ein Priester in Frauentracht" (Germania 45). Um die geschlechtlichen Unterschiede zu verwischen, begingen die Kulturen der Antike zu gewissen Zeiten – nämlich ‚zwischen den Zeiten' – rituelle Festspiele und Kulte, bei denen Männer Frauenkleider trugen und Frauen sich wie Männer gaben: Bei den Römern die Saturnalien, bei den Germanen die Fastnacht und die Wilde Leute-Spiele.[120] Freilich gab es auch ganz dezidierte Männlichkeits- und Weiblichkeitsmysterien. Zusammen bildeten sie das ganzheitliche Weltgefüge ab.

Loki, Odin und auch Thor jedenfalls beherrschen offenbar die Technik der Geschlechtswandlung. Damit zeichnen sie sich als Schamanen aus. Die Fähigkeit, sich in ein Tier zu verwandeln, beherrscht Loki jedoch wie kein zweiter. Er verwandelt sich in einen Lachs, in eine Fliege, in einen Floh, in einen Falken[121] und in einen Otter. der Gestalt einer Stute lässt er sich von einem Riesenhengst schwängern. Aus dieser Vereinigung ist Sleipnir hervorgegangen. Lokis Kind ist also das Symbol für die Schamanentrommel und den Schamanismus, mithin den Weltenbaum selbst. Loki ist auch der Vater der Hel, der Göttin des Todes. Tier und Mensch, Mann und Frau, Leben und Tod sind für Loki alles eins. Er ist ein mächtiger Schamane.

[120] Vgl. Höffgen, Thomas: *Karneval im alten Europa* (2020).

[121] „Er fliegt auch durch die Lüfte, nachdem er die Tracht aus Falkenfedern angelegt ha; aber dieses Zaubergewand gehört nicht ihm, sondern Freyja". Eliade, Mircea: *Schamanismus und archaische Ekstasetechnik*, S. 368.

Balders Träume

Jenseitsreisen und Unterweltmythen

Die Aufgabe des Schamanen besteht darin, in das Jenseits zu reisen und mit den Geistern zu kommunizieren. Eine bedeutende Rolle spielen dabei die Ahnengeister. Häufig sind es die verstorbenen Schamanen, die verehrten Ur-Schamanen, die einen Lebenden aus ihrer Sippe zum Nachfolger erwählen, in den Wald entführen und dort ausbilden und initiieren: „Die Rolle der Seelen der Toten bei der Auserwählung des künftigen Schamanen ist auch außerhalb Sibiriens bedeutend“.[122] Die Schamanentradition einzelner Familien reicht über viele Generationen. Die Toten werden gleichsam wahrgenommen als diejenigen, die aus der Anderswelt ins Irdische hineinwirken und für die Gesundheit der Familie und für die Fruchtbarkeit des Feldes Sorge tragen. Deshalb werden sie als Ahnengötter und Familiengötter verehrt und mit Opfern beschwichtigt.[123] Der Schamane fungiert dabei als eine Art Mittelsmann bzw. Medium: „Schamanen nahmen vor allem also Vermittlerfunktionen zwischen Diesseits und Jenseits, Menschen und Geistmächten, Lebenden und Toten (Ahnen) wahr“.[124]

Da die meisten Ahnengeister in der Unterwelt leben, sind die meisten Jenseitsreisen der Schamanen Reisen in die Unterwelt. Schamanische Reisen in die Unterwelt finden sich auf der ganzen Welt.[125] Die vielleicht bekannteste Jenseitsreise bzw. Unterweltfahrt stammt aus der griechischen Antike. Ihr Protagonist ist Orpheus, der größte Zauberdichtersänger aller Zeiten, der mit seinem Gesang und Leierspiel die größten Wunder zu vollbringen weiß:

---

[122] Eliade, Mircea: *Schamanismus und archaische Ekstasetechnik*, S. 92.

[123] In Nepal beispielsweise wird der Ahnengott *kuladeva* genannt: „Die Ahnengeister sind für die Himalayavölker und deren Schamanismus sehr wichtig. Ohne Kuladeva kann kein Schamane sein“. Winner, Ellen und Rai, Mohan: *Mundum*, S. 236.

[124] Müller, Klaus E.: *Schamanismus*, S. 19.

[125] Eliade, Mircea: *Schamanismus und archaische Ekstasetechnik*, S. 195ff.

> Die Kunst des Gesanges brachte dem Orpheus ewigen Nachruhm, denn er vermochte Steine und Bäume durch seine Lieder in Bewegung zu setzen und durch deren Melodie die wildesten, reissendsten Thiere des Waldes zu zähmen. [...] Er war vermählt mit Eurydice, doch nicht lange währte sein Glück: die geliebte Gattin ward von einer Schlange gestochen und starb, worauf Mercur sie in die Unterwelt abholte. Voll Verzweiflung beschloss Orpheus, in die Unterwelt hinabzusteigen und Pluto bitten, ihm die Gattin zurückzugeben. Seine zauberischen Töne bewegten auch wirklich den Beherrscher des Schattenreiches, ihm zu gestatten, dass er Eurydice mit sich nehme, doch fügte er die Bedingung hinzu, dass Orpheus sich nicht umsehen sollte, bevor er auf die Oberwelt gelangt. Diess ward zwar dem liebenden Gatten schwer, doch hielt er aus, bis des Tages Schimmer in die Grotte fiel, durch welche er zur Erde hinaufstieg; da sah er sich um, erblickte Eurydice, aber in diesem Augenblick verschwand sie ihm für immer.[126]

Schon Johann Gottfried Herder – der Mentor Goethes und erste ernstzunehmende Schamanismus-Forscher in Europa – wusste, dass Orpheus „der edelste *Schamane* gewesen sei, den *Thracien*, das damals auch *Nordische Tartarei* war, sehen konnte".[127] Auch Eliade fielen die Ähnlichkeiten zwischen Orpheus und Schamanentum auf.[128] Er verglich den Griechengott zudem mit dem germanischen Schamanengott Odin.[129] Eine weitere Ähnlichkeit zwischen orphischem und nordischem Schamanentum findet sich in der Figur des Gunnarr (Gunther) in der germanischen Heldensage: Durch Harfenschlag

[126] Vollmer, Wilhelm: *Lexikon der Mythologie*, S. 362.

[127] Herder, Johann Gottfried: *Werke in zehn Bänden*, Bd. 3, S. 63.

[128] „Wie die Schamanen, ist auch er Heilkundiger und Musiker; er bezaubert und beherrscht die wilden Tiere; er steigt in die Unterwelt hinab, um Eurydike zurückzuholen; sein abgetrennter Kopf wird aufbewahrt und dient als Orakelstätte, wie noch im 19. Jahrhundert die Schädel der Yukagir-Schamanen". Eliade, Mircea: *Schamanen, Götter und Mysterien*, S. 96.

[129] Eliade, Mircea: *Schamanismus und archaische Ekstasetechnik*, S. 373.

gelingt es Gunnar, eine Grube voller Giftschlangen zu bezähmen. Buchholz zählt ihn daher zu den Schamanendichtern.[130]

Das Grab der Prophetin

Herder war auch der erste, der ein altes *Edda*-Lied ins Deutsche übersetzt hat, das von einer ebensolchen Reise in die Unterwelt berichtet; er lobt den „Nordischen Zauberton" des Stückes. In der Vorgeschichte zu diesem Götterlied mit dem Titel *Baldrs draumar* („Balders Träume") wird Balder, der Sohn Odins, von schlimmen Todesträumen geplagt. Deshalb kommen die Götter zum Thing zusammen, um sich zu beratschlagen. Schnell ist man sich einig, dass nur eine Völva, eine germanische Seherin, und zwar eine ganz bestimmte, die Auskunft erteilen kann, unter welchem bösen Zauber Balder leidet. Allein – diese Völva ist schon lange tot. Also muss Odin in das Jenseits reiten, um sie zu befragen. Es folgt der germanische Mythos einer schamanischen Unterweltreise (Baldrs draumar 1-14):

> Odin stand auf, der Geschlechter Gaut,
> Und er legte Sleipnir den Sattel auf;
> Er ritt von dort hinunter nach Niflhel,
> Er begegnete einem Hund, der aus Hel kam.

Odin sattelt Sleipnir und reitet los. Er beginnt also, auf die Schamanentrommel zu schlagen. Seine Reise ist geistiger Natur, vielleicht sitzt er auf einem Pferdefell, vielleicht im Schatten einer alten Thing-Eiche. Jedenfalls visioniert der Gott den Weltenbaum, an dessen Wurzeln er ins Nebelreich der Unterwelten reitet: „Niflhel" ist ein Ort des Übergangs, gelegen zwischen Niflheim und Hel, also noch ‚zwischen den Welten'. Hier begegnet er Garm, dem „Höllenhund".

> Der war blutig vorn an der Brust,
> Und bellte lang des Zaubers Vater an;

[130] Vgl. Buchholz, Peter: *Schamanistische Züge in der altisländischen Überlieferung*, S. 65.

Garm ist der „Hüter der Schwelle", ein wilder Wachhund, ein tollwütiger Wolf, der den Eingang in die Unterwelt bewacht. Pflichtbewusst sorgt er dafür, dass nicht einfach jeder ungefragt ins Reich der Toten eindringt – oder wieder herauskommt. Diesen Hund gibt es auch in anderen Mythologien, zum Beispiel bei den grönländischen Inuit. Bei den Griechen heißt er Kerberos („Geist der Grube"). Der Hüter der Schwelle ist furchteinflößend, blutverschmiert und zähnefletschend. Er jagt alle diejenigen hinfort, die unbedacht ins Jenseits reisen wollen, aber nicht fähig und befugt sind, ihren zugeteilten Lebensraum (Midgard) zu verlassen, und deren Seelen daher Schaden nehmen könnten. Er ist der „Schweinehund", den es innerlich zu überwinden gilt, wenn man aus der bekannten Welt und Wirklichkeit herauszutreten gedenkt (*ékstasis*). Denn die Erfahrung des ‚ganz Anderen' ist so markerschütternd wie sie schön ist (*mysterium tremendum et fascinans*). Ein Gott der Griechen, der die Zwischenwelt bewohnt und bewacht, ist Pan, halb Mensch, halb Tier, der bei nicht wenigen, die ihm begegnen, die blanke „Panik" auslöst. Odin aber lässt sich von den Drohgebärden nicht beirren und überschreitet die Schwelle:

> Weiter ritt Odin, der Erdweg dröhnte,
> Er kam zum hohen Haus Hels.

In der neunten Welt ist Odin angekommen, im dunklen Reich der Todesgöttin Hel, „wo er wusste das Grab der Seherin". Freilich, auch Odin ist ein Totengott: Er selbst hat an sich den Tod erfahren, als er kopfüber am Weltenbaum verblutete. Jeden Tag verkehrt und feiert Odin mit den Einherjern, den toten Helden, die von den Walküren, Totengeistern, nach Walhall geleitet werden. Zur Zeit der Zwölften, im Winter, geht Wotan mit dem wilden Heer um, das sind die toten Seelen, die von den Lebenden zur Zeit der Wintersonnenwende Opferdienste einfordern. Allerdings ist Odin nicht der Herrscher über alle Toten, wie denn einige Verstorbene zu Freyja, andere zu Hel kommen. Doch weiß er ein probates Mittel, eine Technik, auch mit diesen Seelen in Kontakt zu treten, ganz gleich in welcher Welt sie nachleben – die Nekromantie („Totenbeschwörung").

> Er begann der Zauberkundigen Totenzauber zu sagen,
> Bis sie unter Zwang aufstand, einer Leiche Worte sprach:

Die Kontaktaufnahme mit den Toten gehört fest zum Repertoire eines jeden Schamanen. Die Kommunikation mit den jenseitigen Mächten gehört zum täglichen Geschäft. In allen schamanischen Kulturen ist Nekromantie bekannt und wird praktiziert. Auch im antiken Europa gab es die Totenbeschwörung: Das altgriechische Epos *Odyssee* (ca. 8. Jhd. v. u. Z.) überliefert, dass Odysseus einst die Seele des verstorbenen Sehers Teiresias aus der Unterwelt heraufbeschwor. Im sogenannten „Nekromanteion", einem Totenorakel nahe der Küste von Epirus, trat der Griechenkönig Periander in Kontakt mit der Melissa, seiner verstorbenen Gemahlin. Vor allem sei hier jedoch erinnert an jene Schamanengeschichte aus Sibirien, in der der Schamane eine seit drei Tagen Verstorbene aus dem Todesschlaf erweckt:

> „Der Schamane schritt zur Seance. Sie zog sich die ganze Nacht hin. Er hielt die Hände in die Flammen des brennenden Feuers und fing an, die verstorbene Frau zu streicheln. Das tat er dreimal. Danach sog er ihr Leiden in sich hinein. Die Tote fing sogleich an zu atmen und öffnete die Augen".[131]

In der germanischen Mythologie ist es Odin, der die Toten vom Leben erweckt, zum Beispiel mithilfe von Runen, wie es in der *Edda* heißt, „wo am Zweige hängt / Vom Strang erstickt ein Toter, / Wie ich ritze das Runenzeichen, / So kommt der Mann und spricht mit mir" (Hávamál 159). Solche Runen nannte man allgemein „Hellirûna".[132] Im vorliegenden Lied erweckt Odin eine tote Frau vom

---

[131] *Schamanengeschichten aus Sibirien*, S. 192.

[132] Vgl. Grimm, Jacob: *Deutsche Mythologie*, Bd. II, S. 1025: „hellirûna bedeutet necromantia, Todesrune, in klarem Bezug auf Halja, Hella; ich halte dazu das nhd. Höllenzwang, worunter man die mächtigste Zauberformel versteht, wie sie dem Doctor Faust eigen war".

Grabe, um sie zu befragen. Sie erhebt sich aus dem Grab und spricht mit Totenstimme:

> Was ist das für ein Wesen, mir unbekannt,
> Das mir den beschwerlichen Weg auferlegt hat?
> Ich war mit Schnee beschneit und mit Regen beschlagen
> Und mit Tau benetzt, tot war ich lang.

Odin nennt nicht seinen wahren Namen, er nennt sich Wegtam. Als Schamanengott ist er der Maskenmann, der nach Belieben jede Gestalt und Identität annehmen kann. Er bannt die Seherin und zwingt sie, Rede und Antwort zu stehen. In einem düster-romantischen Wissensdialog fragt Odin die Völva nach dem Schicksal Balders und erfährt, dass sein geliebter Sohn das Opfer eines feigen Anschlags werden wird. Erst jetzt erkennt die Seherin, dass es der Schamanengott persönlich ist, der sie aus dem Totenschlaf gerissen hat:

> Reite nun heim, Odin, und sei stolz!

Hermod und Hel

Doch die Geschichte geht noch weiter (Gylfaginning 49ff.): Um das von der toten Völva prophezeite Schicksal abzuwenden, um Balder vor dem Tod zu schützen, zieht die Göttermutter Frigg – Odins Frau, Balders Mutter – aus in die Welt und nimmt von allen Wesen Eide ab, sie mögen Balder niemals etwas anhaben: Alle Tiere, Pflanzen, Steine, Eisen und Elemente stimmten zu und schwören einen Eid, den Gott immerfort zu ehren und niemals zu vergiften. Die Götter sind glücklich und froh, und in ihrem Übermut beginnen sie, Balder mit Steinen zu bewerfen und mit Holzstöcken zu schlagen – nichts kann ihm etwas anhaben. Dass Balder unverwundbar ist, missfällt nun einem anderen Gott, dem streitsüchtigen Loki, seinerseits ein Meister schwarzmagischer Praktiken. Loki ersinnt sich eine List: Er verwandelt sich in eine alte Frau (Geschlechtswechsel), der niemand etwas Böses zutraut, und geht dergestalt zu Frigg und erschleicht sich ihr Vertrauen. Frigg verrät ihm, dass nicht alle

Dinge geschworen haben, Balder zu schonen; ein kleiner Mistelzweig, westlich von Walhall, sei ihr zu jung erschienen, um einen Eid zu fordern. Diesen Mistelzweig besorgt sich Loki und geht damit zu Höd, dem blinden Bruder Balders, Sohn von Odin und Frigg, und fordert diesen auf, es den anderen Göttern gleichzutun und Balder zu bewerfen – und zwar mit dieser Mistel. Höd wirft und das Geschoss durchbohrt Balder, der tot zu Boden stürzt.

Unendlich ist die Trauer unter den Göttern. Sie sind fassungslos und trauern tief. Und sie wollen das Schicksal nicht wahrhaben. Deshalb beschließen sie, einen ihrer besten Reiter in die Unterwelt zu schicken, auf den Helweg in das Jenseits, um der Todesgöttin Hel ein Lösegeld zu bieten, damit sie Balder freigeben möge. Odin bringt Sleipnir, das Schamanenpferd, und führt es zu seinem Sohn Hermod, der es besteigt und aufbricht.

Die Götter nehmen Balders Leichnam und verbrennen ihn auf seinem Schiff, dem Jenseitsschiff, das die Leichen über den Fluss des Todes bringt. Balders Frau, Nanna, bricht das Herz; sie stirbt vor Kummer und wird mit ihrem Ehemann verbrannt. Zu dieser Feuerbestattung kommt viel Volk herbei, um den Verstorbenen die letzte Ehre zu erweisen: Frey mit seinem von Ebern gezogenen Wagen, Freyja mit ihrem Katzengespann, Heimdall mit seinem Pferd. Thor weiht den Leichenbrand mit seinem Zauberhammer („Weihedonar“). Odin, der mit Frigg und den zwei Raben kommt, opfert seinem Sohn den Ring Draupnir, aus dem jede neunte Nacht acht Goldringe von gleicher Art tropfen. Balders Pferd wird mitverbrannt, mitsamt Zaumzeug, damit der Tote in der Unterwelt mobil bleibt.

> Aber von Hermod ist zu erzählen, daß er neun Nächte lang durch dunkle und tiefe Täler ritt, so daß er nichts sah, bis er zu dem Fluss Gjöll kam und auf die Gjöllbrücke ritt. Sie ist mit leuchtendem Gold gedeckt. Modgud wird die Jungfrau genannt, die die Brücke bewacht. Sie fragte ihn nach seinem Namen und nach seiner Herkunft und sagte, am Tag vorher seien fünf Scharen toter Männer über die Brücke geritten. ‚Aber unter dir allein tönt die Brücke nicht weniger, und du hast nicht das Aussehen toter Männer.

Warum reitest du hier auf den Helweg?' Er antwortete: ‚Ich will zu Hel reiten, um Balder zu suchen, oder hast du ihn vielleicht auf dem Helweg gesehen?' Sie sagte, er sei hier über die Gjöllbrücke geritten. ‚Und hinunter nach Norden verläuft der Helweg'.

Da ritt Hermod, bis er zum Helgitter kam. Dann stieg er vom Pferd und zog den Sattelgurt fest, stieg wieder auf und gab ihm die Sporen. Aber das Pferd sprang so kräftig über das Gitter, daß er ihm nirgends näher kam. Darauf ritt Hermod zu der Halle hin, stieg ab und ging hinein. Er sah dort Balder, seinen Bruder, auf einem Ehrenplatz sitzen, und bei ihm blieb er die ganze Nacht. Aber beim Morgengrauen verlange Hermod von Hel, Balder solle mit ihm heimreiten, und er sagte, wie groß die Trauer unter den Asen sei. Hel meinte, daß man prüfen solle, ob Balder so beliebt war. ‚Wie man es erzählt. Und wenn alle lebenden und toten Dinge in der Welt um ihn weinen, dann soll er zu den Asen zurückkehren. Er bleibt jedoch bei Hel, sobald irgend jemand Einspruch erhebt oder ihn nicht beweinen will'. Da erhob sich Hermod, und Balder geleitete ihn aus der Halle. Er nahm den Ring Draupnir und sandte ihn Odin als Erinnerung, aber Nanna schickte Frigg ein Tuch und noch andere Gaben, der Fulla einen Fingerring aus Gold. Danach ritt Hermod seinen Weg zurück, kam nach Asgard und erzählte alle Begebenheiten, die er gesehen und gehört hatte.

Sofort entsandten die Asen in alle Welt Boten, die bitten sollten, Balder von Hel zu erweinen. Dies taten alle Menschen und andere Lebewesen und die Erde wie die Steine, Bäume wie jedes Metall, so wie du gesehen haben wirst, daß diese Dinge weinen, wenn sie aus dem Frost in die Hitze kommen. Als die Boten heimkehrten und ihre Botschaft gut erfüllt hatten, entdeckten sie eine Höhle, in der eine Riesin saß. Sie nannte sich Thökk. Die baten sie, Balder von Hel zu weinen. Sie sagte: ‚Thökk wird beweinen mit trockenen Tränen / Balders Einäscherung; weder vom lebenden noch vom toten / Sohn des Alten hatte ich Nutze – behalte Hel, was sie hat'. Aber man vermutete, daß dort Loki, Laufeys Sohn gewesen ist, der unter den Asen am übelsten gehandelt hat.[133]

[133] *Die Edda* des Snorri Sturluson, S. 69f.

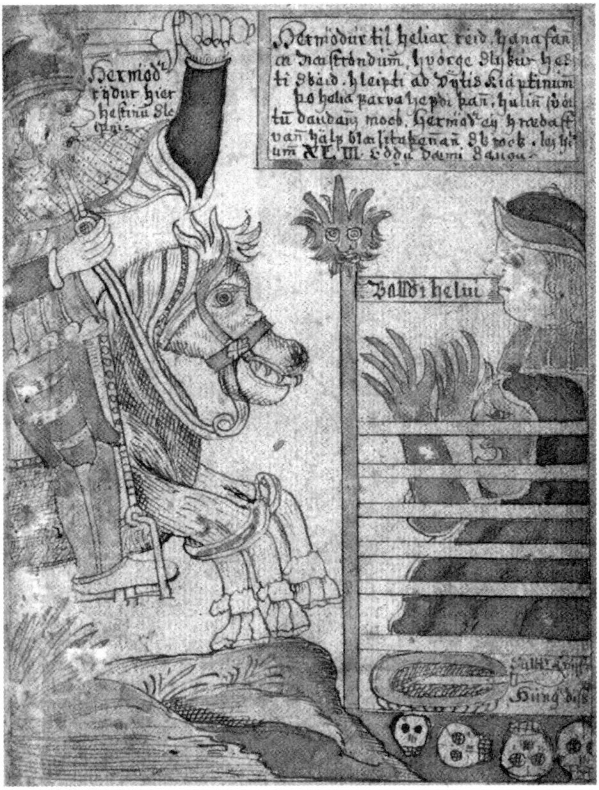

Hermod und Balder

Erst nach der Ragnarök wird Balder wieder von den Toten auferstehen. Die Deutung dieses Mythos ist bis heute nicht abgeschlossen. Aber schon de Vries hat das Mythologem von Tod und Wiederbelebung mit der schamanischen Initiation verglichen[134] und damit den Weg geöffnet zum „offensichtlich schamanoiden Kontext einer germanischen Odinsreligion, zu deren engerem Umkreis der Baldermythos zweifellos gehört".[135]

[134] Vries, Jan de: *Der Mythos von Balders Tod*, S. 147.

[135] Simek, Rudolf: *Lexikon der germanischen Mythologie*, S. 38.

Das „Draußensitzen“

Wie hat es nun praktisch ausgesehen, wenn die Germanen – wie ihre Götter – in das Jenseits reisten, um mit Toten in Kontakt zu treten? Was sind die Rituale hinter den Unterweltmythen? Wie verlief die Beschwörung der Toten *in concreto*? Abermals lohnt sich ein Vergleich mit anderen schamanischen Kulturen:

> Die Eskimos, die Australier, auch andere, schlafen, wenn sie Medizinmann werden wollen, in der Nähe von Gräbern, und dieser Brauch hat sich sogar bei historischen Völkern erhalten (z. B. den Kelten).[136]

Auch die germanische Überlieferung kennt eine solche Technik mit dem Namen útiseta, das heißt „Draußensitzen“. Es handelt sich um eine nächtliche Séance, bei der man aus dem Haus geht und das Dorf verlässt, dorthin, wo die Geister und die Toten leben, sich hinsetzt und meditativ versenkt. Zweck der Übung ist die Kontaktaufnahme mit den jenseitigen Mächten und die Weissagung. Im *Gulathingslög* heißt es: „Draußensitzen um Trolle (von den Toten) aufzuwecken“. In der *Völusp*á heißt es über die Seherin: „Allein saß sie draußen, als der Alte kam“ (Völuspá 28). Und in der *Alvíssmál* fragt der Zwerg Alwiss Thor: „Was ist das für ein Geschöpf, warum bist du so bleich um die Nase, warst du heut Nacht bei einer Leiche?“.[137]

Tatsächlich scheint es sich bei der *útiseta* genannten magischen Praxis um eine Schamanentechnik der Germanen zu handeln: „Draußensitzen“ bedeutet dann nicht nur Haus und Dorf zu verlassen, sondern zugleich die Grenze zwischen Midgard und Utgard, Innen und Außen, zu transzendieren und „aus-sich-heraus-zu-treten“, die Ekstase.

[136] Eliade, Mircea: *Schamanismus und archaische Ekstasetechnik*, S. 92.

[137] Alwiss ist der, der „alles weiß“ – allein dem Namen nach ein waschechter Schamane. Er weiß alle *Schicksale der Wesen.*

> Ekstase und útiseta (Draußensitzen) zeigen in sofern Gemeinsamkeiten, als es in beiden Fällen um die Bezeichnung eines außerordentlichen Zustandes geht, um das Verlassen einer psychischen oder physischen Normallage. Das útiseta sollte Kontakt mit den Toten herstellen, um die Zukunft zu erfahren, von verborgenen Dingen Kunde zu erhalten oder wertvolle Grabgegenstände zu empfangen. Unter den Göttern verfügt Odin über die Kunst des valgaldr, des Totenzaubers, aber auch Irdische übten diese Kunst.[138]

Dass das *útiseta* primär psychischer Natur ist, bezeugt auch die Geschichte vom isländischen Gesetzessprecher Thorgeir, der sich Tag und Nacht lang unter einen Mantel setzte, um eine Entscheidung zu treffen (Islendigabók), „eine Geste, in der man ein schamanistisches Ritual erkannt hat".[139]

Überliefert ist zudem der Brauch, sich in der Jul- bzw. Neujahrsnacht auf einen Kreuzweg zu setzen, um die Zukunft zu erfahren und wahrzusagen, „und zwar auf eine Rinderhaut oder, was noch altertümlicher aussieht, mit umgürtetem Schwert auf das Dach eines Hauses".[140] Freilich erinnert dieses Draußensitzen auf dem Hausdach an den Hochsitz Odins bzw. an die Zaubergestelle der Seherinnen, welche sich ihrerseits mit der schamanischen Schau in die Anderswelt in Beziehung bringen lassen.[141]

Zwar sind keine genaueren Beschreibungen eines germanischen *útisetas* überliefert. Aber Beschreibungen von schamanischen Naturvölkern aus der ganzen Welt ermöglichen durchaus einen Einblick in die Praxis. Zum Beispiel die folgende Schamanengeschichte aus Jakutien (Sibirien):

---

[138] *Reallexikon der germanischen Altertumskunde*, Bd. 7, S. 92.

[139] Ginzburg, Carlo: *Hexensabbat*, S. 290.

[140] Meyer, Elard Hugo: *Mythologie der Germanen*, S. 308. Vgl. auch Kynast, Birgit: *Das Dekret des Burchard von Worms*, S. 113.

[141] Vgl. Simek, Rudolf: *Lexikon der germanischen Mythologie*, S. 194f.

Jener Ärmste, den man vollkommen zerschlagen hatte, der über und über mit Wunden, Blutergüssen und blauen Flecken bedeckt war, kroch auf allen Vieren zum Westufer des Sees. Dort begab er sich auf eine hohe Landzunge, wo auf einem Gerüst die Knochen des verstorbenen Schamanen Basyllai in einem Brettersarg lagen. Er kletterte auf das Gerüst hinauf und legte sich quer darüber. Den Holzschaft seines Brecheisens hatte er übrigens mitgenommen. Mit diesem Schaft klopfte er an den Sarg und wandte sich mit folgenden Worten an den Geist des verstorbenen Schamanen: O, mein ältester Bruder! Hast du Ohren, um zu hören, hast du Augen, um zu sehen? Darum, weil du tot daliegst, ist mir hier dieses Unglück zugestossen! Ich bin zu dir gekommen, weil mein dickes Blut vergossen, mein ganzer Körper zerschnitten worden ist. Sieh her, was man aus mir gemacht hat! In diesem Zustand hat mich der Fürst von Bachsyt, Dzellengej, gebracht. Er wollte uns den grossen Debilitte-See für sich wegnehmen und kam mit zwanzig Leuten und vierzig Schlittenfuhren hierher und hat mit Gewalt das ganze Schilf des Sees abgemäht. Beschütze uns, hilf und rette! Mit solchen Reden klopfte er an das Grabgerüst. Kaum hatte er jedoch diese Worte ausgesprochen, als sich direkt vom Erdboden unter dem Gerüst ein Wirbelwind in die Höhe wand. Staub wurde herumgewirbelt, und sofort bildete sich eine Windhose von der Grösse eines rindegedeckten hohen jakutischen Zeltes. Unter donnerartigem Getöse und mit schrecklicher Gewalt eilte der Wirbelsturm dem See zu.[142]

[142] Zitiert nach: Buchholz, Peter: *Schamanistische Züge in der altisländischen Überlieferung*, S. 41.

Zauberdichtung der Germanen

Der Zauberer

Natürlich kannten die Germanen den sibirischen Begriff „Schamane“ nicht. In den germanischen Sprachen gab es verschiedene Begriffe für Menschen, die schamanisch tätig waren, im hohen Norden etwa Seiðmaðr oder Galdramaðr (männl.) bzw. Seiðkona oder Völva (weibl.). Die meisten dieser Begriffe werden als „Zauberer“ bzw. „Zauberin“ übersetzt. Und tatsächlich deutet schon die Nordendorfer Runenspange darauf hin, dass diese oder eine vergleichbare Bezeichnung von den Südgermanen auch selbst für ihre Schamanen gebraucht wurde: „Zauberer sind Wodan und Weihe-Donar“.[143] Man hat auch überlegt, ob die Germanen ihre Schamanen „Lachsner“ nannten, jedoch bedeutet dieses Wort laut Grimms Wörterbuch ebenfalls „Zauberer“ (vgl. altengl. *læce*: „Arzt, Hexe“ und *lac:* „Zauberei“). Fest steht, dass seit Anbeginn der Schamanismusforschung in Europa der Schamane explizit als „Zauberer“ bezeichnet wird.[144] Warum sollten nicht schon die Germanen diesen Begriff verwendet haben (germ. *taubra*)?[145]

Schon in Grimms Wörterbuch wird der germanische „Zauberer“ wie ein Schamane mit seinem Hilfsgeist dargestellt bzw. definiert:

> jemand, der mit der hülfe übernatürlicher geister wunderbare, geheimniszvolle dinge zu vollbringen im stande ist; seit dem beginn der deutschen schriftlichen überlieferung als zauparari.

Hauck nennt den „schamanenhaften Tänzer“ Odin-Wotan den „höchsten Zauberherrn“.[146] In der *Edda* stellt sich der Schamanengott

---

[143] Das in Runen geritzte Wort *logaþore* wird in einer altenglischen Glosse mit dem Wort lat. *marsius* übersetzt, das heißt: „Schlangenzauberer“ (vgl. *wyrmgalera*).

[144] Vgl. Stuckrad, Kocku von: *Schamanismus und Esoterik*, S. 68f.

[145] Auch die Sámi wurden „auf Grund ihrer magisch-schamanischen Praktiken eher als Zauberer bezeichnet“. Simek, Rudolf: *Götter und Kulte der Germanen*, S. 91.

[146] Hauck, Karl: *Goldbrakteaten aus Sievern*, S. 181.

selbst als Göndlir vor, das heißt „Zauberer" (Grímnismál 49). Und im zweiten Merseburger Zauberspruch tritt Wotan explizit als „Zauberarzt"[147] in Erscheinung. Der Gott ist also ein „perfekter Zauberer" und ein „Meister der Runenweisheit und Zauberkunst par excellence".[148] Dadurch zeichnet er sich als Meisterschamane aus, vergleichbar mit den sibirischen „Zauber-Schamanen".

> Zauber-Schamanen (*Ewganva-tirgin*, ‚Zauber vollbringen') führen die etwas komplizierteren Praktiken des Schamanismus aus. Beschwörungsformeln machen gemeinsam mit Zaubersprüchen den größten Teil der Magie der Tschuktschen aus. Die Beschwörungsformeln können entweder wohl wollender oder übel wollender Natur sein.[149]

Die Tatsache, dass der germanische Schamane ein Zauberer ist, lässt sich nicht zuletzt aus dem Mythos von Odins Selbstopfer am Weltenbaum erlesen, jener als Initiation zu einem Schamanen identifizierten rituellen Baumbesteigung. Denn was Odin während der Schamanenweihe lernt, sind Formen der praktischen Magie.

1. Odin lernt die *Runenkunst*, also das Ritzen und Röteln von geheimen Zeichen und Symbolen in Buchenstäbchen. Die Runenkunst ist – allein dem Namen nach – die Zauberkunst schlechthin: „Die ursprüngliche Bedeutung des Wortes ‚Zauber' läßt sich noch an seiner altenglischen Entsprechung ablesen: *teafor* bezeichnet dort die rote Farbe, den Ocker, Rötel, die Salbe. Das deutet auf die Praxis, zu Zauberzwecken geritzte Runen mit Blut oder einem roten Ersatzstoff einzufärben, um den Runenzauber erst recht wirksam zu machen".[150]

2. Odin lernt *neun mächtige Lieder*. Gemeint sind Zauberlieder (*ljód*): „Lied hatte, vielleicht schon in Norwegen, den Sinn

[147] Simek, Rudolf: *Lexikon der germanischen Mythologie*, S. 503.

[148] Dörner, Hans Helmut: *Hugin und Munin*, S. 21.

[149] Gorbatcheva, Valentina und Federova, *Marina: Die Kunst Sibiriens*, S. 184.

[150] Hasenfratz, Hans-Peter: *Die religiöse Welt der Germanen*, S. 76.

'Zauberweise, Zauberspruch' angenommen. Dieses 'weisheitsvolle Sprechen' und das 'zauberische Raunen' darf man wohl als Gesang ansprechen".[151] Leider ist nichts Genaueres von diesen Liedern überliefert, weil Odin nach der kraftraubenden Initiation erst einmal „einen Trunk des trefflichen Mets" braucht – das ist der Zaubertrank, der die Skaldendichter inspiriert und enthusiasmiert. Vielleicht sind dies die Lieder der neun Welten, die der Schamane in der Ekstase durchschritten hat.

3. Odin lernt 18 *Zaubersprüche*: Er lernt einen Spruch gegen Streitigkeiten, Kummer und Sorgen; einen für Menschen, die Heiler sein wollen; einen um Feinde zu fesseln und deren Waffen stumpf zu machen; einen um Fesseln zu lösen; einen um anfliegende Pfeile zu verlangsamen; einen um Kampfschaden abzuwenden; einen um Feuer abzuwenden; einen um Streit und Hass zu schlichten; einen um die Sturmflut zu beruhigen; einen um Hexenzauber abzuwenden; einen um Sieg im Kampf zu erlangen; einen um einen Toten, der am Baum hängt, zum Sprechen zu bringen; einen um die Wasserweihe erfolgreich vorzunehmen; einen um die Götternamen zu erinnern; einen um Kraft, Nutzen und Weisheit zu bringen; einen um die Liebe zu entfachen; einen um die Mädchen zu verführen; und einen letzten, den Odin nicht nennen will. Diese Zaubersprüche werden als *galdr* bezeichnet, das heißt „Zaubergesang, Zauberlied, Zauberspruch" und „im weiteren Sinn: Zauberei".[152]

Was Odin während der Schamanenweihe also lernt, sind verschiedene Formen der praktischen Magie. Die Initiation zu einem Schamanen erscheint identisch mit der ekstatischen Aneignung zauberischer Fertigkeiten.

Womöglich kannten die Germanen auch so etwas wie „weiße" und „schwarze" Magie, wobei die Grenzen zuweilen verschwammen.

---

[151] Keller, Gustav: *Tanz und Gesang bei den alten Germanen*, S. 51. Vgl. ebd., S. 53: „das Lied, das eine Art Zauber darstellt".

[152] Vgl. Simek, Rudolf: *Lexikon der germanischen Mythologie*, S. 124: „galdr war ein Bestandteil der altskandinavischen Zauberpraktiken (seiðr)".

Gewiss war der Schadenzauber allgemein geächtet, auch der Liebeszauber sollte nicht wahllos oder gar gewaltsam angewendet werden; die Nekromantie hingegen war durchaus gestattet und wurde als erlaubt angesehen, sofern es die Verwandten waren, die Kontakt zum Toten aufnahmen. Zur sogenannten „weißen Magie" zählt man den „Galster" (altnord. *galdr*) genannten Zaubergesang (von dem Odin 18 Lieder kennt), die Seherkunst und Weissagung (wie sie die Völvas treiben), den Fruchtbarkeits- und Wetterzauber (vor allem in der Runenmagie) und den Gesundheitszauber (Zaubersprüche, Amulette), zur sogenannten „schwarzen Magie" zählt man den Schaden-, Krankheits- oder Totenzauber, zum Beispiel eine dreimal wiederholte ᚦ- oder ᚾ-Rune für „Thurse" bzw. „Not".[153] Man hüte sich jedoch vor Schwarz-Weiß-Denken, das dem Schamanismus fremd ist: So kann etwa die ᚦ-Rune gleichermaßen dazu dienen, einen „Thursen" bzw. eine „Krankheit" *abzuwehren*. Auf einem Runen-Amulett aus dem schwedischen Sigtuna wird ein gewisser „Thurse des Wundfiebers" mit der dreifachen Androhung von „Not" vertrieben (11. Jhd.).[154] Der vermeintliche schwarze Zauber wird allgemein auch „Gandr" genannt; jedoch bezog sich dieses Wort wohl ursprünglich auf den bei einer Zauberhandlung behilflichen Schutzgeist[155], also den jenseitigen Verbündeten eines Schamanen, der mithilfe von magischen Gesängen und heiligen Hymnen herbeigerufen wurde.

Der Dichter

Es nimmt nicht wunder, dass alle drei genannten Künste fest mit einer Form der Poesie verbunden sind: Runen*schrift*, Zauber*lied* und Zauber*spruch*. Denn der Schamane ist immer auch ein Dichter, man denke nur an Orpheus, den Ur-Schamanen, der Kraft seines poetischen Gesanges mit Tieren, Pflanzen und Toten in Kontakt

[153] Vgl. Simek, Rudolf: *Lexikon der germanischen Mythologie*, S. 260f. Vgl. auch Hasenfratz, Hans-Peter: *Die religiöse Welt der Germanen*, S. 76.

[154] Vgl. Düwel, Klaus: *Runenkunde*, S. 135f.

[155] Vgl. Simek, Rudolf: *Lexikon der germanischen Mythologie*, S. 125.

tritt. Die Regenwald-Schamanen haben ihre „Icaros“ genannten Zauberlieder. Die Schamanen vom Himalaya murmeln „Mantras“. Die griechischen Ekstatiker sangen während ihrer Dionysien den „Dithyrambos“. Aus Sibirien sind epische Gesänge und Hymnen überliefert. Die Sámi-Schamanen improvisieren einen „Joik“ genannten Zaubergesang. Vermutlich dichteten und sangen schon die Steinzeitmenschen während ihrer Rituale. Auch für die Germanen waren Poesie und Zauber untrennbar miteinander verbunden:

> Unmittelbar aus den heiligsten, das gesamte wissen des heidenthums in sich begreifenden geschäften, gottesdienst und dichtkunst, muß zugleich aller zauberei ursprung geleitet werden. Opfern und singen tritt über in die vorstellung von zaubern; priester und dichter, vertraute der götter und göttlicher eingebung teilhaft, grenzen an weissager und zauberer.[156]

Der Gott der Dichter ist Odin, allzumal all jener, die vom magischen Dichtermet getrunken haben: In der *Edda* ist ein Mythos überliefert, der davon handelt, wie der Schamanengott diesen Zaubertrank erbeutet und nach Asgard bringt: „Er verwandelte sich in einen Adler und flog so schnell wie möglich davon“ (Skáldskaparmál 1). Einen Teil der Beute verlor er allerdings im Flug über Midgard: „Jeder, der wollte, konnte ihn haben, und wir nennen ihn den Anteil der Dichterlinge“ (ebd.).

> Dass die Verbindung zwischen Dichtung und Ekstase ursprünglich sehr eng war, ja dass Ekstase eine Vorbedingung des Dichtens darstellte, geht schon aus dem Mythos von der Erwerbung des Dichtermets hervor […] Das Wort *óðr* („Dichtung“) bedeutet ja geradezu „Ausser-sich-Sein, Ekstase“. […] Bei Berichten über sibirische Séancen wird öfter beklagt, dass man den Schamanen in Ekstase nicht verstehe und dass sein Gesang gar nicht enden wolle. Überhaupt sind in Sibirien öfter Berichte über die Entstehung

[156] Grimm, Jacob: *Deutsche Mythologie*, Bd. II, S. 861.

> des Schamanentums gleichzeitig solche über das Aufkommen der Dichtung. Bei den Ainu wird die Poesie als Geschenk des Adlers angesehen.[157]

Der Schamane ist derjenige, der in der Ekstase die gewöhnlich wahrnehmbare Wirklichkeit verlässt; was er auf dieser Reise durch die Anderswelt erfährt, formuliert er, sobald er wiederkehrt, in bildhafte Sprache und metaphorisches Vokabular, um das Geschaute denen näher zu bringen, die es nicht selbst gesehen haben: „Ein Schamane ist jemand, der eine Vision von den Anfängen und dem Ende aller Dinge erhalten hat *und diese Vision mitteilen kann*".[158] Was der Schamane in der mystischen Union erfahren hat, die Strukturen des Kosmos, teilt er mit in dichterischer Form als Mythos. Der Schamane hat immer eine Geschichte zu erzählen. Er kennt die Mythen, Zaubermärchen und Dämonensagen. Stets hat er ein Liedchen auf den Lippen. Er ist ein Sprücheklopfer und macht Witze, er ist gewitzt. Mit Bauernweisheiten und philosophischen Aphorismen weiß er gleichermaßen aufzuwarten. Manchmal murmelt er nur so vor sich hin, dann erschüttert er die Ritualhütte mit rhythmischem Lärm. Nicht selten imitiert er Tierlaute, er spricht die Sprache der Tiere. Eine zentrale Rolle spielt der Gesang: Melodie und Zauberwort. Der Schamane geht im Kreis umher und bespricht die Ritualteilnehmer. Er beherrscht die Kunst des Raunens und des Flüsterns: Tatsächlich ist das Verb *raunen* verwandt mit „Rune" und bezieht sich auf die Zaubertechnik der Germanen, Runen zu ritzen und mit heiligem Gemurmel magisch zu beleben.[159]

> Zaubersprüche gehören bei den Indogermanen zu den ältesten Spuren dichterischer Betätigung. Für den Vortrag war Gesang mit gedämpfter, murmelnder Stimme vorgeschrieben. [...] Die germanischen Sprachen kennen mehrere Bezeichnungen, welche auf

[157] Buchholz, Peter: *Schamanistische Züge in der altisländischen Überlieferung*, S. 65.

[158] McKenna, Terence: *Speisen der Götter*, S. 30.

[159] Vgl. Duden. *Herkunftswörterbuch*, S. 655.

den Vortrag solcher Poesien schließen lassen. […] Der Sinn von galdra- ist Zaubergesang. Im Nordischen begegnet auch ljód, Lied, im engeren Sinne von Zauberlied. Die Formel, die den Zauber wirken sollte, wurde demnach gesungen. Neben galdra- und teilweise damit begrifflich zusammenfallend trifft man rûnô. […] Aus derselben Wurzel, nur mit anderem Ablaut, stammt an. reyna, prüfen, erforschen, raun, Versuch. Vielleicht bedeutete rûnô ursprünglich Befragung, bald aber verstand man unter Runen die heimlichen Mittel, durch welche gefragt wurde. Sehr früh ist rûnô Zauberlied. In dieser Bedeutung entlehnten die Finnen zu Anfang unserer Zeitrechnung das Wort. Die Rune wurde geraunt, leise geflüstert. Galdra- ist Zaubergesang, rûnô Zaubergemurmel. Vielleicht waren beide Arten des Vortrags vereinigt in dem mit gedämpfter Stimme gesungenen, gemurmelten Liede. Rune ist außerdem das Zauberzeichen, das im Verein mit dem Sange den Zauber erst wirksam machte.[160]

[160] Golther, Wolfgang: *Handbuch der Germanischen Mythologie*, S. 747f.

Die Magie der Runen

Geheimwissen vom Weltenbaum

Neun Tage und neun Nächte hängt der Gott kopfüber in den Ästen der Weltenesche Yggdrasil. Dann geschieht das Wunder. Auf dem Höhepunkt der Initiation fallen *Runen* von den Zweigen, *deutbare Stäbe, / sehr bedeutende Stäbe* (Hávamál 139).

> Ich blickte nach unten;
> Ich nahm die Runen auf, nahm sie schreiend,
> Ich fiel wieder herab.

Runen sind geheime Zauberzeichen (ahd. *runa*: „Geheimnis“). Sie wurden in Holz, Stein, Metall oder Knochen geritzt. Dann konnten sie Einfluss nehmen auf die Wirklichkeit und Gegenstände oder Menschen verzaubern. Fragwürdig bleibt, ob die Germanen mit ihren Runen auch orakelt haben. Die älteste Beschreibung eines germanischen Orakels stammt von Tacitus aus der Antike (Germania 10):

> Sie schneiden von einem fruchttragenden Baum einen Zweig ab und verteilen ihn in kleine Stücke; diese machen sie durch Zeichen kenntlich und streuen sie planlos und wie es der Zufall will auf ein weißes Laken. Dann betet bei einer öffentlichen Befragung der Stammespriester, bei einer privaten der Hausvater, zu den Göttern, hebt, gen Himmel blickend, nacheinander drei Zweigstücke auf und deutet sie nach den vorher eingeritzten Zeichen.

Dass es sich bei dieser Darstellung um ein Orakel mit Runen handelt, ist zwar denkbar, aber eher unwahrscheinlich, zumal sich in der gesamten germanischen Religionsgeschichte keine vergleichbare Orakelpraktiken mit Runen finden lassen. Fast alle Runologen gehen davon aus, dass diese Tacitus-Passage ausdrücklich *nicht* als authentische Quellen für die Runenkunde zu werten seien.[161]

[161] Vgl. Vries, Jan de: *Altgermanische Religionsgeschichte* I, S. 433, Simek, Rudolf: *Religion der Germanen*, S. 224 oder Düwel, Klaus: *Runenkunde*, S. 203.

Fest steht unterdessen, dass die Germanen ihre Runen zu zauberischen Zwecken *geritzt* haben, zum Beispiel auf Brakteaten und Amulette, Runensteine und Holzkistchen, Knochenstücke oder Schwerter. Und einiges deutet darauf hin, dass die Runen mit dem altnordischen Schamanentum aufs Engste verbunden waren.[162]

Die Germanen ritzten ihre Runen in Ekstase, besangen sie mit Galster und belebten sie magisch mit Blut (oder einem roten Ersatzstoff). Sie übten mit den Zauberzeichen die klassischen Tätigkeiten eines Schamanen aus und vermochten sich mithilfe ihrer Runen sogar in Tiere zu verwandeln: Auffällig viele Runenmeister tragen totemistische Tiernamen. Schon rein äußerlich erinnern sie sehr deutlich an Schamanen: Auf einem wikingerzeitlichen Runenstein im schwedischen Källby (Schweden) ist neben der Runeninschrift eine rund drei Meter große tanzende Figur dargestellt, die eine kultische Kopfbedeckung mit Geweih, einen Zauberstab und einen schlangenartigen Kraftgürtel trägt: „a shamanistic demon-hunting dancer“.[163] Auf einem Brakteaten aus dem dänischen Skrydstrup (ca. 500) ist ebenfalls ein Schamane dargestellt, nämlich eine Figur in ekstatischer Körperhaltung, die mit verschiedenen (Geist-)Tieren kommuniziert (Hirsch, Schlange, Wolf). Schon Hauck hatte anhand von solchen Brakteaten eine germanische Schamanenreligion behauptet und schloss von ihren Fundorten auf die Verbreitung einer „Religion des heilenden Schamanen“ bzw. auf die „beachtliche Ausbreitung des paganen Schamanismus“.[164]

Was sind Runen?

Die Runen wurden nicht von den Nazis erfunden. Nazis haben überhaupt keine Kultur. Runen sind altgermanische Zauberzeichen,

[162] Vgl. Höffgen, Thomas: *Weißt du zu ritzen?* (2023).

[163] Nordgren, Ingemar: *The Well Spring of the Goths: About the Gothic Poeples in the Nordic Countries and on the Continent*, S. 102.

[164] Hauck, Karl: *Goldbrakteaten aus Sievern*, S. 445ff.

keine Kriegsembleme, sondern magische Manifestationen einer schamanischen Mythologie.[165]

Schrifttum im klassischen Sinne war den Germanen nicht bekannt. Sie verfügten über kein Verfahren zur Aufbereitung von Papyrus oder Pergament und fertigten keine langen Schriftstücke an. Aber mehr als 6.500 Runendenkmäler zeugen von der magisch-literarischen Kunst des Ritzens: Auf Felsen, Fibeln und Pfeilschäften, Holzkästchen und Brakteaten haben sich die Runen gut erhalten. Da die geheimnisvollen Symbole von verschiedenen Stämmen zu verschiedenen Zeiten benutzt wurden, sind sie als gemeingermanisches Zeichensystem zu betrachten.

24 Zeichen hatte das älteste bekannte Symbolsystem, das vom germanischen Altertum bis in das 8. Jahrhundert verwendet wurde. Linguistisch kann jeder der 24 Runen ein Laut zugeteilt werden, so dass sich eine phonetische Reihe ergibt, das so genannte „Fuþark" (benannt nach dem Lautwert der ersten sechs Zeichen, vergleichbar mit dem deutschen A-B-C oder dem griechischen Alpha-betos). Jedoch können die Runen noch mehr:

> Die Runen sind dadurch ausgezeichnet, daß sie nicht nur einen Lautwert darstellen, sondern auch einen sinnvollen Namen tragen. Die *Runennamen* sind zwar erst in mittelalterlichen Handschriften und Runengedichten zusammenhängend überliefert, jedoch wird ihre Entstehung mit der Schöpfung der Runenschrift zeitlich zusammenfallen. [...] Die Runenamen sind nach dem akrophonischen Prinzip gebildet, d. h. der Lautwert der Rune steht im Anlaut des Runennamens.[166]

[165] Die Nazis benutzten eine eigene Runenreihe, die vom germanischen Futhark allenfalls abgekupfert ist – das „Armanen-Futhark" – und verübten unter ihren Zeichen zahllose Verbrechen gegen die Menschlichkeit. Erfinder dieser NS-Runenreihe war der völkische Esoteriker Guido List, der behauptete, die „Urformen der Runen" gefunden zu haben. In Wahrheit handelt es sich um Pseudorunen.

[166] Düwel, Klaus: *Runenkunde*, S. 6f.

Dieser linguistische Clou birgt das Geheimnis: Jede Rune steht nicht nur für einen Ton oder Laut, sondern trägt darüber hinaus auch eine tiefere semantische Bedeutung in sich, einen magischen Gehalt. Die Mehrzahl der Namen weist in „kultische Bereiche: göttliche Wesen, auch in Tiergestalt, heilige Bäume und Pflanzen, Naturerscheinungen".[167] Zum Beispiel trägt die ᛒ-Rune nicht nur den Lautwert *b*, sondern auch den Runennamen **berko* bzw. **berkanan* mit der Bedeutung „Birke" bzw. „Birkenzweig". Womöglich deutet diese Rune auf den Weltenbaum, der zumindest in Sibirien häufig als Birke gedacht und von den Schamanen rituell erklettert wurde.[168] Bei den Germanen war die „Birke" aber auch „der Baum der Frigg, und noch im lebendigen Volksklauben ist sie das Sinnbild des neu erwachenden Lebens und der Jugendlichkeit. In ähnlicher Richtung mag die *b*-Rune in der Runenmagie gewirkt haben".[169]

Die Germanen haben mit ihren Runen also nicht nur geschrieben, sondern auch gezaubert. Zum Beispiel findet sich auf dem Runenstein von Gummarp (Schweden) eine dreimalige „Vieh"-Rune (ᚠᚠᚠ) für den wiederholten Wunsch nach Glück und Wohlstand. Die Vervielfältigung verstärkt den Zauber, eine Vorstellung übrigens, die auch aus dem sibirischen Schamanismus bekannt ist. Als Abschluss von Zauberformeln ritzte man nicht selten eine dreimalige „Tyr"-Rune (ᛏᛏᛏ), zum Teil sogar in Form einer Einzelrune, die aus drei übereinander liegenden ᛏ-Zeichen besteht und aussieht wie ein Schamanenbaum: „a tree-like […] triple (Týr)-rune".[170]

Überliefert sind zahlreiche Runenzauberworte und -formeln aus dem gesamten germanischen Gebiet, vor allem jedoch aus Skandinavien. Ein häufig geritztes Zauberwort lautet *auja* und bedeutet

[167] Ebd., S. 7.

[168] Vgl. Eliade, Mircea: *Schamanismus und archaische Ekstasetechnik*, S. 189: „Diese Birke symbolisiert den Weltenbaum in der Mitte des Universums, die kosmische Achse, welche Himmel, Erde und Unterwelt verbindet: die sieben, neun oder zwölf Einschnitte (*tapty*) stellen die Himmel, die himmlischen Eben dar".

[169] Krause, Wolfgang: *Schriften zur Runologie und Sprachwissenschaft*, S. 159.

[170] Simek, Rudolf (Hrsg.): *Runes, Magic and Religion*, S. 78.

„Heil, Schutz". Ein anderes Wort ist *ota* und das bedeutet „Schrecken" (vgl. *yggr*). Verbreitet war auch die Praxis, das Wort *laukaR* („Lauch") auf Brakteaten zu ritzen und als schamanische Schutzamulette um den Hals zu tragen:

> Lauch (Knoblauch, Zwiebel) gilt in der Zauberpraxis als Antidämonikum, und es wird ihm antiseptische und aphrodisische Kraft zugeschrieben. Ein Brakteat mit der Runenaufschrift ‚Lauch', auf der Brust getragen, garantiert dem Träger (der Trägerin) die dauernde Wirkkraft des Lauchs unabhängig vom Besitzt und Gebrauch der Pflanze selbst (und ohne Geruchsbelästigung für die Umgebung!).[171]

Wieder andere Runen wurden geritzt, um vor Untoten und Wiedergängern zu feien. Auf der Runenspange von Strand (Norwegen) heißt es: „Der Schmuck ist Schutz gegen Tote" (ca. 700). Um Gräber magisch zu verschließen, gravierte man die Zauberworte *þistill mistill kistill* („Distel, Mistel, Kistchen").[172] Der göttliche Runenmeister Odin vermag mit Runen die Toten aber auch zu beschwören, herbeizurufen und zu befragen (Hávamál 159).

Ein Zauberwort, das in Runeninschriften immer wieder auftaucht, lautet: ᚨᛚᚢ (*alu*). Was dieses Wort genau bedeutet, ist bis heute ungeklärt. Die wahrscheinlich populärste Deutung geht von einer Beziehung zum altnordischen Wort *öl* („Bier") aus.[173] Tatsächlich wird in der eddischen *Sigrdrífomál* bereits beschrieben, dass die Runen rituell mit Bier (und Met) besprengt wurden (Str. 7, 17, 18), so ähnlich wie die sibirischen Schamanen ihre Schamanentrommeln mit alkoholischen Getränken bespritzen und beleben.[174] Möglich ist aber auch eine Verbindung zum altgriechischen Wort

---

[171] Hasenfratz, Hans-Peter: *Die religiöse Welt der Germanen*, S. 79f.

[172] Vgl. Düwel, Klaus: *Runenkunde*, S. 98f.

[173] Vgl. Høst Heyerdahl, Gerd: *Trylleordet alu* (1980). Vgl. Düwel, Klaus: *Runenkunde*, S. 13 und Simek, Rudolf: *Lexikon der germanischen Mythologie*, S. 17

[174] Vgl. Eliade, Mircea: *Schamanismus und archaische Ekstasetechnik*, S. 169.

alÿein[175] („außer-sich-sein“): „Für das urgermanische Wort ergäbe sich damit eine Bedeutung ‚Raserei, Ekstase‘ und weiter ‚der in Ekstase hervorgebrachte Zauber‘“.[176] Demnach wäre das zentrale Zauberwort der altgermanischen Runenmeister ein Zauberwort für die schamanische Ekstase.

Stark schamanisches Gepräge tragen außerdem die längeren Runenzauberformeln. Zum Beispiel ein geritzter Zauberspruch aus dem schwedischen Sigtuna (11. Jhd.), in dem ein dämonischer „Thurse des Wundfiebers“ direkt angesprochen und mithilfe von drei „Eisrunen“ verjagt wird: „Flieh du nun, du bist gefunden. Bekomm dreifaches Leiden, du Wolf. Bekomm dreifache Not, du Wolf“.[177] Ein typischer Heil- und Bannspruch, dem die Vorstellung zugrunde liegt, dass Krankheit und Gebrechen (hier: der Wundbrand) von krankmachenden Geistern, Riesen oder Wölfen verursacht wird.

Mit Runen konnte aber auch Schadenzauber betrieben werden. In einer altnordischen Überlieferung werden die Runen nicht zum Heilen, sondern zum Töten verwendet. So will die Hexe Thurid den Wikinger Grettir verhexen und geht zu einem Baumstamm (Grettis saga Ásmundarsonar 79):

> Danach nahm sie ihr Messer und ritzte Runen darauf und malte sie rot mit ihrem Blut und sprach darüber Zauberworte. Sie ging rückwärts gegen den Lauf der Sonne um den Wurzelstock und sagte dazu viele böse Sprüche. Darauf läßt sie den Wurzelstock ins Meer stoßen und sagte, daß er nach Drangey hinaustreiben solle, und Grettir solle großen Schaden davontragen.

Die Runen werden geritzt, geraunt und gerötelt. Die Hexe bewegt sich gegen den Uhrzeigersinn, also gegen den Lauf des Lebens. Und tatsächlich treibt das Holz zur isländischen Insel Drangey, wo

[175] Vgl. Polomé, Edgar: *Beer, Runes and Magic* (1996).

[176] Düwel, Klaus: *Runenkunde*, S. 13.

[177] Übersetzung nach Düwel, Klaus: *Runenkunde*, S. 135.

sich Grettir bei der Verarbeitung des Baumstammes zu Brennholz verletzt und stirbt.

> *runen* vermögen also die größten dinge. Sie können tödten und vom tode wecken wie gegen den tod sichern; heilen und krank machen, wunden binden, blut stillen, schmerzen mildern, schlaf erregen; feuer löschen, meersturm sänftigen, regen und hagel schicken; bande sprengen, fesseln zereißen, riegel abstoßen, berge öffnen und schließen, schätze aufthun; kreißende entbinden oder verschließen; waffen fest oder weich, schwerter taub machen, knoten schürzen, die rinde vom baum lösen; saat verderben; böse geister rufen und bannen, diebe binden.[178]

Der Runenstein von Rök ist mit 750 Zeichen nicht nur der längste bisher entdeckte Runentext, sondern er weist auch Geheimrunen und ein spezielles Rök-Alphabet mit 16 Zeichen auf. © Foto: T. Lückewerth

[178] Grimm, Jacob: *Deutsche Mythologie*, Bd. II. S. 1027.

Das Ältere Futhark

Zeichen	Laut	Runenname	Bedeutung
ᚠ	F	**fehu*	„Vieh“
ᚢ	U	**uruz*	„Ur“
ᚦ	Th	**þurisaz*	„Thurse“
ᚨ	A	**ansus*	„Ase“
ᚱ	R	**raido*	„Ritt“
ᚲ	K	**kaunan*	„Geschwür“
ᚷ	G	**gebo*	„Gabe“
ᚹ	W	**wunjo*	„Wonne“
ᚺ ᚼ	H	**hagalaz*	„Hagel“
ᚾ	N	**naudiz*	„Not“
ᛁ	I	**isa*	„Eis“
ᛃ	J	**jēran*	„(gutes) Jahr“
ᛇ	I, EI	**ihwaz*	„Eibe“
ᛈ	P	**pertho*	?
ᛉ	z, R	**algiz*	„Elch“
ᛊ ᛋ	S	**sowulo*	„Sonne“
ᛏ	T	**tiwaz*	„Tyr“
ᛒ	B	**berkanan*	„Birkenreis“
ᛖ	E	**ehwaz*	„Pferd“
ᛗ	M	**mannaz*	„Mensch“
ᛚ	L	**laguz (*laukaR)*	„See“, („Lauch“)
ᛜ	Ng	**ingwaz*	„Yngvi“
ᛞ	D	**dagaz*	„Tag“
ᛟ	O	**othalan*	„Erbbesitz“

Es gibt viele Theorien darüber, wo die germanische Runen-Reihe ihren Ursprung hat: Ist das Futhark beeinflusst von dem Alphabet der Etrusker, Römer oder Griechen? Fest steht, dass die Kunst des Ritzens und des Rötelns selbst steinalt ist. Seit jeher wurde der rote Ocker zu magisch-schamanischen Zwecken eingesetzt: Schon die

Neandertaler bestatteten ihre Verstorbenen mit Rötel, um ihnen den Übergang vom Diesseits in das Jenseits zu erleichtern. Die 27.000 Jahre alte „Venus von Mauern" (Bayern) ist vollständig mit Rötel eingefärbt. Und das ca. 8.000 Jahre alte Grab der Schamanin von Bad Dürrenberg (Sachsen-Anhalt) war bekanntlich rund 30 Zentimeter hoch mit rotem Ocker befüllt. Aber auch die Zauberkunst des Ritzens wird seit jeher praktiziert. Schon der Neandertaler kratzte vor 39.000 Jahren rautenförmige Linien in die Wände der Gorham-Höhle (Gibraltar). Eine ca. 35.000 Jahre alte vom *Homo sapiens* gefertigte Mammut-Figur aus Mammut-Elfenbein, die man bei Ausgrabungen in der Vogelherd-Höhle (Schwäbische Alb) gefunden hat, weist am ganzen Körper magische X-Markierungen auf. Diese sehen aus wie **gebō*-Runen: X, das heißt „Gabe".

Doch derartige Fragen stellten sich den Germanen gar nicht: In der nordischen Mythologie werden die Runen schließlich direkt auf den Gott Odin zurückgeführt, der sich das runenkundliche Geheimwissen im Rahmen einer schamanischen Baumbesteigung aneignete:

> Die Runenmeister des älteren Futharks betrachteten die Runen einschließlich ihrer magischen Qualitäten zweifellos als Gottesgabe, wie der schwedische Runenstein von Noleby (ca. 600) ebenso wie derjenige von Sparlösa bestätigen, der von *rúnaR raginu-kundu* („gottgesandten Runen") spricht. Gott des Runenwissens und der Runenmagie ist Odin, von dem das Eddalied *Hávamál* berichtet, dass er die Runenkenntnis durch ein Selbstopfer erlangte, in welchem er neun Nächte ohne Nahrung an einem windigen Baum hing – ein deutlicher Anklang an schamanische Initiationsriten –; wie alt die Vorstellung vom Selbstopfer wirklich ist, wissen wir zwar nicht, aber da er in der wikingerzeitlichen Skaldendichtung wiederholt als Gott der Dichter angesprochen wird, wird man auch die genannten Runeninschriften des 6./7. Jh.s wohl schon auf Odin beziehen dürfen.[179]

[179] Simek, Rudolf: *Religion der Germanen*, S. 224.

Für die Germanen war das Ältere Futhark wohl so etwas wie eine „heilige Schrift“. Man muss wohl davon ausgehen, dass schon der Runenreihe selbst eine magische Wirkung zugesprochen wurde. Die älteste vollständige Inschrift des Älteren Futharks befindet sich auf einer Grabplatte aus dem schwedischen Kylverstein (ca. 400). Das Bemerkenswerte daran ist, dass die Inschrift wahrscheinlich nach *innen* gerichtet war: Sie war für die Augen der Lebenden gar nicht bestimmt, sondern an den Toten gerichtet. Vielleicht das Grab eines Schamanen, dem sein Zauberwerkzeug mit ins Grab gegeben wurde? Neben der Futhark-Inschrift finden sich auf derselben Grabplatte „tannenbaumartige“ Symbole, womöglich „vervielfachte t-Rune(n)“.[180] Vielleicht ein Hinweis auf den Welten- und Schamanenbaum?

Das Ältere Futhark war im gesamten germanischen Raum bekannt.[181] In der altnordischen Überlieferung heißt es, dass „Runen und Lieder, die man Trollweisen nannte“ auch im „gewöhnlichen Volk“ verbreitet waren:

> Die meisten seiner Künste lehrte er (Odin) die Opferpriester; und sie kamen ihm an Weisheit und Trollkunde am nächsten. Doch erlangten auch manch andere darin Erfahrung; und so breitete sich das Trollwesen weit aus und wurde lange geübt (Ynglingasaga 7).

Die Runen waren gewissermaßen „Volksweisheit“ (engl. *folklore*). Vor allem in späterer Zeit (Wikingerzeit) scheint die „Futharkisierung“

---

[180] Düwel, Klaus: *Runenkunde*, S. 25.

[181] „Die 24 Zeichen umfassende Runenreihe war unter allen Germanen verbreitet, wenn auch mit völlig unterschiedlichen Gewichtungen. Die frühesten Funde und die Masse an späteren Überlieferungen sprechen eine klare Sprache: Südskandinavien muss als das Herzgebiet der skandinavischen Schriftzeichen gelten. Dazu gesellen sich wenige ostgermanische Funde, was der umtriebigen Wandergeschichte insbesondere der Goten geschuldet sein mag. Bleiben schließlich die ca. 80 Inschriften in deutschen Gebieten, die allerdings einen bemerkenswerten Schwerpunkt im süd-westdeutschen Raum vorweisen“. Krause, Arnulf: *Runen*, S. 73.

immer mehr vorangeschritten zu sein. Im hohen Mittelalter waren Runenamulette oder -fibeln sowie Grab- oder Gedenksteine weit verbreitet: „Im 11. Jhd. erscheint in Uppland das Setzen von Runensteinen wie eine grassierende Mode".[182] Dennoch gab es durchaus große Unterschiede in der Beherrschung der Runenmagie – nicht jeder war ein „Runenmeister".

Der urnordische Name für den Runenmeister war „erilaR". Es handelt sich um eine Art runenkundlichen Ehrentitel. Möglicherweise war dies der ursprüngliche Begriff für den germanischen Runenschamanen. Die erilaR waren religiöse Spezialisten, Weihepriester und Zauberer, die ihr Leben dem Runen- und Schamanengott Odin widmeten. Sie versammelten eine Schar von Schülern um sich, wilde Jäger, und übten sich in magischen Techniken und ekstatischen Künsten. Hoheziel der kultischen Geheimbünde war die mystische Union und schamanische Identifikation mit dem Kultgott Odin im Rahmen einer rituellen Baumbesteigung. Das Wissen der Runenmeister umfasste „Abstammung, Mythen, Götterglaube und magische Rituale" und reichte „vom Weltganzen bis zum kürzesten Runenstrich".[183]

Für die Germanen besaßen die Runen eine geradezu göttliche Bedeutung, ja sie wurden selbst als göttliche Gestalten und beseelte Entitäten wahrgenommen: „Da also die Runen als götterentstammt galten, waren sie nicht einfach tote Buchstaben, sondern übermenschliche Kräfte, die sogar als lebende Wesen aufgefaßt werden konnten".[184] In schamanischen Kulturen würde man wohl von

---

[182] Düwel, Klaus: *Runenkunde*, S. 95.

[183] Krause, Arnulf: *Runen*, S. 23: „Wahrscheinlich umgab den Runenmeister so etwas wie eine religiöse Aura. Seine Schriftzeichen wurden nämlich auf den Gott Odin zurückgeführt, der sich gemäß dem Mythos für ihren Erwerb selbst geopfert hatte. Insofern konnten Runen als göttliche Zeichen verstanden werden. Diesen religiösen Aspekt verstärkte das Wissen um magische Runen und ihre Wirkung, womit man folglich die höheren Mächte zwingen und Heil oder Unheil bewirken konnte".

[184] Krause, Wolfgang: *Runen*, S. 49.

einer Art „Totem" sprechen: Das Indianer-Wort „Totem" (*ototeman*) bedeutet wörtlich „blutsverwandte Geschwister". Blutsverwandt sind aber auch der Runenmeister und die Runen, nachdem er sie mit seinem Blut magisch belebt hat (vgl. altengl. *teafor*: „Zauber, rote Farbe").

Runenlieder der Germanen

Runen sind bekannt dafür, dass sie Gegenstände zieren und zauberisch beleben: Holz, Steine, Knochen, Fibeln, Waffen etc. Aber auch in der germanischen Literatur werden sie immer wieder erwähnt. Diese wenigen Passagen, eingebettet in mythologische Zusammenhänge, geben einen Einblick in die magische Realität der Runen sowie die Bandbreite ihres Wirkungsspektrums. Zwei Beispiele, die stark schamanisches Gepräge tragen:

1. Die nordgermanische *Egils saga* (ca. 1220) erzählt das Leben des Wikingers Egil, ein Bauer und Skalde aus dem 9. Jahrhundert. Egils Großvater ist ein Berserker mit dem Namen Kveldúlfr („Abendwolf"), der seine Gestalt wechseln kann und über unheimliche Kräfte verfügt, ein Odinskrieger, der gewiss auch mal am Baum hing. Vielleicht lernte Egil bereits von ihm den Runenzauber. Jedenfalls verfügt er über meisterliche Fähigkeiten auf diesem Gebiet: Als er bemerkt, dass er mit einem vergifteten Getränk in einem Trinkhorn getötet werden soll, „zog Egil sein Messer und stach sich in die Hand; er nahm das Horn und ritzte Runen hinein und rieb das Blut darauf. […] Das Horn sprang entzwei, und der Trank floß hinunter auf das Stroh" (Egils saga 44).

Eines Tages kehrt Egil bei einem Bauern ein. Dort sieht er dessen kranke Tochter darbend auf dem Querbett liegen. Es stellt sich heraus, dass ein Bursche aus der Nachbarschaft Krankheitsrunen (oder falsche Liebesrunen) auf eine Kieme (Walknochen) geschrieben und dem Mädchen unters Bett gelegt hat. Egil schabt nun diese Runen ab und wirft sie ins Feuer; das Bettzeug und die Kleidung lässt er nach draußen bringen, auf dass der Wind diese hinfort trage. Dann spricht er einen Zauberspruch:

Runen ritze keiner,
Rät' er nicht, wie's steht drum!
Manches Sinn schon, mein ich,
Wirren Manns Stab irrte.
Zehn der Zauberrunen
Ziemten schlecht dem Kiemen:
Leichtsinn leider machte
Lang des Mädchens Krankheit.

Daraufhin ritzt Egil selber Runen, nämlich Gesundheitsrunen, und legt sie unters Bett der kranken Bauerstochter, die sogleich auch aus dem Schlaf erwacht und angibt, dass sie zwar noch schwach, aber nun gesund sei (Egilssaga 72).[185]

2. In einem alten Heldenlied der *Edda* mit dem Namen *Sigrdrífumál* liegt die Walküre Sigrdrífa (auch bekannt als Brynhild) in tiefen Schlaf gebannt, weil Odin sie mit einem „Schlafdorn“ gestochen hat. Erst der junge Ritter Sigurd (alias Siegfried von Xanten) vermag sie wieder zu erwecken. Man darf hier ruhig an das Märchen von Dornröschen denken.[186] Vielleicht handelt es sich bei dem besagten Schlafdorn um eine narkotisierende Zauberpflanze, die der Schamanengott der Priesterin zwecks Initiation gegeben hat.[187] Womöglich handelt es sich bei diesem Tiefschlaf der Sigrdrífa um die Weihe zu einer Odinskriegerin bzw. einen tiefen Trancezustand: Walküren sind ja die Todesgeister Odins. Jedenfalls beherrscht Sigrdrífa, nachdem sie erwacht, den Runenzauber wie keine zweite. Die *Sigrdrífumál* wird zur Weisheitsliteratur gezählt, weil es auf einem Großteil seiner Strophen Auskunft gibt über die praktische Anwendung der Runen.

---

[185] Man vermutet übrigens, vereinfacht gesagt, dass der Junge „f u, den Anfang des Futhark“ ritzen wollte, „aber versehentlich […] ᚦ mit der Bedeutung ‚Riese, unheimliche, schadenbringende Kraft‘“ geritzt habe. Düwel, Klaus: *Runenkunde*, S. 207.

[186] Vgl. Höffgen, Thomas: *Volkspoesie* (2019).

[187] Vgl. Golowin, Sergius: *Die Magie der verbotenen Märchen*, S. 73ff.

So lehrt die Walküre Sigurd Zauberlieder und Heilungsrunen, Zaubersprüche und Liebesrunen. Sie lehrt ihn Siegrunen, und wie man diese auf den Schwertgriff und in das Schwertblatt ritzt. Sie lehrt ihn Bierrunen, die man aufs Horn ritzt und auf den Handrücken und in den Fingernagel. Sie lehrt ihn Gebetsrunen, die man auf die Handfläche und das Handgelenk ritzt, um einer Frau bei der Geburt zu helfen und bei den Disen um Fruchtbarkeit zu bitten. Sie lehrt ihn Brandungsrunen, die man auf das Steuerruder und das Blatt ritzt, um ein Schiff zu lenken, um nicht von der See verschluckt zu werden. Sie lehrt ihn Astrunen, die man in die Baumzweige und in die Rinde ritzt, um Wunden zu behandeln und als Arzt zu wirken. Sie lehrt ihn Rederunen und wie man diese auf dem Thing einsetzt. Sie lehrt ihn Weisheitsrunen, die von Odin kommen, und die jedem Menschen den Verstand schärfen. Sie lehrt ihn die ᛏ-Rune („Tyr“), die ᚾ-Rune („Not“) und die ᛚ-Rune („Lauch“). Und sie lehrt ihn auch, dass auf der Sonne und dem Sonnenwagen, auf den Zähnen Sleipnirs sowie auf des Bären Tatze und des Wolfes Klaue und auf des Adlers und der Eule Schnabel Runen geritzt sind.

Das sind Buchenrunen, das sind Gebetsrunen,
Und alle Bierrunen,
Und treffliche Machtrunen,
Dem, der sie unverfälscht und unverdorben
Zu seinem Heil haben kann.
Nutze sie, wenn du sie nahmst,
Bis die Götter untergehn.

Die *Sigrdrífomál* ist ein bestes Beispiel dafür, dass bei den Germanen nicht nur Männer, sondern auch Frauen runenkundig waren – tatsächlich wurde das lange bestritten.[188] Mittlerweile belegen jedoch ganz konkrete Inschriften, dass es natürlich auch Runenmeisterinnen gab, zum Beispiel auf einer Bronzescheibe aus Pforzen: „Odlind schrieb die Runen“ (6. Jhd.) oder auf einem Holzstab

[188] Vgl. *Reallexikon der germanischen Altertumskunde*, Bd. 25, S. 543.

aus dem Hochschwarzwald: „Blidgund schrieb die Runen“ (6. Jhd.). Man vermutet sogar, dass in Südgermanien die Runenkultur von den Frauen dominiert wurde.[189] Sigurd jedenfalls sagt nach seiner Lehrzeit zu Sigrdrífa: „Kein weiseres Weib ist zu finden als du“ (Sigrdrífomál 37).

[189] Vgl. Krause, Arnulf: *Runen*, S. 84ff.

Zaubersprüche

Der erste Merseburger Zauberspruch

Es war das Jahr 1841, als der Mediävist Georg Waitz in der Bibliothek des Domkapitels zu Merseburg (Sachsen-Anhalt) eine seltsame Entdeckung machte: Beim Durchstöbern einer theologischen Handschrift aus der zweiten Hälfte des 8. Jahrhunderts stieß er auf den Eintrag zweier Spruchdichtungen in althochdeutscher Sprache – Zauberlyrik. Natürlich übersandte er die Texte direkt an den Germanisten Jacob Grimm, der sich seit Jahren mit germanischer Altertumskunde befasste und der diese Sprüche sofort ein „Kleinod" nannte, „welchem die berühmtesten Bibliotheken nichts an die Seite zu setzen haben".[190] Denn die Sprüche nehmen Bezug auf germanische Motive und Mythologie und sind „offen heidnischen Inhalts".[191] Das Seltsame daran ist, dass die Zauberlyrik überhaupt ihren Weg in ein christliches Buch fand, ohne der Zensur zum Opfer zu fallen. Denn es war ganz und gar nicht üblich, dass die katholischen Kleriker des Mittelalters die Tradition der Heiden überlieferten, geschweige denn verschriftlichten: Vielmehr, so Grimm, wurde „der Götterglaube unserer Voreltern mit aller Gewalt zurückgedrängt".[192] Als wertfrei überlieferte und vollständig erhaltene Texte aus germanischer Zeit sind die Merseburger Zaubersprüche nicht nur ein Unikum der deutschen Dichtung, sondern ermöglichen vor allem einen tiefen Einblick in die magisch-schamanische Lebenswirklichkeit der Germanen.

Der erste Merseburger Zauberspruch beginnt – ganz typisch für diese literarische Form – mit einer epischen „Einleitung" (*historiola*), die in die Situation einführt. Drei Idisen sitzen auf dem Schlachtfeld und versuchen, gefangene Krieger von ihren Fesseln zu befreien und die feindlichen Heere abzulenken. Die Fesseln scheinen fest verknotet zu sein, denn nur mittels der Magie vermögen die Idisen

---

[190] Grimm, Jacob: *Über zwei entdeckte Gedichte aus der Zeit des deutschen Heidenthums*, S. 2.

[191] Ebd., S. 3.

[192] Ebd.

diese zu lösen: Erst der letzte Vers enthält den eigentlichen Zauberspruch. Es handelt sich um einen „Lösezauber“:

Eins saßen Idisen, saßen hier und dort.
Einige hefteten Hafte, einige hemmten das Heer,
Einige klaubten an den Fesseln.
Entspringe den Haften, entfahre den Feinden.

Die Hauptfiguren sind die „Idisen“. Häufig werden diese Wesen mit Walküren („Todesgöttinnen“) assoziiert. Die nordische Überlieferung kennt außerdem die „Disen“. Das sind Fruchtbarkeitsgöttinnen, denen die heidnischen Skandinavier beim „*Dísablót*“ Opfer brachten; sie erscheinen als Traumfrauen und Verwandte der Fylgjen („Folgeseelen“). Die nordische Überlieferung berichtet außerdem von Spádisir („Weissage-Disen“); auch sie treten „als (walkürenartige) Frauen auf, die dem Helden im Traum erscheinen und ihm sein zukünftiges Schicksal mitteilen [...], teils als eine Art von Nornen, welche schon bei der Geburt das Schicksal des Menschen bestimmen“.[193] Da es sich beim ersten Merseburger Zauberspruch um eine südgermanische Überlieferung handelt, ist es jedoch sehr wahrscheinlich, dass „Idise“ auf das althochdeutsche Wort *itis* (altsächsisch *idis*, angelsächsisch *ides*) zurückgeht und „Frau“ bzw. „hohe, verehrungswürdige Frau“ oder „Edelfrau“ heißt, „vielleicht aber auch für eine Art von Göttin gebraucht wurde“.[194] Tacitus überliefert, dass Frauen bei den Germanen ganz allgemein verehrt und manche sogar als Göttinnen gehandelt wurden, zumal solche, die über seherische Fähigkeiten und Zauberkräfte verfügten (Germania 8). Sie wurden auch ahd. „Hage-Disen“ genannt: „Zaun-Frauen“ bzw. „Hexen“. Vielleicht lässt sich auch ein Bezug herstellen zu den heidnischen Matronen, die am Niederrhein verehrt wurden (lat. *matrona*: „vornehme Frau“).[195] Es handelt sich um

[193] Simek, Rudolf: *Lexikon der germanischen Mythologie*, S. 394.

[194] Vgl. ebd., S. 74.

[195] Vgl. ebd., S. 266f. Solche Göttinnen-Figuren finden sich auch in schamanischen Kulturen und lassen sich womöglich zurückführen auf die paläolithischen

Muttergottheiten, die in der Dreizahl auftreten. Einige hundert Matronensteine zeugen von ihrem Kult, Altäre, auf denen die Matronen Fruchtkörbe tragen; es finden sich aber auch Abbildungen mit Tieropfern. Vermutlich handelt es sich um Fruchtbarkeits- und Schicksalsgöttinnen. Sie erinnern wiederum deutlich an die drei Nornen, die gleichfalls für das Schicksal zuständig sind und laut alter Überlieferung die Schicksalsfäden spinnen: „Diese drei jungfrauen bestimmen jedem menschen seine lebenszeit".[196] Die Nornen weben mit ihren Fäden das Schicksalsnetz (*wyrd*): Sie weben das „goldne seil mitten am himmel [...] eine norn barg ein ende des fadens gen osten, die andere gen westen, die dritte festigte gegen norden".[197] Vielleicht handelt es sich bei den Fesseln, die die drei Idisen lösen, ja um so etwas wie „*Schicksalsknoten*". Andere Interpretationen deuten den ersten Merseburger Zauberspruch medizinmagisch (die *Haftbanden* als „Krankheit" und die *Feinde* als „Dämonen"[198]) oder geburtskundlich (um den „zügigen Kindsaustritt aus dem Mutterleib" zu gewährleisten[199]). Letztgenannte Theorie passt wiederum ganz gut zu jenem alten *Edda*-Lied, in dem die zaubermächtige Walküre Sigrdrífa einen Runenzauber zur Geburtshilfe mitteilt und zum Abschluss empfiehlt: „Und heische der Disen Hülfe" (Sigrdrífomál 9).

Die Vorstellung vom Lösen physischer Fesseln durch die Kraft der Worte war im Mittelalter jedoch durchaus verbreitet.[200] Sogar die germanische Mythologie überliefert von solchen Zaubersprüchen, die es vermögen, die Fesseln eines Gefangenen mittels der Magie zu lösen. So auch einer der 18 Zaubersprüche, die Odin am Schamanenbaum lernt (*Hávamál* 149):

„Herrinnen der Tiere", die man sich mitunter als „üppige Matronen" vorstellte (vgl. die Venus-Figurinen). Müller, Klaus E.: *Schamanismus*, S. 18.

196 Grimm, Jacob: *Deutsche Mythologie*, Bd. I, S. 337.

197 Ebd. Grimm setzt die Nornen auch in Beziehung zu den Seherinnen und Völvas.

198 Riesel, Elise: *Die Merseburger Zaubersprüche*, S. 69.

199 Düwel, Klaus: *Über das Nachleben der Merseburger Zaubersprüche*, S. 551.

200 Vgl. Beda Venerabilis, Gregor von Tours oder Thietmar von Merseburg.

Einen vierten kenn ich, wenn mir Männer Fesseln
An die Glieder legen:
Dann sing ich, dass ich gehen kann,
Von den Füßen springt mir die Fessel,
Von den Händen das Band.

Handelt es sich bei dem ersten Merseburger Zauberspruch womöglich um eben diesen Spruch, von dem Odin überliefert, dass es ihn *gibt*, aber nicht, wie er *geht*? Der erste Merseburger Zauberspruch wäre damit einer der wichtigsten Zaubersprüche eines am Weltenbaum geweihten germanischen Schamanen.

Eine altnordische Zauberin, die sich ebenfalls mit den Idisen zusammenbringt lässt, ist Gróa, eine tote Völva, die von ihrem Sohn Svipdagr aus ihrem Grabhügel geweckt und um Weissagung und Heilsegen gebeten wird, woraufhin sie ihm im neun Zauberlieder offenbart, wovon das fünfte deutlich an den ersten Merseburger Zauberspruch erinnert (Grógaldr 10):

Dieß sing ich zum Fünften, so Feßeln sich dir
Um die Gelenke legen,
Lösende Glut gießt dir mein Lied um die Glieder,
Der Haft springt von der Hand,
Von den Füßen die Feßel.

Das Lied, das Gróa singt, wird Grógaldr genannt und bezeichnet also einen „Zaubergesang" bzw. „Zauber". Insgesamt bespricht die Seherin neun Zaubersprüche, die zum Teil stark schamanisches Gepräge tragen, zum Beispiel gegen menschenfeindliche Riesen oder zum Wetterzauber. Allerdings werden diese Sprüche wieder einmal nur beschrieben, nicht aber in concreto mitgeteilt. Deshalb sind die Merseburger Zaubersprüche so bedeutsam, weil sie den eigentlichen Zauberspruch wortwörtlich überliefern.

Der zweite Merseburger Zauberspruch

Auch der zweite Merseburger Zauberspruch beginnt mit einer *Historiola*:

> Dem eigentlichen Spruche vorangeht eine kleine Erzählung, welche zeigen soll, wann der Spruch erfolgreich Anwendung fand. […] Auf diese Art wurden öfters Sprüche mit epischen Eingängen versehen. […] Den Priestern kommt die Wahrung kräftiger Zauberlieder zu; durch epische Einleitungen aber stellten sie einen tieferen, innerlichen Zusammenhang mit dem Götterglauben her. Diese Gattung des epischen Zauberspruchs, wo nicht bloß die Formel geraunt, sondern eine kleine Geschichte zuvor feierlich erzählt wurde, hieß bei den Germanen *spell*.[201]

Wotan ist mit einer Götterschar auf wilder Jagd im Wald unterwegs, als sich das Pferd seines Sohnes Balder das Bein verrenkt. Alle Götter besprechen das Ross mit magischen Worten, doch niemand vermag so gut zu zaubern wie Wotan:

> Phol und Wuodan fuhren zu Holze.
> Da ward dem Balders Fohlen sein Fuß verrenkt.
> Da besprach ihn Sinthgunt und Sunna, ihre Schwester,
> Da besprach ihn Frija und Volla, ihre Schwester,
> Da besprach ihn Wuodan, wie er wohl konnte:
> So Beinrenkung, so Blutrenkung, so Gliedrenkung,
> Bein zu Beine, Blut zu Blute,
> Glied zu Gliedern, so dass sie geleimt seien.

Wotan beugt sich über das Pferd und bespricht es mit dem Zauberreim, der eigentlichen Formel: „Bein zu Beine…“. Dann fügen sich die Knochen ‚wie von Wunderhand‘ wieder zusammen und die wilde Jagd kann weitergehen. Wotan tritt als Zaubermediziner in Erscheinung, als magischer Heiler und ‚Medizinmann‘ (Schamane),

[201] Golther, Walter: *Handbuch der Germanischen Mythologie*, S. 748f.

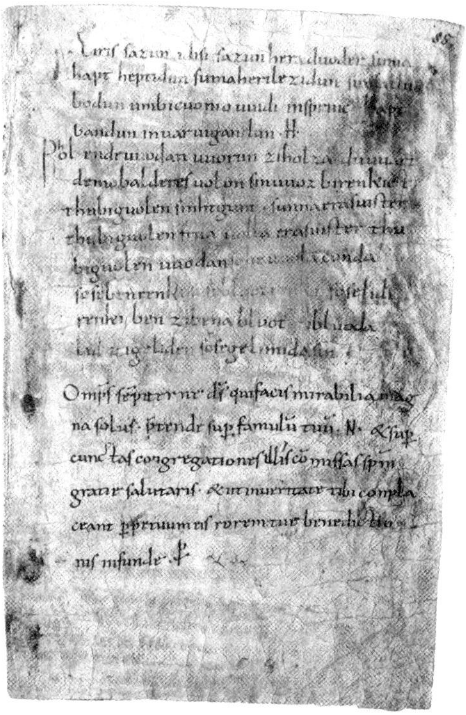

Altheidnische Zauberlyrik.
Originalhandschrift der
Merseburger Zaubersprüche.
Domstiftsbibliothek
Merseburg, ca. 7. Jhd.

der Kraft der Worte Einfluss auf die Wirklichkeit zu nehmen weiß, um Krankheit und Gebrechen in Gesundheit zu verwandeln.[202]

Für die Forschung von Bedeutung ist insbesondere die Tatsache, dass in dem Spruch nicht weniger als sieben Götternamen überliefert sind, wobei aber nur zwei auch in anderen südgermanischen Quellen belegt sind (Wodan/Odin und Frija/Frigg); die anderen Götter sind entweder ansonsten nur im Norden bekannt (Balder, Volla, Sunna/Sól) oder aber werden außerhalb des Merseburger Zauberspruches gar nicht erwähnt (Sinthgunt und Phol).[203] Oder in den Worten Jacob Grimms:

---

[202] Erinnerungen werden wach an Donars Böcke und die schamanische Befähigung, deren Gebeine zu neuem Leben zu erwecken (Gylfaginning 44).

[203] Vgl. Beck, Wolfgang: *Die Merseburger Zaubersprüche*, S. 16f.

> In diesen Gedichten finden sich, außer andern merkwürdigen Bezügen auf heidnischen Brauch und Glauben, sieben Namen von Göttern und Göttinnen, deren zwei dem vollständigen System der nordischen Mythologie gänzlich unbekannt sind. Dies Ergebnis sei gleich voraus bezeichnet, seine ungemeine Wichtigkeit für die Vorstellung, die man sich von deutscher und nordischer Mythologie überhaupt zu bilden hat, leuchtet von selbst ein.[204]

Weil der Spruch süd- und nordgermanische Gottheiten zusammenbringt, ist er ein wichtiges Beweisstück für eine gemeingermanische Mythologie. Hasenfratz weist darauf hin, „daß Magie kulturübergreifend ist, so daß man geradezu von einer ‚Koine (Gemeinsprache) der Magie' sprechen kann".[205]

Aufbau und *Struktur* des Spruchs sind von wesentlicher Bedeutung für seine Wirkung: „Einstiges, auf machtvolle Weise bezwungenes wird erzählend vergegenwärtigt, auf daß sich gleicher Erfolg einstelle".[206] Erstaunlicherweise wird der Spruch meist zweigliedrig gelesen (bestehend aus epischer Einleitung und lyrischem Zauberzwang). Jedoch erscheint eine dreigliedrige Lesart ebenfalls plausibel (Historiola, Gesang der Göttinnen, Wotans Zauberspruch). Gerade der Mittelteil mit seinen vier weiblichen Figuren scheint dem medizinischen bzw. veterinärmedizinischen Heilspruch auch inhaltlich eine weitere Bedeutungsdimension hinzuzufügen, nämlich eine kosmologische: Sinthgunt lässt sich als „die Nacht-Gehende" deuten und mit dem „Mond" zusammenbringen.[207] Sunna ist eine „Personifikation der Sonne".[208] Frîja ist der althochdeutsche Name für die nordische Göttermutter Frigg, die man auch als Holle oder Erce kennt, Mutter Erde. Bei Volla handelt es sich wahrscheinlich um die althochdeutsche

[204] Grimm, Jacob: *Über zwei entdeckte Gedichte aus der Zeit des deutschen Heidenthums*, S. 3.

[205] Hasenfratz, Hans-Peter: *Die religiöse Welt der Germanen*, S. 84.

[206] *Reallexikon der deutschen Literaturgeschichte*, Bd. 4, S. 963.

[207] Simek, Rudolf: *Lexikon der germanischen Mythologie*, S. 374. Schon Grimm übersetzte den Namen als „Himmelskörper, Stern".

[208] Ebd., S. 397. In der nordischen Mythologie heißt die Sonnengöttin Sól.

Namensform der nordischen Göttin Fulla, jener „Zofe der Frigg".[209] Folla heißt wörtlich „Fülle, Überfluss".[210] Anscheinend werden in dem Mittelteil der Dichtung (zwischen Historiola und Formel) die kosmischen Kräfte des Himmels (Sinthgunt und Sunna) und der Erde (Frîja und Volla) angerufen, um eben diese Kräfte für die abschließende Zauberformel magisch nutzbar zu machen. Gut möglich, dass der ganze Zauberspruch geraunt, gegalstert oder gesungen wurde, allein oder im Chor, wobei äußere Form und magische Funktion dann auf wundersame Weise ineinander übergingen.

> Zaubersprüche und Segen haben häufig eine Dreiform. Die ersten beiden Teile führen dabei die Verletzung der Ordnung vor, während der dritte die Heilung verkündet. Die Reihung häufig nur leicht variierter, gleichklingender Sätze und die Heraushebung besonders des letzten Sprachglieds, in dem das erwünschte Resultat ausgesprochen ist, generiert ein Gespinst von Klängen, mit dem sich die Ordnung einfangen lässt. Sie erzeugt eine klangliche Mimikry, einen Rhythmus, der sich durch die Macht des Spruchs synästhetisch auf andere körperliche Ordnungen überträgt. So manifestiert sich etwa die gesunde anatomische Struktur der Pferdebeine, die im Zweiten Merseburger Zauberspruch wieder heil werden sollen, zuallererst im Rhythmus des Segens, der mit seinem Gleichmaß die wiederhergestellte Beinbewegung vorwegnimmt.[211]

Der eigentliche Zauberspruch ist außerdem im Stabreim formuliert. Vom Stabreim spricht man, wenn zwei benachbarte Wörter mit demselben Anlaut anfangen: „Bein zu Beine, Blut zu Blute, Glied zu Gliedern". Ihre Betonung wird so noch gesteigert und die Zauberworte lassen sich umso kraftvoller herauspeitschen. Der Stabreim (Alliterations-Vers) ist ein Vermächtnis der germanischen

---

[209] Ebd., S. 122. Besser „Vertraute". Immerhin heißt es, dass Fulla alle Geheimnisse der Frigg kenne; „sie nimmt Teil an ihrem heimlichen Rat" (Gylfaginning 35).

[210] Vgl. ahd. *folla* bzw. germ. **fullō*: „Fülle, Vollständigkeit, Genügen".

[211] Vgl. Gatthas, Kai Christian: *Rhythmus der Bilder*, S. 77.

Dichtung: Er findet sich in der *Edda* und im *Beowulf*, in althochdeutscher Versdichtung und in Runen-Inschriften. Wenn der zweite Merseburger Zauberspruch auch nicht durchweg vom Stabreim zeugt, so wird doch deutlich, welchen Wert die Germanen auf die Form der Zauberlyrik legten: Aus Form wird Formel, Zauberformel.

Dafür dass der zweite Merseburger Zauberspruch sehr alt ist und in germanischer Zeit sehr weit verbreitet war, zeugen archäologische Funde: Auf mehreren Goldbrakteaten (Amuletten) aus der Völkerwanderungszeit (5./6. Jhd.) ist das im Spruch beschriebene Szenario kunstvoll abgebildet (C-Brakteaten).[212] Zum Beispiel auf dem Fund von Obermöllern (Sachsen-Anhalt): „Der Brakteat zeigt eine menschliche Figur in schamanistischem Gestus, die einem Tier – vielleicht einem Pferd – zugewendet ist".[213] Weil Obermöllern nicht weit entfernt liegt von Merseburg, war hier die Rede von der „Merseburger Mythe" (Hauck). Jedoch finden sich vergleichbare Motive auf Brakteaten nicht nur andernorts in Deutschland, zum Beispiel in Sievern (Niedersachsen), sondern auch in Skandinavien, zum Beispiel auf dem Amulett von Køge.

> Die C-Brakteaten spielen höchstwahrscheinlich auf eine Mythenepisode an, in der Wodans heilende Kräfte von herausragender Bedeutung sind. Die Geschichte dazu liefert uns der zweite Spruch der beiden althochdeutschen *Merseburger Zaubersprüche*, die im 10. Jahrhundert im Kloster Fulda als Relikte der heidnischen Vergangenheit niedergeschrieben wurden. Er besteht aus einem sogenannten Pferdesegen, der die Beinverrenkung eines Pferdes mittels Heilzauber behebt. Dabei versuchen sich mehrere mythische Figuren daran, die Beinverletzung von Balders Fohlen zu heilen. Aber erst Wodan gelingt dies mit seinem Spruch, wodurch er sich als der wahre Heilgott erweist.[214]

---

[212] Vgl. Simek, Rudolf: *Lexikon der germanischen Mythologie*, S. 503.

[213] Beck, Wolfgang: *Die Merseburger Zaubersprüche*, S. 18. Vgl. auch Hauck, Karl: *Goldbrakteaten aus Sievern*, S. 163ff.

[214] Krause, Arnulf: *Runen*, S. 40.

Solche Brakteaten, die meist außerdem mit magischen Runen beschrieben sind, wurden als schamanische Schutzamulette um den Hals getragen. Das Amulett aus Køge etwa trägt die Inschrift „Hariuha heiße ich, der Gefährliches Wissende, (ich) gebe Schutz". Hariuha ist ein Beiname Odins. Offenkundig handelt es sich um den Schamanengott höchstselbst, der dem Träger dieses Brakteaten hier eine geheime Schutzformel zuraunt.[215]

Neun-Kräuter-Zauber

Ein angelsächsischer Zauberspruch ist der „Neun-Kräuter-Zauber" (engl. *nine-herbs-charm*). Der Spruch wird auch „Nine Worts Galdor" genannt. Das altnordische Wort *galdr* bezeichnet bekanntermaßen den „Zaubergesang". Das deutsche Wort ist „Galstern" bzw. „Galsterei" (ahd. *galstar*). Die Galstern genannte magische Beschwörung ist im südgermanischen Bereich insbesondere in Bezug auf das Heilen von Krankheiten überliefert.

Dieses Zauberlied ist in das 9. Jahrhundert zu datieren und stammt aus dem altenglischen Werk *Lacnunga*, das heißt „Heilmittel". Wotan tritt hier auf als *Phytotherapeut* („Pflanzenheilkundiger"), der die Wirkung von heilsamen Kräutern lehrt. Er erscheint als Medizinmann und beschwört neun Pflanzengeister (neun Welten), die gegen allerlei Gifte (Krankheiten/Dämonen) helfen, wahrscheinlich Beifuß, Wegerich, Schaumkraut, Heilziest, Kamille, Brennnessel, Wildapfel, Kerbel und Fenchel. *Diese 9 haben Macht gegen neun Gifte.* Der Neun-Kräuter-Segen listet auf, was in keiner Hausapotheke fehlen darf.[216]

Der Zauberspruch ist unterteilt in Mythos, Ritus und das Rezept zur Herstellung einer Neunkräutersalbe. Der Mythos geht wie folgt:

---

[215] Vgl. Düwel, Klaus: *Runenkunde*, S. 49.

[216] Noch heute wird die Tradition gepflegt, zu Frühlingsanfang eine Suppe aus „neunerlei Kräutern" zu verspeisen, um den „Winter auszutreiben". Die neunerlei Kräuter „spielen im Aberglauben eine große Rolle" und es heißt, dass „die Hexen immer neun Kräuter zu den Zaubermitteln" gebrauchen. *Handwörterbuch des deutschen Aberglaubens*, Bd. 6, S. 1062f.

Ein Wurm kam angekrochen und tötete einen Menschen;
Daraufhin nahm Woden 9 berühmte Zweige,
Schlug damit die Natter, dass sie in 9 Teile zerflog,
So dass sie niemals mehr ins Haus kriechen wollte.

Bei dem „Wurm“ handelt es sich offenbar um einen krankmachenden Dämon, wie er in vielen schamanischen Kulturen vorkommt: „Die häufigste und typische Dämonenfigur ist daher zu allen Zeiten und bei allen Völkern der Wurm gewesen. Naturbeobachtung und uralte Erfahrung erklären, dass man den elbischen Geistern gerade die Gestalt von Würmern gibt“.[217] Das altenglische Wort *wyrm* wird auch als „Schlange“ oder „Drache“ übersetzt, welche also gleichfalls krankmachende Wesen darstellen.[218] Vor diesem (schamanischen) Hintergrund erschließt sich erst der Sinn der vielen germanischen Überlieferungen, in denen Drachen- bzw. Schlangenkämpfe stattfinden: Thor tritt gegen die Midgardschlange an, Beowulf und Siegfried kämpfen gegen den Höhlendrachen, Woden besiegt den tödlichen Lindwurm – es handelt sich um Darstellungen von Schamanenkämpfen.

Dann folgt eine formelhafte Wiederholung all derjenigen Gifte und Krankheiten, gegen welche die neun Kräuter Schutz bieten, der schnell gemurmelte Zauberspruch: „gegen das rote Gift, gegen das stinkende Gift, gegen das weiße Gift, gegen das purpurne Gift, gegen das gelbe Gift, gegen das grüne Gift, gegen das bleiche Gift, gegen das blaue Gift, gegen das braune Gift, gegen das karminrote Gift, gegen Schlangenblattern, gegen Wasserblattern, gegen Dornblattern, gegen Distelblattern, gegen Eisblattern, gegen Giftblattern“. Ein typischer altgermanischer Zauberspruch. Schließlich sollen die neun Kräuter zu einer (Hexen-)Salbe verarbeitet und dem Patienten unter mehrmaligem Aufsagen des Zauberspruches aufgetragen werden. Das ist das schamanische Ritual:

[217] Seifarth, Carly: *Aberglaube und Zauberei in der Volksmedizin*, S. 25.

[218] Vgl. die Bezeichnung „Lindwurm“ für „Drache“. Auch im nepalesischen Schamanentum erscheinen die schlangenartigen Nagas mitunter als „dämonische Kräfte“. Winner, Ellen und Rai, Mohan: *Mundum*, S. 238.

> Er singe diesen Zauberspruch über jedem der Kräuter, drei Mal bevor er sie bearbeitet und über dem Apfel ebenso; und er singe dann dem Mann in den Mund und in beide Ohren und auf die Wunde den gleichen Zauberspruch, bevor er die Salbe dann aufträgt.

Auch bei diesem Zauberspruch könnte es sich um eine Formel handeln, die Odin bereits am Schamanenbaum gelernt hat: Dort ist nämlich von einem Spruch die Rede, „des alle bedürfen, / die heilkundig heißen". Mit den „neun berühmten Zweigen" könnten aber auch Runenzweige gemeint sein, die es dem Neunkräuterzauberer ermöglichen, dem krankmachenden Wurm raunend und galsternd entgegenzutreten: Tatsächlich gibt es die These, dass auf jeden der neun Zweige mit Runen der Anfangsbuchstabe der jeweiligen Pflanze eingeritzt wurde.[219]

Zauber gegen Alben

Der folgende Zauberspruch stammt aus einer altenglischen Handschrift des 11. Jahrhunderts, ist aber deutlich älter und reicht zurück bis in die heidnische Vorzeit:

> Die angelsächsischen Zaubersprüche sind uns in Handschriften der spätenglischen Epoche erhalten und daher christlich gefärbt, stammen aber ihrem Wesen aus heidnischer Zeit. Sie sind die reinsten Zeugnisse einer vorwissenschaftlichen Weltsicht, die sich die Natur von Elfen und Dämonen belebt dachte und alles Unerklärliche, besonders alles Bedrohliche, durch Geister verursacht glaubte. Es kam folglich darauf an, sich mit diesen gut zu stellen oder nötigenfalls auch einmal Macht zu gebrauchen, um sich von einem bösen Zauber zu befreien.[220]

Dem Spruch vorangestellt wird eine Art Liturgie, denn der Spruch soll (genau wie der altenglische Neun-Kräuter-Zauber) „zuerst ins

---

[219] Vgl. Mayr-Harting, Henry: *The Coming of Christianity in Anglo-Saxon England*, S. 27.

[220] Altenglische Lyrik (Erläuterungen), S. 149.

linke Ohr, dann ins rechte Ohr, dann über des Mannes Haupt" gesprochen werden, „dann gehe eine Jungfrau zu ihm und hänge es um seinen Hals, und dies tue man an drei Tagen: ihm wird bald wohler sein".[221] Wie die alten germanischen Runenbrakteaten konnte dieser hochmittelalterliche Spruch also als magisches Schutzamulett um den Hals getragen werden. Der Spruch lautet:

Hier kam er herein in Spinnengestalt
Hatte sein Hemd in der Hand.
Er sagte, daß du sein Hengst wärst.
Er legt seinen Zügel um deinen Hals.
Sie begannen, vom Land abzuheben.
Sobald sie vom Land wegkamen,
Da begannen sie abzukühlen.
Da kam des Tieres Schwester hereingegangen.
Da machte sie ein Ende und schwur Eide:
Daß dies niemals dem Kranken schaden solle
Noch dem, der diesen Spruch (galdor) zu erlangen vermöchte
Oder der diesen Spruch singen (on-galan) könne.

Dem Zauberspruch liegt die Vorstellung zu Grunde, dass böse Geister – oder auch Menschen, etwa Schwarzmagier und Hexen, die ihre Gestalt verändern können – heimlich ins Haus eindringen und den Schlafenden mit schlechten Träumen plagen; sie verursachen quälende Gedanken, Grübelzwang und Angstträume, „beispielsweise vermöge ein solcher Mahr einen Schläfer durch Überwerfen eines Halfters in ein Pferd zu verwandeln, ihm aufzusitzen und ihn die ganze Nacht bis zur völligen Erschöpfung zu reiten".[222] Am nächsten Morgen fühlt man sich, als hätte einen der ‚Teufel geritten'. Im schlimmsten Fall kann Krankheit oder Tod folgen. Doch ist es nicht der Teufel, der diesen Alp-Traum verursacht, sondern ein Alb (auch Drud, Mahr, Druckerle, Schratt, Walrider):

[221] In: Altenglische Lyrik, S. 57.

[222] Hasenfratz, Hans-Peter: *Die religiöse Welt der Germanen*, S. 77.

> Der Alb ist ein nächtlicher Druckgeist, der den sogenannten Alpdruck (Alptraum) erzeugt. Er legt sich dem Schlafenden auf die Brust und drückt ihn fast zum Ersticken. Dabei werden oft erotische Träume erlebt, die zur Identifizierung des Albs als weiblicher Dämon (Hexe, Drud) führen. Die Gestalt des Druckgeistes ist in keiner Weise fest umrissen. Er/sie kann als Gegenstand (weiße Feder), als Tier (Katze) oder in menschlicher Gestalt (schönes Mädchen) erscheinen. Gerade die Verwandlungsfähigkeit ist charakteristisch für den Alb.[223]

In vielen Fällen handelt es sich bei dem Alpträume verursachenden Geist um einen Menschen in der Gestalt eines Tieres. Schwarzmagier und schwarze Schamanen – ‚schwarze Schafe' – gibt es überall.[224] In Südamerika werden sie *brujo* bzw. *bruja* genannt: „Hexer, Hexe". Sie nutzen ihre Schamanenkraft aus eigennützigen Motiven. Sie verschießen unsichtbare Pfeile, die krank oder verliebt machen. Sie dringen nachts in Tiergestalt in des Nachbars Hof ein und reiten die Schlafenden durch die Luft zum Hexensabbat, dass sie am nächsten Tag vollkommen erschöpft daliegen. Handelt es sich um einen männlichen Alb, wird er als Incubus bezeichnet: „Obenlieger". Handelt es sich um einen weiblichen, wird er Succubus genannt: „Untenlieger". Der Glaube an Menschen, die sich in Alben verwandeln können, ist urschamanisch:

> Das Albdrücken und alle seine Erscheinungen wird diesen oder anderen dämonischen Menschen zur Last gelegt, was beiläufig erwähnt bereits in heidnischer Zeit auf animistischer und vor allem auf präanimistischer Stufe der Kultur geschah. […] In der Regel tut er dies nicht in seiner menschlichen Gestalt. Es wird vielmehr geglaubt, dass sein Geist, seine Seele den Körper verlässt und irgendeine Hülle annimmt, zumeist die einer Maus, eines Strohhalmes oder einer Stecknadel. In dieser Gestalt schlüpft er durchs

223 Petzoldt, Leander: *Kleines Lexikon der Dämonen und Elementargeister*, S. 16.

224 Vgl. Eliade, Mircea: *Schamanismus und archaische Ekstasetechnik*, S. 180ff.

> Schlüsselloch und setzt sich dem Schlafenden auf die Brust und Kehle.[225]

In dem vorliegenden Fall erscheint der Alb in der Gestalt einer Spinne. Er hat sein Hemd in der Hand, was ihn als einen tierverwandelten Schamanen auszeichnet. Hieran knüpft die uralte Vorstellung, dass „Wesen, die ihre Gestalt verändert haben, [...] ihr Gewand nicht verlieren" dürfen, da sie sich sonst „nicht zurückverwandeln" können.[226] Vergleichbar ist die Vorstellung, dass ein Schamane, der in Tiergestalt verwundet wird, auch als Mensch dieselbe Wunde trägt. Der Alb, anscheinend weiblich, bezeichnet den Schlafenden als Hengst, legt ihm Zügel um den Hals und reitet auf ihm davon. Wie ein Schamane auf dem Trommelpferd. Wie eine Hexe auf dem Bock. Doch dann tritt die Schwester des Alpträumenden ins Zimmer, ertappt den Alb auf frischer Tat und schwört ihn ab.

> Da der Druckgeist gewöhnlich eine Verwandlungsgestalt ist, besteht die Möglichkeit, ihn durch verschiedene Praktiken in seine wahre Gestalt zurückzuverwandeln und ihn sichtbar zu machen. Man verstopft das Loch, durch das er ins Zimmer eingedrungen ist, dann muß er sich bei Sonnenaufgang in seiner Gestalt zeigen; ein festgehaltener Strohhalm, eine Feder, wird dann zu einem Mädchen. Oder man verletzt den tiergestaltigen Alb, und am nächsten Tag erscheint eine Nachbarin oder der Nachbar mit analogen Verletzungen.[227]

Nicht unwahrscheinlich übrigens, dass sich der eigentliche Zauberspruch gar nicht im Text befindet, denn „was eigentlich endet die Schwester?".[228] Womöglich hat sich der (christliche) Verfasser gefürchtet, den (heidnischen) Zauberspruch zu verschriftlichen.

---

[225] Seifarth, Carly: *Aberglaube und Zauberei in der Volksmedizin*, S. 16f.

[226] Altenglische Lyrik (Erläuterungen), S. 151.

[227] Petzoldt, Leander: *Kleines Lexikon der Dämonen und Elementargeister*, S. 17.

[228] Altenglische Lyrik (Erläuterungen), S. 152.

Jedenfalls folgen auf die Liturgie und Historiola die abschließenden Eide; ein typischer Zauberreim (im Stabreim) fehlt. Vielleicht handelt es sich bei dem eigentlichen Spruch ja um folgende kleine Zauberformel, die auch an anderen Stellen überliefert ist:

Alb weiche,
Alle Berge steige,
Alle Wasser wate,
Alle Blätter blate.[229]

Flursegen der Frau Holle

Auch dieser Zauberspruch stammt aus der Zeit nach der Christianisierung, trägt aber eindeutig heidnisches Gepräge.[230] Es handelt sich um einen Fruchtbarkeitszauber: Himmel und Erde werden angerufen, sie mögen die Felder und Fluren schwellen lassen. Im Mittelpunkt des Spruches steht die personifizierte „Mutter Erde" (*eorðan modor*), deren Name dreimal wiederholt wird: „Erce".

Die Erde bitt ich und den Oberhimmel.
Erce, Erce, Erce, Mutter Erde.
Es gönne dir der Allwaltende
Äcker, wachsend und aufsprießend,
Voll schwellend und kräftig treibend.
Und des weißen Weizens Fruchtbarkeit
Und alle Frucht der Erde.
Heil sei dir, Erdflur, der Menschen Mutter.
Sei du grünend in Gottes Umarmung,
Mit Futter gefüllt den Menschen zum Nutzen.

Es ist ungeklärt, um welche Göttin es sich bei „Erce" handelt; der Name ist sonst nirgends überliefert. Durchaus begründet wurden Vergleiche gezogen mit Jörð („Erde") oder Nerthus („Mutter Erde").

---

[229] Zitiert nach: Seifarth, Carly: *Aberglaube und Zauberei in der Volksmedizin*, S.18.

[230] Vgl. Hasenfratz, Hans-Peter: *Die religiöse Welt der Germanen*, S. 107

Eine dritte Deutung geht davon aus, dass es sich bei allen diesen Erdgöttinnen letztlich um *ein und dieselbe* mythologische Figur handelt, die regional lediglich unterschiedlich benannt wurde, in Südgermanien unter anderem als „Frau Holle".[231]

Frau Holle ist weltweit bekannt aus dem gleichnamigen Märchen der Gebrüder Grimm. Sie lebt in einem Hexenhäuschen auf der *grôni godes wang*, der immergrünen Götterwiese, welche unterirdisch und doch im Himmel liegt. Sie zeigt sich verantwortlich für das Wetter, das auf der Erde herrscht, sowie die Nahrung der Menschen (Apfelbaum, Brot, Kuh). Weniger bekannt ist, dass Frau Holle – oder Holle, Holda – auch eine Figur der Sage ist. Dort erscheint sie als weiße Göttin badend in einem Bergsee auf dem Hohen Meißner (Hessen). Frauen, die zu ihr in den See steigen, werden gesund und fruchtbar; die Kinder kommen aus dem Frau-Holle-Teich. Sie erscheint als Fruchtbarkeitsgöttin, die im Frühling über die Äcker zieht und diese grünen und gedeihen lässt. Welche Zaubersprüche und Flursegen mögen die Germanen dieser Göttin dargesagt haben, um sie gnädig und hold zu stimmen: „Erce, Erce, Erce, Mutter Erde"?

Dass es sich bei der Frau Holle fürwahr um eine alte Göttin der Germanen handelt, und keine Erfindung der Grimms, wie immer wieder behauptet wird, hat die Germanistin Erika Timm geltend gemacht. Sie konstatiert, dass es sich bei dieser Figur um keine Geringere handelt als die Gemahlin des Göttervaters Odin/Wotan – die Göttermutter (nordgerm.) Frigg bzw. (südgerm.) Frîja. Timms sprachgeographische Analyse hat ergeben, dass sich die Namensvariante „Holle" insbesondere auf den Bereich Mittel- und Westdeutschland beschränkt. In anderen Regionen trägt dieselbe Göttin andere Namen: Frau Gode, Frau Wode oder Frau Herke, Frau Percht oder Perchta/Bertha, vereinzelt auch Huld/Hulda/Huldr, Free/Frick, Berchthöldere oder Murawa. Alle diese Figuren werden mit den immergleichen mythischen Attributen assoziiert. Sie sind *namentlich* verschieden, *mythologisch* jedoch identisch.[232]

---

[231] Vgl. Timm, Erika: *Frau Holle, Frau Percht und verwandte Gestalten* (2003).

[232] Womöglich handelt es sich bei dem Namen „Erce" um eine Nebenform von

Für die Gleichstellung von „Erce“ und „Holle“ spricht außerdem die Tatsache, dass im Zauberspruch vom „Allwaltenden“ die Rede ist, vom Himmelsgott, der die Erde befruchtet. Wahrscheinlich ist damit Wotan gemeint, der Himmelsherrscher, der in der *Edda* auch „Allvater“ genannt wird. Er ist der Ehemann der Holle, die ja auch „Frau Wode“ heißt. Wie Wotan in dem Zauberspruch nicht in seiner namentlichen Hauptform auftritt, sondern als allgemeine Personifikation des Alls oder des Himmels, so erscheint auch Holle entsprechend in der allgemeinen Form als Personifikation der Erde. Der Zauberspruch forciert die Vereinigung des kosmischen Götterpaares in einer vegetationsmagischen „heiligen Hochzeit“ (*hierós gámos*).

Auch die sagenhafte Holle ist eine Schamanengöttin und Seiðkona, die gemeinsam mit ihrem Gatten die Wilde Jagd anführt: Holda ist die „Herrin der Hexen“ (also derjenigen, die in Ekstase „ausfahren“).[233] Hier steht sie der Freyja nah, der germanischen Göttin der erotischen Liebe und schamanischen Magie, mit der sie zuweilen sogar identifiziert wird. In ihrem Gefolge erscheinen wilde Frauen, die es im Frühling, in der Walpurgisnacht, mit den Teufeln in den Feldern treiben, um den Acker magisch zu befruchten. Solche Rituale sind typisch schamanisch; zum Beispiel wird in Sibirien eine Art Hexensabbat „zu Ehren des Geistes der Erdmutter“ veranstaltet, bei dem „dreimal neun Mädchen und ebenso viele Jünglinge“ gemeinsam mit einem trommelnden Schamanen „unter einem breitästigen Baum“ tanzen, um „die Geschlechtsleidenschaft vom Geist der Erde für Menschen und Vieh“ zu benutzen: „In diesem Augenblick stießen die versammelten Frauen plötzlich laute

„Herke“ („Holle“). Linguistisch lässt sich ein solcher Abfall des vorvokalisch-haupttönigen *h-* auch bei anderen altenglischen Wörtern feststellen (z. B. *eard* für „hart“ oder *eorta* für „Herz“). Vgl. ebd., S. 57.

[233] Vgl. Grimm, Jacob: *Deutsche Mythologie*, Bd. I, S. 223. In seinen Ausführungen über heidnische „Nachtfahrerinnen“ nennt der mittelalterliche Bischof Burchard von Worms die Anführerin der Hexen „striga holda“, das heißt Eulen-Holda oder Hexen-Holda (lat. *striga*: „Eule; Zauberin, Hexe“).

Schreie aus und begannen wie Stuten zu wiehern: ‚Innä-sasach!' Wiehernd stürzten sie sich auf den Schamanen und führten liebestolle Körperbewegungen über ihn aus. Sie sollen ihn sogar zur Erde geworfen haben".[234]

Holle-Skulptur am Frau-Holle-Teich auf dem Hohen Meißner. Münzfunde aus der Zeit des römischen Kaisers Domitian lassen darauf schließen, dass der Frau-Holle-Teich schon vor 2000 Jahren Kultstätte war. © Foto: H. Kliemannel

[234] *Schamanengeschichten aus Sibirien*, S. 203.

Germanische Schamaninnen

Freyja Seiðkona

Freyja ist die bedeutendste Göttin der nordisch-germanischen Mythologie.[235] Wie alle Wanen wird sie mit Fruchtbarkeit assoziiert; man brachte ihr als Ernteopfer einen Eber dar. Sie ist die Geliebte Odins und wird häufig mit dessen Gattin Frigg zusammengebracht; nicht unwahrscheinlich, dass es sich bei Freyja um einen *Aspekt* der Frigg handelt, nämlich den der Liebe und Magie. In der *interpretatio romana* wurde Freyja mit der Venus assoziiert, der antiken Göttin der Schönheit und Liebe (gr. Aphrodite). Erotische Poesie und Liebeszauber sind der Freyja lieb, und sie lehrt diese den Menschen. In der *Snorra-Edda* heißt es: „Ihr gefielen Liebeslieder; es ist vorteilhaft, sie in Liebesdingen anzurufen" (Gylfaginning 24).

Dass es sich bei Freyja um eine Göttin der Schamanen handelt, lässt sich schon aus ihren Attributen schließen: Wenn sie reist, fährt sie in einem von Waldkatzen gezogenen Wagen – dreimal schwarzer Kater.[236] Wie die Hexen reitet Freyja einen Eber (Hyndlalied). Und wie die paläolithischen und sibirischen Schamanen streift sie sich ein Tierfell über, namentlich ein Falkengewand, um als Seelenvogel durch die transzendente Wirklichkeit zu fliegen.[237] Ihr magischer Kraftgegenstand ist das schöne Halsband Brisingamen, hergestellt von Zwergen. Freyja fungiert gleichfalls als Totengöttin: Sie gebietet über das Folkwang („Volkswiese") genannte Todesreich in der oberen Welt, wohin die Hälfte der gefallenen Heldenkrieger

---

[235] Vgl. Simek, Rudolf: *Lexikon der germanischen Mythologie*, S. 112ff.

[236] Freyja heißt auch *eigandi fressa*: „Herrin der Katzen". Vgl. auch Grimm, Jacob: *Deutsche Mythologie*, Bd. II, S. 873: „zauberer pflegten in wölfe, zauberinnen in katzen überzugehen; der wolf war Wuotans, die katze der Frouwa heiliges thier".

[237] Erinnert sei an den Falkenflug der sibirischen Schamanin Ajgyr: „Sie verwandelte sich in einen Falken mit goldener Zunge – goldberingt die Pupillen, zurückgebogen der Hals, glänzend die Füße, gemustert die Schenkel, wie ein Bogen der Schwanz, die Ränder von schwärzlichem Silber". *Schamanengeschichten aus Sibirien*, S. 226.

kommt (die andere Hälfte geht nach Walhall zu Odin). Innerhalb der germanischen Magie nimmt Freyja eine Sonderstellung ein, denn sie hat den Asen den *Seiðr* gebracht: „Sie ist eine Zauberin, die Óðinn in der geheimen Kunst des seiðr Unterricht gegeben hat“.[238]

> Eine besondere Art von Zauberei hieß im Norden *seiðr*, das Ausüben derselben *síða*, *efla seið*, *fremja seið*, *setja seið*. Seid wird von Männern (*seiðmaðr*, *seiðberandi*) und besonders auch von Frauen (*seiðkona*) getrieben. Das Wesen solcher Zauberleute wird als ein absonderliches geschildert; einzelne Angaben über die Art ihrer Heimlichkeiten fehlen. Nur so viel ist zu entnehmen, dass der Seid bei Nacht geschah, dass der Zauberer auf einem Stuhle saß (*seiðhjallr*), dass es auch dabei besonderer Lieder und Formen bedurfte. [...] Den Liedern (*froeði*, *galdr*, *varðlokkur*), welche beim Seid gesungen wurden, wohnte ganz besondere bezaubernde Kraft inne.[239]

Schon in den 1930ern wiesen Dag Strömbäck und Åke Ohlmarks auf die Nähe dieser nordisch-germanischen Zauberpraktik zum Schamanismus hin: Während Strömbäck davon ausging, dass der Seidr die „nordische Variante des Schamanismus“ und seine Entstehung „dem Einfluss der Samen“ zu verdanken sei, vermutete Ohlmarks, „es handle sich vielmehr um eine ‚subarktische‘ Form des Schamanismus, der sich gerade im Blick auf die Ekstase vom ‚arktischen‘ Schamanismus unterschied“.[240] Eliade vergleicht den germanischen Seidr mit „der klassischen Schamanensitzung: die rituelle Tracht, die Wichtigkeit von Chor und Musik, die Ekstase“.[241] Simek nennt den Seidr „eine *Form schamanistischer Praxis*“.[242]

---

[238] *Reallexikon der germanischen Altertumskunde*, Bd. 9, S. 585.

[239] Golther, Walter: *Handbuch der germanischen Mythologie*, S. 777.

[240] *Reallexikon der germanischen Altertumskunde*, Bd. 26, S. 594.

[241] Eliade, Mircea: *Schamanismus und archaische Ekstasetechnik*, S. 268f. Der nordische Seidr sei jedoch kein „*Schamanismus im strengen Sinn*“.

[242] Simek, Rudolf: *Lexikon der germanischen Mythologie*, S. 261.

Vor allem in den späteren Primärquellen wird der Seiðr tendenziell negativ dargestellt, zum Beispiel auch in Bezug auf den germanischen Schamanengott, jenen Meister aller Seiðmaðr (Ynglingasaga 7):

> Odin beherrschte und praktizierte die Kunst, die am mächtigsten ist und seiðr genannt wird, und dadurch kannte er das Schicksal der Menschen und die Gefahren der Zukunft und ebenso, wie man einem Menschen den Tod oder Unglück oder Krankheit bringt und wie man die Menschen um Kraft und Verstand bringt und sie jemandem anderen gibt. Aber mit dieser Weisheit war so große Schande verbunden, daß die Männer meinten, sie könnten sie nicht ohne Schande ausüben, und darum brachte man diese Kunst den Priesterinnen bei.

Dass der Seiðr den Männern schändlich vorgekommen sei, weshalb sie diesen den Frauen überlassen hätten, erscheint fragwürdig, zumal die zauberkundigen Frauen bei den Germanenmännern hoch im Kurs standen.[243] Überliefert ist außerdem, dass auch Männer den Seiðr praktizieren, allzumal der hoch angesehene Odin. Die negative Konnotation des Seiðr kommt insbesondere in den späteren Sagas vor, welche wiederum nicht selten christliches Gepräge tragen. Nicht unwahrscheinlich, dass die Geringschätzung magisch-schamanischer Techniken – mithin des „Weibes" – auf den Einfluss des sich breit machenden Christentums zurückzuführen ist, für das ohnehin alles Heidnische ein „Hexenwerk" und „Teufelsdienst" war.[244]

---

[243] Vgl. Grimm, Jacob: *Deutsche Mythologie*, Bd. II, S. 867f.: „von jeher wurde in ihnen eine innere, heilige kraft der weissagung verehrt. Frauen waren priesterinnen und wahrsagerinnen; germanische und nordische überlieferung hat uns ihre namen und ihren ruhm erhalten".

[244] Vgl. Höffgen, Thomas: *Der verteufelte Waldgott* (2022). Vgl. auch Dinzelbacher, Peter (Hrsg.): *Sachwörterbuch der Mediävistik*, S. 258: „Die Frauenfeindlichkeit der Kirche verringerte das Ansehen der Frau. Durch die Dämonisierung von Magie und

Gleichwohl lässt sich der Seiðr auch nicht romantisieren:

> Zwar wird heutzutage – insbesondere in der feministischen Literatur – die Rolle der *sejdr*-treibenden Frauen ein wenig idealisiert, [...] doch im allgemeinen war das Verhältnis der Menschen zu diesen Weibern ‚zwischen Tag und Nacht' durchaus ambivalent, etwa gegenüber jenen barfüßigen Kimberinnen, welche die Kriegsgefangenen zu einem riesigen ehernen Kessel führten, ihnen die Kehle durchschnitten, aus dem herausspritzenden Blut weissagten und zu eben dem Zwecke ihre Eingeweide durchsuchten.[245]

In der altnordischen Überlieferung ist von einer zauberkundigen Trollin namens Harðgreip bzw. Harthgrepa die Rede, die viele verschiedene Formen der Magie beherrscht (altnord. *trolldom*: „Zauberei, Hexerei"): Sie weissagt den Willen der Götter, kann ihre Gestalt verändern und verführt den Helden Haddingus mit ihren Liebesversen; zuweilen trägt sie Männerkleidung. Sie beherrscht die Runenkunst und den Totenzauber: Harðgreip ritzt „ein Runenlied in ein Holzstäbchen", legt dasselbe einem „Toten unter die Zunge" und zwingt „den Verstorbenen zu sprechen" (Gesta Danorum VI, I). Laut Simek ist das „ein typisches Beispiel für den nordischen seiðr".[246]

Etymologisch liegt dem Wort Seiðr wohl die Wurzel *sei-* („singen") zu Grunde; vielleicht ist es verwandt mit finnisch *soida* („klingen") bzw. *soittaa* („ein Instrument spielen"). Von den germanischen Seherinnen ist bekannt, dass sie bei der Ausübung ihrer Zauberkünste – gleichwie Odin – den Gesangsstil Galdr pflegten, der über ein eigenes Versmaß „Galdralag" mit strikten Stabreimbindungen verfügt: Dieser „Zaubergesang" wurde in „schamanistischer

---

Sexualität wurde sie zur Versucherin und zum Werkzeug des Teufels erklärt, als minderes Geschöpf diffamiert und vom Priesteramt ausgeschlossen".

245 Duerr, Hans Peter: *Traumzeit*, S. 81f.

246 Simek, Rudolf: *Lexikon der germanischen Mythologie*, S. 169.

Trance" gesungen.[247] Die norwegische Religionshistorikerin Steinsland konstatiert, dass dieser Galdr im Falsett gesungen wurde („Kopfstimme"): Wenn ein Mann diesen Gesangsstil praktizierte, so habe er nicht nur die Frauenstimme nachgeahmt, sondern sich auch in Frauentracht gekleidet.[248] Demnach hat sich der Seiðmaðr bei der Ausübung seiner Praxis ebenso „unmännlich" gebärdet wie die Götter Odin, Thor und Loki, die den bekannten schamanischen Geschlechterwechsel im germanischen Raum bezeugen.

Die seiðrkundigen Frauen, die Seiðkonas, waren Priesterinnen der Freyja: Sie trugen Mäntel, die mit Katzenfell gefüttert waren, als Zeichen ihrer Zugehörigkeit zur Zaubergöttin mit dem Katzenwagen, und auch ihre Mützen und Handschuhe waren aus Katzenfell – Katzen sind bis heute das Symbol der Hexe. Wie ihre Göttin übten die germanischen Seiðkonas Ekstase- und Liebeszauber aus. Nicht zuletzt übrigens mithilfe von geheimen Hexen- und Schamanenpflanzen: In dem Grab einer heidnischen Zauberin aus Fyrkat (Dänemark) fand man Beigaben des Schwarzen Bilsenkrauts, welches halluzinogen und aphrodisierend wirkt.[249] Diese Pflanze „dürfte das eigentliche Hexenkraut gewesen sein" und wurde entweder verräuchert, dem Kultbier beigegeben oder zur Hexensalbe verarbeitet.[250] Auf solche Art und Weise also vermochten die nachtfahrenden Weiber durch die Luft zu fliegen, um auf dem Blockberg wilde Orgien zu feiern. Zweifelsohne lässt sich dieser pflanzenmagisch hervorgerufene Hexenflug mit dem Schamanismus der Naturvölker in Verbindung bringen.[251]

---

[247] Hasenfratz, Hans-Peter: *Die religiöse Welt der Germanen*, S. 82.

[248] Vgl. Steinsland, Gro: *Norrøn religion*. Myter, riter, samfunn, S. 185.

[249] Vgl. *Reallexikon der germanischen Altertumskunde*, Bd. 14, S. 233. Vgl. auch Harrison, Dick und Svensson, Kristina: *Vikingaliv*, S. 57 und 79.

[250] Abraham, Hartwig und Thinnes, Inge: *Hexenkraut und Zaubertrank*, S. 109ff. Ebd.: „Der Genuß des stark narkotischen Bilsenkrautes ruft Sinnestäuschungen und Erregungszustände hervor. Bei entsprechend hoher Dosis tritt das Gefühl des Fliegens oder der Verwandlung in eine Tiergestalt auf".

[251] Vgl. Lehmann, Alfred: *Aberglaube und Zauberei*, S. 680ff.

Weissagung der Völva
Frauen, die Zauber praktizieren, gleich welcher Art, nannte man im hohen Norden „Völva“. Sie dienten der Freyja und repräsentierten sie in Midgard. Neben Seiðr und Galdr übten die Völvas vor allem Spá aus, das ist die Kunst des Wahrsagens, die Orakelkunst: „Der Wahrsagezauber ist zweifellos eine Form von Schamanismus“.[252] Diese Frauen konnten in die Zukunft schauen und das Schicksal lesen sowie ihre in der schamanischen Vision geschauten Erkenntnisse in mythischen Bildern mitteilen. Sie waren Spákonas, das heißt „der Weissagung kundige Frauen“.

> In der germanischen Religion mit ihrem archaischen Naturverständnis wurden Frauen magische und prophetische Fähigkeiten zuerkannt. Sie übten Fruchtbarkeits- und Schlachtenzauber aus und waren zuständig für Heilkunde und Geburtshilfe.[253]

Die wohl bekannteste Völva der Weltgeschichte tritt im ersten und ältesten Lied der *Edda* auf. Es trägt den Titel *Völuspá*, das heißt: „Weissagung (*spá*) der Seherin (*völva*)“. Das Besondere an dem Lied ist, dass es nicht einzelne mythische Motive, sondern die gesamte Theogonie („Götterwerdung“), Kosmogonie („Weltwerdung“) und Eschatologie („Endzeitlehre“) der germanischen Kultur in einer großangelegten und hochpoetischen Überschau darbietet – ein Panoptikum der germanischen Mythologie in. Die Völva ist diejenige, die *alles weiß*, eine Schamanin, die über vergangenes, gegenwärtiges und zukünftiges Wissen verfügt.

Steinsland vermutet, dass die Völvas bei manchen Ritualen eine Trommel benutzten und bringt die germanischen Zauberinnen in Verbindung mit den samischen Schamanen.[254] Tatsächlich trug

[252] Vgl. Simek, Rudolf: *Lexikon der germanischen Mythologie*, S. 369. Wohlgemerkt weist Simek das Wahrsagen einer „schamanoiden Entwicklungsstufe“ zu.

[253] Dinzelbacher, Peter (Hrsg.): *Sachwörterbuch der Mediävistik*, S. 258.

[254] Vgl. Steinsland, Gro und Meulengracht Sørensen, Peben: *Människor och makter i vikingarnas värld*, S. 82.

die Völva von Fyrkat (neben ihrem Zauberstab und verschiedenen Amuletten) gewisse Wasservogel-Klapperbleche, wie man sie auch am Gewand der Sámi findet.[255] Auch Hasenfratz assoziiert die Völva mit dem Schamanismus:

> Bei ihrer Zukunftsschau sitzt sie erhöht auf einem Zauberstuhl, dem *seið-hjallr* (Zaubergerüst), um den die anwesenden Frauen einen magischen Schutzkreis bilden. Ein besonderer Zaubergesang versetzt sie dabei anscheinend in eine Art schamanistischer Trance. Auf schamanistische Trance läßt auch die Bemerkung schließen, die Seherin habe vor ihrer Weissagung die Kinnladen auseinandergeschlagen und gegähnt.[256]

In Nordgermanien wurde dieser Schamanengesang *varðlokkur* („Seelenlocker") oder *seiðaeti* („Zauberton") genannt, „der bei den Wahrsagesitzungen von skandinavischen Seherinnen gesungen wurde, und in dieser schamanischen Praxis wohl die Funktion hatte, die Geister herbeizurufen, von denen die Seherin ihr Wissen bezieht".[257] Vielleicht gehörten in das Repertoire der Seherin auch solche Lieder, die noch heute in der *Edda* kompiliert sind, zum Beispiel die *Völuspá*. Während ihrer Seelenreise saßen die Seherinnen auf einem Hochsitz, der *Seiðhjallr* genannt wurde und an Odins Hochsitz Hliðskjálf erinnert, aber auch „an die Türme und Plattformen schamanischer Kultpraktiken".[258] Die „nordische ‚Hexe' sandte ihre ‚Seele' aus, während ihr Körper, ihr ‚Alltagsleib', auf dem *seidhjallr*, einem vermutlich übermannshohen Holzgerüst, verblieb".[259] Das Gähnen zum Anfang und zum Ende der Séance markierte den Austritt und den Eintritt der Seele in den Körper.

[255] Vgl. Wamers, Egon (Hrsg.): *Bärenkult und Schamanenzauber*, S. 66.

[256] Hasenfratz, Hans-Peter: *Die religiöse Welt der Germanen*, S. 82.

[257] Simek, Rudolf: *Lexikon der germanischen Mythologie*, S. 460.

[258] Ebd., S. 363. Vgl. auch das Gerüst des verstorbenen Schamanen Basyllai.

[259] Duerr, Hans Peter: *Traumzeit*, S. 107.

In der *Völuspá* wird außerdem von einer Völva mit dem Namen Heiðr berichtet, die sowohl den Zaubergesang als auch die Wahrsagung und den Seiðr beherrscht. Sie zieht von Haus zu Haus, um den Menschen ihre Künste anzubieten: „Heid hießen sie sie, wo sie ins Haus kam, die wohl weissagende Seherin, sie trieb Zauber; sie zauberte, wo sie konnte, sie zauberte besinnungslos, stets war sie die Freude schlechter Frauen" (Völuspá 21). Das altnordische Wort *heiðr* bedeutet „Ruhm" bzw. als Adjektiv „hell, strahlend". Möglicherweise ist Heiðr auch als Gattungsbezeichnung für zauberkundige Frauen zu verstehen, wie bereits de Vries vermutet hat, zumal dieser Name auch in anderen Überlieferungen auftaucht (Heiðr völva). In der altisländischen *Örvar-Odds saga* heißt es über eine solche Heidr, dass sie mitsamt ihrem Gefolge „von Gastmahl zu Gastmahl" zog: „Mit fünfzehn Knaben und fünfzehn Mädchen, vermutlich den Gehilfen ihrer Zauberkunst zieht sie herum, durch nächtlichen Seiðr erfährt sie, was sie zu wissen begehrt, und die Leute erhalten dann von ihr Bescheid auf aller Fragen".[260]

Eine dritte Völva trägt den Namen Gróa: Das eddische Lied *Grógaldr* handelt von dieser toten Seherin, die von ihrem Sohn Svipdagr aus dem Todesschlaf erweckt wird, um von ihr neun Zauberlieder mitgeteilt zu bekommen. Das nekromantische Motiv erinnert deutlich an die Unterweltfahrten und Jenseitsreisen der germanischen Schamanen und an das nächtliche „Draußensitzen" auf dem Grabhügel (altnord. *útiseta*). Dass die Völva beim Singen bzw. Zaubern „stand auf dem Stein an der Schwelle des Grabs" (Grógaldr 15), lässt sich außerdem mit dem Seiðhjallr genannten „Zaubergestell" zusammenbringen, auf welchem die Völvas während ihrer Séancen saßen. Aber Gróa ist keine Todesgöttin oder Schadenzauberin: Ihr Name leitet sich vom Verb *gróa* ab und bedeutet „wachsen, gedeihen".

Zur Genealogie der Zauberinnen und der Zauberer heißt es in der *Edda*: „Alle Seherinnen stammen von Widolf, alle Zauberer von Wilmeid, aber die Schadenswirker von Swarthöfdi, alle Riesen kommen von Ymir" (Hyndluljóð 33). Widolf oder Vittólfr ist der

[260] Golther, Willhelm: *Handbuch der germanischen Mythologie*, S. 773.

„Ahnherr der Weissager und Seher" (Widolf heißt „Waldwolf").[261] Vitt bedeutet jedoch eigentlich „Zauberei, Zaubergegenstand, was hier offensichtlich zutreffender wäre".[262] In einer Überlieferung des Saxo Grammaticus findet sich außerdem ein magisch versierter Vitolfus, „der vielleicht mit Vittólfr zu identifizieren ist" (altnord. *vitr* heißt auch „der Kluge").[263] Als Stammvater und „mythischer Ahnherr aller Zauberer" wird wiederum Wildmeid bzw. Vilmeiðr genannt (altnord. *vili* heißt „Wille" und *meiðr* „Baum, Balken").[264] Der dritte Name, Swarthöfti, bedeutet „Schwarzkopf" und bezeichnet den „mythischen Ahnherrn aller Seiðberandar (Zauberer)".[265] Erstaunlicherweise kommen in dieser Aufzählung ausschließlich männliche Figuren vor, Widolf, Wilmeid und Swarthöfdi, die gleichsam als „Urväter der Völvas" vorgestellt werden. Dieser Umstand fiel bereits Grimm auf, der jedoch betont, dass die Zauberkunst des Seiðr vor allem „frauen und nicht männern" gebührt: „Die *vala* oder *völva* ist wahrsagerin, priesterin, norn, ein hochheiliges wesen des alterthums, zugleich auch *seiðkona*".[266]

Dass die Völvas innerhalb der germanischen Gesellschaft hoch angesehen waren, lässt sich an ihren Gräbern festmachen. Das beste Beispiel ist das wikingerzeitliche Grab (9. Jhd.) unter einem Hügel auf dem Oseberg-Hof (Norwegen): Dort fand man bei archäologischen Ausgrabungen ein 22 Meter langes und 5 Meter breites Zeremonialschiff aus edel gearbeitetem Eichenholz, verziert mit Tierdarstellungen, hinter dessen 10 Meter hohem Mast zwei Frauen beigesetzt wurden (ca. 70 und 30 Jahre alt).[267] Auf Grund der prunk-

---

[261] Vgl. Simek, Rudolf: *Lexikon der germanischen Mythologie*, S. 474.

[262] Ebd. Vgl. auch altnord. *vett*: „Zauberei" und *vitki*: „Zauberer".

[263] Ebd. Vitr ist der Name eines Zwerges, aber auch ein Hinweis auf den šaman.

[264] Ebd., S. 471. Vili ist neben Vé einer der Brüder Odins. Womöglich handelt es sich bei diesem personifizierten „Baum des Willens" um den Weltenbaum selbst.

[265] Ebd., S. 400. Bei den Kelten gab es eine Gottheit des Todes und der Unterwelt namens Cromm Cruach („schwarzer Kopf"), die zu Samhain verehrt wurde.

[266] Grimm, Jacob: *Deutsche Mythologie*, Bd. II, S. 870f.

[267] In einer Folge der Dokumentationsreihe „Die Wikinger - Fakten und Legenden"

vollen Verzierungen des sogenannten „Oseberg-Schiffes“ und der kostbaren Schmuck-, Kunst- und Textil-Beigaben vermutete man zunächst, es handele sich um das Grab der legendären Königin Åsa („Ase“) aus dem Geschlecht der Ynglinger, dem ältesten Königsgeschlecht in Schweden. Mittlerweile geht man jedoch davon aus, dass es sich um das Grab zweier Völvas handelt, die offenbar besonders wirkungsmächtig waren. Auch die bereits benannte Völva von Fyrkat wurde auf besondere Art und Weise bestattet, nämlich in einem (radlosen) Wagen, der an Freyas Katzenwagen denken lässt; um ihre Zehen trug sie mehrere kostbare Ringe; zu ihren Füßen fand man ein Kästchen mit magischen Utensilien, Knochen von Vögeln und Kleinsäugern sowie Bilsenkraut; ein silbernes Amulett repräsentierte das Zaubergestell, auf dem die Völva während ihrer Weissagung saß.[268] Für ein paar fragwürdige Schwarzmagierinnen, als die die Völvas in christlicher Zeit dargestellt wurden, wäre ein solcher Aufwand sicher nicht betrieben worden. Schamanengräber hingegen wurden und werden in allen schamanischen Kulturen besonders bedacht, man denke an die Schamanin von Bad Dürrenberg.

Der Zauberstab

„Völva“ leitet sich ab vom altnordischen Wort *völr* mit der Bedeutung „Stab“. Man spricht daher auch von „Stabträgerinnen“. Und tatsächlich trugen die germanischen Zauberinnen immer einen Stab bei sich, wohl weniger als Zeichen ihres Berufsstandes, wie es häufig heißt, sondern als magisches Ritualwerkzeug und schamanisches Kultobjekt, als *Zauberstab*. Solche Stäbe – meist aus Eisen, seltener aus Holz, die nach unten hin spitz zulaufen – hat man in mindestens 40 germanischen Frauengräbern gefunden. Dabei ist der Zauberstab

wird über dieses „Grab der Königin“ berichtet: „Hatten die Frauen einen sprirituellen Status, wie etwa Schamaninnen? […] Die Frauen sind wichtig für die Menschen, die sie bestattet hatten, vielleicht in einer religiösen schamanischen Funktion. Die animistischen Darstellungen auf den Artefakten und die Schlangenköpfe in den Steven könnten so eine Bedeutung haben“.

[268] Vgl. Harrison, Dick und Svensson, Kristina: *Vikingaliv*, S. 56f.

kein Unikum der germanischen Kultur, sondern findet sich weltweit bei Völkern, die den Schamanismus kennen: Im antiken Griechenland führten die wilden Kultanhängerinnen des Dionysos, die rasenden Mänaden, den Thyrsos genannten Ritualstab mit sich, und der enthusiasmierte Dichtersänger Hesiod bekam von den neun Musen höchstpersönlich einen kraftvollen Zauberstab geschenkt. Bis heute benutzen die nepalesischen Schamanen den (gleichfalls unten spitz zulaufenden) Phurba genannten Zauberstab, um krankmachende Dämonen in die Flucht zu schlagen. Von den sibirischen Stämmen ist überliefert, dass sie gewisse Stäbe aus Birkenholz von rund einem Meter Länge zum Schamanisieren benutzten.[269]

> Praktisch im gesamten asiatischen Verbreitungsgebiet des Schamanismus gehören zum festen Bestand der Schamanenausstattung auch noch besondere Zeremonialstäbe, denen in Sibirien wieder wichtige Funktionen bei der Séance zukamen. Gearbeitet aus Holz oder Eisen, besaßen sie gewöhnlich eine Länge von 100-120 cm. Bei Nanaj und Ultscha in Ostsibirien liefen sie nach unten zu in ein Messer aus, waren manchmal mit Schlangenhaut oder Seide umkleidet, dabei über und über mit Darstellungen der Hilfsgeister (Vögel, Drachen, Eidechsen, Schlangen, Kröten usw.) bemalt und trugen am oberen Ende entweder einen plastisch herausgearbeiteten Vogel oder die Figur eines weiteren, bärtigen, gelegentlich

[269] Vgl. Nioradze, Georg: *Der Schamanismus bei den sibirischen Völkern*, S. 78f.: „Was die Stäbe bei den Schamanen bedeuten, ist meist schwer zu sagen. Bei den Burjaten, deren Stäbe am oberen Ende einen Pferdekopf und am unteren einen Huf haben, symbolisieren diese Stäbe das schnelle Vorwärtsbewegen der Schamanen, wenn sie sich zu den Geistern begeben. Die gabelförmigen Stäbe mit dem Querstäbchen sollen den Schamanenbaum symbolisieren; das ist glaubwürdig, wenn man die Tatsache in Betracht zieht, daß der Schamane am Abend vor dem Schamanisieren diesen Stab am Eingang des Zeltes in die Erde steckt, denn bei dem sagenhaften Schamanen ‚Doh' soll am Eingang der Behausung ein Baum gestanden haben, auf dem ein Adler saß".

janus-köpfigen Hilfsgeistes, der gleichsam doppelte Sehkraft besaß und dem Schamanen daher besondere Dienste bei der Suche nach verlorengegangenen Seelen und dem Aufspüren feindlicher Geister leistete, die ihm versteckt irgendwo auflauerten. Als Träger oder Sitze der Hilfsgeister galten die Stäbe auch bei den Keto am mittleren Jenissei. Hier handelte es sich um eine dünne Eisenstange, die oben in eine dreizinkige Gabel mit einer oder mehreren Querstreben auslief, auf denen während der Séance, wie Vögel, die Hilfsgeister Platz nahmen. Je mehr solche Sprossen ein Stab besaß, desto mehr Geister konnte er tragen – also desto wirkmächtiger sah man seinen Besitzer an. Bei den Burjaten und ihnen benachbarten Tungusen-Gruppen dagegen diente der Stab als ‚Steckenpferd' des Schamanen. Er trug einen Pferde- oder Renkopf und war mit Schellen, Glöckchen, den Fellen kleinerer Pelztiere und verschiedenen Metallgegenständen, wie Nachbildungen von Booten, Steigbügeln, Reitpeitschen und Speeren, behängt. Der Schamane ‚ritt' auf ihm, wenn er seine Reisen ins Jenseits unternahm. Ihre Verbreitung, die zentralen Funktionen bei der Séance, die Bedeutung, die als Miniaturbäume und Sitz der – vogelgestaltigen – Hilfsgeister, als Abbilder also des Weltenbaums, besaßen, deutet insgesamt darauf hin, daß es sich bei den Schamanestäben um ein sehr altertümliches Ritualrequisit handelt. In dem Zusammenhang sei an die eingangs erwähnte jungpaläolithische Darstellung in der Höhle von Lascaux in der Dordogne erinnert, die neben einer offensichtlich in Trance befindlichen Gestalt mit Vogelkopfmaske eine Stange mit einem Vorgel auf der Spitze zeigt – wie noch in rezenter Zeit Schamanenstäbe bei den Amur-Tungusen.[270]

Wahrscheinlich symbolisierte auch der Zauberstab der Völva den Weltenbaum Yggdrasil. Eine zweite Theorie besagt, dass es sich bei diesem Stab um ein Phallussymbol handelt, dass die Völvas also Fruchtbarkeitskulte und erotische Rituale durchführten. Dies entspricht freilich der Funktion Freyjas als Göttin des Liebeszaubers und der Sexualität.

[270] Müller, Klaus E.: *Schamanismus*, S. 73f.

Die Zauberin verkörperte während der Séance die Weiblichkeit, der Stab, den sie in ihren Händen hielt, die Männlichkeit.[271]

Thorbjörg, die „kleine Völva"

Die ausführlichste Beschreibung einer Völva findet sich in der altisländischen *Eiríks saga rauða* (14./15. Jhd.): Die Hauptfigur dieser Erzählung, die auf Grönland zur Zeit der Hungersnot spielt, heißt Þórbjörg lítilvölva, das heißt „Thorbjörg, die kleine Völva". Sie wird als eine Spákona vorgestellt, die den Seiðr beherrscht. Sie hatte neun Schwestern, gleichfalls Zauberinnen, die jedoch verstorben sind. Thorbjörg hat also einen starken Draht ins Jenseits und kraftvolle Verbündete in der Totenwelt. Wie alle Schamanen und Schamaninnen besitzt sie eine „hoch entwickelte Zeremonialtracht".[272] Sie trägt einem blauen Mantel, wie Wotan, der mit edlen Steinen gesäumt ist, Glasperlen um den Hals und eine Lammfellhaube, welche mit Katzenfell gefüttert ist. Sie trägt Kalbfellschuhe und Handschuhe aus Katzenfell. In der Hand hält sie den Zauberstab aus Messing mit einem Knauf aus schönem Stein. An ihrem Zundergürtel hängt eine große Ledertasche, in der sie ihre magischen Requisiten aufbewahrt.

> Diese Seherin Thorbjörg ist nicht nur durch kostbare Kleidung unter allen anderen Anwesenden hervorgehoben, sie besitzt auch – wie der Schamane – den Zauberstab, der von dem Weltenbaum abstammen soll, sie besitzt Zaubermittel, die sie anderen verborgen hält, und hat die Aufgabe - wie der Schamane – die Zukunft zu ergründen.[273]

Die Völva zieht von Haus zu Haus, und zwar, wie Heidr, mit einem Gefolge von fünfzehn Mädchen und fünfzehn Jungen, um den

---

[271] „Auch im dionysischen Kult ist der Phallus in der Hand der Mänaden". Duerr, Hans Peter: *Traumzeit*, S. 343.

[272] Eliade, Mircea: *Schamanismus und archaische Ekstasetechnik*, S. 368.

[273] Lichtenberger, Sigrid: *Züge des Schamanentums in der germanischen Überlieferung*, S. 33.

Menschen das Schicksal vorauszusagen, zum Beispiel ob es gute oder schlechte Ernte geben wird, Jagderfolg oder nicht, oder ob ein Kind geboren wird. So besucht sie den Bauern Þorkell, der die Zauberin gastfreundlich empfängt, wie eine solche Frau empfangen werden soll. Man errichtet ihr einen stolzen Hochsitz mit einem weichen Hühnerdaunenkissen. Ihr wird Milch kredenzt, sie bekommt Tierherzen gereicht. Die Völva isst mit einem Messinglöffel und einem Messer, dessen Griff aus Walrosszahn, eingefasst mit Kupferringen, gefertigt ist. Sie bedankt sich für den warmen Empfang und empfiehlt sich für den kommenden Morgen. Tags darauf weist sie den Hausherrn an, für das Ritual die entsprechenden Vorbereitungen zu treffen. Sie bittet ihn, alle Frauen herbeizurufen, die das Gedicht mit Namen Varðlokur beherrschen, welches für den Zauber (*seiðsins*) nötig ist: Nur eine Frau findet sich, Guðríðr, die zwar weder zauberkundig (*fjölkunnig*) noch eine Seherin (*vísindakona*) ist, jedoch das erforderte Gedicht kennt. Sie ist eine Christin und weigert sich zunächst, beim ‚heidnischen Treiben' mitzumachen. Aber Thorbjörg überzeugt sie mit dem Hinweis, dass ihr Zauber keinem bösen Zweck diene, sondern der Herstellung von Harmonie und Heilung. So können sie sich einigen. Thorbjörg sitzt auf ihrem Hochsitz und steigert sich in die Ekstase, derweil Guðríðr das Gedicht mit schönster Stimme singt und so den Kreis der Zuschauer und -hörer fürwahr bezaubert. Die Völva tritt nun mit den Geistern in Kontakt: „Während der Trance verläßt die Seele der *seiðkona* den Körper und wandert im Raum herum; sie nimmt meistens Tiergestalt an".[274] Dabei offenbart sich ihr, wie sie später angibt, dass die Geister des Gehöfts, die sich zuvor vernachlässigt gefühlt haben, nun durch den betörenden Gesang besänftigt wurden, und dass Þorkell nach dem Winter deshalb reiche Ernte einfahren wird.

Schon Ohlmarks hat diese Völva als eine Schamanin interpretiert:

> Gerade das Herbeilocken der Geister vor der Seance ist beinahe der einzige Zug, der keiner Art von Schamanismus auch unter

[274] Eliade, Mircea: *Schamanismus und archaische Ekstasetechnik*, S. 368.

Subarktikern fehlt und der überall die ideologische und psychologische Voraussetzung derselben bildet. Typisch ist auch die herbeiziehende Schönheit des Lieds: von Tungusen, Wogulen u. a. haben Shirokogoroff, Karjalainen, Gondatti, Suchovskij und Zelenin dasselbe vom Geisterrufen bezeugt. Sehr nahe stimmt diese Seance mit einer anderen subarktischen bei den Irtysch-Ostjaken überein, die Karjalainen beschrieben hat. Auch hier ist der Schamane eine Frau, sie ißt insbesondere (narkotische) Speisen und schläft im Hause vor der Seance. In einer leichten Inspiration teilt sie dann die Auskünfte der Geister mit.[275]

Veleda, Albruna, Ganna, Waluburg, Gambara

> Die Germanen glauben sogar, den Frauen wohne etwas Heiliges und Seherisches inne; deshalb achten sie auf ihren Rat und hören sie auf ihren Bescheid. Wir haben es ja zur Zeit des verewigten Vespasian erlebt, wie Veleda lange Zeit bei vielen als göttlichen Wesen galt. Doch schon vor Zeiten haben sie Albruna und mehrere Frauen verehrt, aber nicht aus Unterwürfigkeit und als ob sie erst Göttinnen aus ihnen machen müßten (*Germania* 8).

Dies schreibt der antike römische Historiker Tacitus im ersten nachchristlichen Jahrhundert über die hohe soziale Stellung der Frau in der germanischen Gesellschaft. Er bezeugt an dieser Stelle aber auch und ganz besonders, dass nicht nur die Nordgermanen, sondern auch die Südgermanen ihre Völvas und Schamaninnen hatten, welche gleichfalls als Heilige verehrt wurden, weil sie in Kontakt standen mit den Göttern.

Grimm vermutet, dass es sich bei „Veleda“ nicht um einen Eigennamen, sondern Gattungsnamen handelt, der linguistisch mit dem Nordischen „Völva“ verwandt ist, also allgemein eine zauberhafte Wahrsagerin bezeichnet.[276] Dies mag zutreffen. Nichtsdesto-

[275] Ohlmarks, Åke: *Arktischer Schamanismus und altnordischer Seidr*, S. 177.

[276] Vgl. Grimm, Jacob: *Deutsche Mythologie*, Bd. I, S. 333f.

Freyja, die den Seidr-Schamanismus praktiziert, fliegt auf einer Katze und bläst das Horn zum Hexensabbat. Schleswiger Dom, 13. Jhd.
Foto von Alexander Voss.

Die wilden Weiber im Gefolge der Schamanengöttin fliegen auf dem Besen bzw. Zauberstab zum Weltenberg. Schleswiger Dom, 13. Jhd.
Foto von Alexander Voss.

trotz scheint sich Tacitus auf eine individuelle Person zu beziehen. In seinen *Historien* heißt es nämlich über dieselbe Veleda (Historien IV, 61.2):

> Diese, eine Jungfrau aus dem Stamm der Brukterer, übte einen tiefgreifenden Einfluß aus entsprechend alter Sitte bei den Germanen, nach der sie sehr viele Frauen für Prophetinnen halten und, bei Steigerung des Aberglaubens, für Göttinnen halten. Damals wuchs das Ansehen der Veleda; denn sie hatte den Germanen ihren Erfolg, nämlich die Vernichtung der Legionen, geweissagt.

Ein paar Seiten später heißt es, dass diese Seherin zurückgezogen „in einem hohen Turm“ in den Wäldern Westfalens lebt – als Schamanin stand sie naturgemäß außerhalb der Kultur. Vielleicht war dieser Turm eine Art Seiðhjallr. Weiter überliefert der römische Gelehrte, dass es in der Regel untersagt war,

> [...] persönlich Veleda aufzusuchen und sie anzusprechen [...]: man verwehrte ihren Anblick, damit ihre Erhabenheit noch gesteigert werde. [...] Ein Auserwählter aus dem Kreis ihrer Verwandten überbrachte Fragen und Antworten wie eine Mittelsperson der Gottheit (Historien IV, 65.4).

Die Veleda der Brukterer war schon zu Lebzeiten eine prominente Persönlichkeit, weil sie den Sieg des westgermanischen Stammesverbandes beim Bataveraufstand im Jahre 69 vorhergesagt hatte. Bis heute ist sie die bestbelegte germanische Zauberin. Ihr Wirken und der sie umgebende Kult lässt sich vielleicht mit demjenigen der Pythia genannten Prophetin aus dem antiken Griechenland vergleichen.[277] Die Pythia war die Hohepriesterin des weltberühmten Orakels von Delphi am Fuße des Parnossós, Berg des Dionysos, Nabel der Welt. Die Pythia galt als Medium der Götter (lat. *oraculum*: „Göttерspruch"). In Trance offenbarte sie das Schicksal der Welt und den Willen der Götter. Dabei saß sie auf einem dreifüßigen Zaubergestell, dem sogenannten *tripous*, der sich gewiss mit dem *seiðhjallr* genannten Zauberstuhl der Germaninnen zusammenbringen lässt. Aber es gibt noch mehr Gemeinsamkeiten: Wie Veleda musste die Pythia zur Ausübung ihres Amtes Jungfrau bleiben.[278] Wie Veleda weissagte sie den Feldherren den Ausgang ihrer Schlachten. Und wie bei Veleda wurden ihre Prophezeiungen durch priesterliche Mittelsmänner mitgeteilt. Um ihre Vorhersagen zu tätigen, versetzte sich die Pythia in eine prophetische Trance, die sie womöglich mit dem Räuchern und Einatmen von Bilsenkrautsamen einleitete, jenen geistbewegenden Samen also, die auch die germanischen Zauberinnen in ihrem Lederbeutel bei sich zu tragen pflegten.[279]

---

[277] „Diese nach alter Sitte als Schicksalsverkünderin hochverehrte Jungfrau vom Stamme der Brukterer hauste einsam und unzugänglich auf einem hohen Thurm und war die Pythia der niederrheinischen Germanen". Scherr, Johannes: *Geschichte der deutschen Frauenwelt*, Buch I, Kap. 1, S. 26.

[278] Vgl. außerdem die japanischen Miko, Schamaninnen der Shinto-Schreine.

[279] Vgl. *Reallexikon der germanischen Altertumskunde*, Bd. 24, S. 182.

Die zweite Zauberin, die Tacitus erwähnt, heißt „Albruna“. Offenbar handelt es sich ebenfalls um einen ‚sprechenden Namen‘ („Funktionsname“): Denn Albrunas waren allgemein „weissagende Frauen, denen die alten Germanen priesterliche Würden zuerkannten und höchste Ehrfurcht bewiesen“.[280] Andere Schreibweisen desselben Namens sind Alruna, Ailrun, Alioruna, Ölrún, Aurinia, Albrinia. Dem Namen nach ist Albruna diejenige, „die die Geheimnisse der Alben kennt“ bzw. „die das Albenwissen hat“ (ahd. *alb*: „Elfe“ und ahd. *runa*: „Geheimnis“).[281] Albruna ist diejenige, die mit den Geistern in Kontakt steht. Bemerkenswerterweise trägt die germanische Zauberin denselben Namen wie die stark psychoaktive Schamanenpflanze „Alraune“ (*mandragora*).[282] Al(b)runa ist also auch diejenige, „die mit dem Alraunengeist vertraut ist“.

Der römische Historiker Cassius Dio überliefert den Namen einer weiteren germanischen Seherin aus der Antike. In seiner *Historia Romana* erwähnt er – in einem Atemzug mit Veleda – eine jungfräuliche Zauberin namens „Ganna“ aus dem Stamm der germanischen Semnonen (ein Zweigstamm der Sueben), welche im ersten nachchristlichen Jahrhundert als Nachfolgerin der Veleda tätig gewesen und hoch verehrt worden sei. Die Weissagung dieser Seherin scheint gleichfalls von politischem Einfluss gewesen zu sein, war es doch der römische Kaiser Domitian persönlich, der ihr den Respekt erwies, als Ganna im Gefolge des semnonischen Königs Masyas nach Rom kam.[283] Gewiss ist außerdem, dass diese südgermanische Seherin einen *Schamanenstab* mit sich führte, denn ihr Name leitet sich von altnordisch *gandr* ab, was „Zauberstab“ bedeutet: „Der Name Ganna wird meist als mit altnord. *gandr* ‚Zauberstab‘ zusammenhängend gedeutet und hängt demnach (wie

[280] Vollmer, Wilhelm: *Lexikon der Mythologie*, S. 30.

[281] Vgl. Simek, Rudolf: *Lexikon der germanischen Mythologie*, S. 11: „die mit dem Geheimwissen der Alben versehene“ bzw. „die vertraute Freundin der Alben“.

[282] Vgl. Golowin, Sergius: *Die Magie der verbotenen Märchen*, S. 132. Vgl. auch Grimm, Jacob: *Deutsche Mythologie*, Bd. I, S. 335.

[283] Vgl. Simek, Rudolf: *Lexikon der germanischen Mythologie*, S. 126.

bei der Seherin Waluburg) direkt mit den Insignien ihres Berufs zusammen".[284]

Die einzige Quelle zu einer germanischen Seherin namens „Waluburg" ist eine Tonscherbe aus dem 2. Jahrhundert, die auf der ägyptischen Nilinsel Elephantine gefunden wurde und deren altgriechische Inschrift lautet (übersetzt): „Waluburg, Sibylle (der) Semnonen".[285] Das letzte Wort, „Semnonen", bezeichnet einen elbgermanischen Stamm. Das mittlere Wort, „Sibylle", ist die altgriechische Bezeichnung für Frauen „die, durch die Seherkunst von Gott erfüllt, vielen wahrsagten und ihnen oft für die Zukunft die Richte gaben" (Platon: *Phaidros* 22). Und das erste Wort, „Waluburg", ist ein germanischer Name, dessen Wurzel *walu-* wiederum „den Zauberstab der Seherin" bezeichnet.[286] Auffälligerweise war das Wort „Wala" in der germanischen Antike aber auch die Allgemeinbezeichnung für „eine weise Frau, Zaubernorne, oder nach dem gemeinen Sprachgebrauch Hexe, doch nicht mit eingebildeten, sondern wirklich mit höheren Kräften begabt, im Stande, das Schicksal der Menschen zu bestimmen".[287] Der Inschrift nach zu urteilen, war Waluburg also eine gottbegeisterte Prophetin der ostgermanischen Semnonen, eine elbische Wala und sibyllische Schamanin.[288]

Nicht zuletzt taucht in der Ursprungssage der germanischen Langobarden eine weise Zauberin mit Namen Gambara auf, eine „sehr gescheite Frau von wegweisendem Rat. Durch ihre Klugheit ließen sie sich in schwierigen Situationen maßgeblich leiten" (Historia Langobardum I, 3). Wahrscheinlich bedeutet auch ihr Name eigentlich **gand-bera*, das heißt „Stabträgerin" (Strömbäck). In der

---

[284] Ebd. Vgl. auch Maier, Bernhard: *Die Religion der Germanen*, S. 100.

[285] Vgl. *Reallexikon der germanischen Altertumskunde*, Bd. 28, S. 115. Vgl. auch Simek, Rudolf: *Lexikon der germanischen Mythologie*, S. 485.

[286] Simek, Rudolf: *exikon der germanischen Mythologie*, S. 485. Übrigens wird Odin in der *Edda* auch als „Wal-Vater" bezeichnet (Gylfaginning 20).

[287] Vollmer, Willhelm: *Lexikon der Mythologie*, S. 447.

[288] Wie Waluburg nach Ägypten kam, ist unbekannt; vielleicht war sie „deportiert worden oder in Sklaverei geraten". Simek, Rudolf: *Religion der Germanen*, S. 225.

Sage ist sie besonders mit Frea, Wotans Gemahlin, nach anderen auch mit Freyja, Wotans Geliebter, verbunden. Bereits im Mittelalter wurde Gambara (wie Waluburg) mit den weisen Orakelfrauen der Antike vergleichen, der Pythia und der Sibylle, „begeisterte Frauen, welche nach der Meinung der Griechen und Römer den Rathschluss der Götter offenbarten. Man hielt sie für gottgeweihte Jungfrauen, und nicht selten errichtete man ihnen Altäre".[289] Tatsächlich gibt es „direkte Linien" von der sibyllischen Seherkunst zum „Schamanismus".[290]

Walpurgisnacht und Hexensabbat

Bemerkenswert ist freilich, dass der Name „Waluburg" so stark erinnert an das berühmt-berüchtigte Hauptfest der Hexen auf dem Blocksberg in der Nacht zum 1. Mai, die „Walpurgisnacht".[291] Handelt es sich hierbei um Zufall? Oder einen Wink mit dem Zaunpfahl? Breits die Romantiker hatten erkannt, „dass die Grundlagen des Hexenwesens wirklich aus dem germanischen Altertum stammen" und „auf das einst edlere und reinere Amt der Weissagung" zurückgehen, „namentlich ist das Beschwören, Besingen, Besprechen, Berufen und Segnen der Hexen schon den weisen Frauen eigen gewesen".[292] Vor allem die Gebrüder Grimm sind hier hervorzuheben, die den vermeintlichen Hexensabbat auf ein heidnisches Frühlingsfest zu Ehren der Göttin „Holda" bzw. „Freyja" zurückführten: „Die hexen gehören zum gefolge ehemaliger göttinnen".[293] Ihnen folgten zahlreiche romantische Volkskundler des 19. Jahrhunderts, die in der Walpurgisnacht die allfrühjährliche Vermählung von Freyja und Odin erkannten:

---

289 Vollmer, Willhelm: *Lexikon der Mythologie*, S. 411.

290 *Lexikon der Religionen*, S. 490f. und 516.

291 Schon der Entdecker dieser Tonscherbe, Willhelm Schubart, brachte Anfang des 20. Jahrhunderts Waluburg in Verbindung mit Walpurga und der Walpurgisnacht. Schubart, Willhelm: *Ägyptische Abteilung* (Papyrussammlungen), S. 330.

292 Götzinger, Ernst: *Reallexikon der deutschen Altertümer*, S. 408.

293 Grimm, Jacob: *Deutsche Mythologie*, Bd. II, S. 881.

> Wenn der liebende Wuotan im Frühlingsbeginn seine Vermählung mit der Himmelsherrin (Freyja, Frouwa) feiert, so trägt er den althochdeutschen Beinamen des Liebesgottes Wunscio, nordisch Oski, und ist begleitet von einem Liebesheer von Brautjungfern, welche die schwanenweißen Wünschelfrauen, Schwanenjungfrauen sind, nordisch ôskmeyar, Wunschmädchen.[294]

Aber erst im 20. Jahrhundert erkannte man im Kultus der Walpurgisnacht das ekstatische Element und verglich die deutschen Hexen und Teufel mit Schamanen: „Die Tracht der eurasischen Schamanen, ihre Hörner, phantastischen Ledergewänder, Trommeln mit Zauberzeichen usw. lassen uns vielerlei in unserem heimischen Hexenwesen begreifen".[295] Der italienische Historiker Carlo Ginzburg schrieb schließlich ein ganzes Buch über die schamanischen Elemente dieser heidnischen Walpurgisnächte, *Hexensabbat* (1989), und rekonstruierte daraus eine Art europäischen Schamanismus, der von der christlichen Kirche verteufelt wurde.

Eliade weist darauf hin, dass im Schamanismus nicht nur der Weltenbaum verehrt wird, sondern auch der Weltenberg: „Ein anderes mythisches Bild dieses ‚Zentrums der Welt', welches die Verbindung zwischen Himmel und Erde ermöglicht, ist das Bild vom Kosmischen Berg".[296] Dieses mythische Bild des Weltenberges findet sein materielles Äquivalent freilich in zahllosen heiligen Hügeln und göttlichen Gebirgen dieser Welt: Von den nepalesischen Schamanen beispielsweise ist bekannt, dass sie einmal im Jahr auf den heiligen Berg Kalinchok pilgern, um dort im Silberschein des Vollmondes ein hehres Fest zu Ehren des Hindugottes Shiva zu feiern. Die altgriechischen Ekstatiker – die rasenden Mänaden und Satyrn – bestiegen den Parnassós, um dem wilden Gott Dionysos zu huldigen (unterhalb des Berges, unweit des Orakels von Delphi, gibt es einen „Fels der Sibylle"). Die Itako, blinde Schamaninnen aus

[294] Rochholz, E. L.: *Die Christianisierung der heidnischen Bräuche und Gottheiten*, S. 77.

[295] Golowin, Sergius: *Das Reich des Schamanen*, S. 77.

[296] Eliade, Mircea: *Schamanismus und archaische Ekstasetechnik*, S. 255.

Japan, treffen sich auf dem Geisterberg Osore-zan. Eliade nennt Götterberge der Mongolen und Kalmücken, Tataren und Jakuten, aber auch den mythischen „Himingbjörg bei den alten Germanen".[297] Nicht unwahrscheinlich, dass auch der Brocken im Harz, der sogenannte Blocksberg, ein solcher Kultberg der Germanen war, zu dem die Hexen und Schamanen flogen, um ihre naturmagischen Riten zu begehen.

Die Vorstellung, dass Hexen fliegen können, ist kein Aberglaube oder Hirngespinst: Vielmehr ist der Hexenflug eine schamanische Praxis par excellence.[298] Weltweit berichteten und berichten die Schamanen, dass sie während der Séance aus ihrem Körper ausfahren und durch die verschiedenen Bereiche des Kosmos fliegen, meist in der Gestalt des Tieres, dessen Fell und Federschmuck sie an ihrem Körper tragen. Auch beim Hexenflug handelt es sich mitnichten um einen physischen, sondern einen psychischen Flug, einen Flug der Seele. Der Hexenbesen, auf dem die Hexe mutmaßlich zum Blocksberg reitet, ist in Wirklichkeit der Zauberstab der Seherin: „Weit bin ich auf meinem Stab heute Nacht geritten, und ich weiß nun Dinge, die ich zuvor nicht wusste" (Fóstbrœðra saga 9). Erst in christlicher Zeit wurde der Hexenflug als eine Täuschung durch den Teufel dargestellt:

> Zur Zeit des Heidentums waren es Königinnen und edle Frauen, von welchen man sagte, daß sie in den Lüften zu fliegen verstünden, und diese Zauberkunst, die damals für etwas Ehrenwertes galt, wurde später, in christlicher Zeit, als eine Abscheulichkeit des Hexenwesens dargestellt. Der Volksglaube von den Luftfahrten der Hexen ist eine Travestie alter germanischer Traditionen und

---

[297] Ebd., S. 256. Himingbjörg heißt wörtlich „Himmelsburg" und bezeichnet den heiligen Berg Heimdalls, der sich am Ende der Regenbogenbrücke Bifröst befindet.

[298] Schon Eliade verglich die „Flugkraft der Schamanen und Hexer" miteinander: „Sibirische, nordamerikanische und Eskimoschamanen fliegen. Auf der ganzen Erde schreibt man den Zauberern und *medicine-man* dieselbe magische Fähigkeit zu". Eliade, Mircea: *Schamanismus und archaische Ekstasetechnik*, S. 144 bzw. 441.

> verdankt seine Entstehung keineswegs dem Christentum, wie man aus einer Bibelstelle, wo Satan unseren Heiland durch die Lüfte führt, irrtümlich vermutet hat.[299]

Das neuhochdeutsche Wort „Hexe“ geht zurück auf ahd. *hagazussa* und heißt so viel wie „Zaunreiterin“. Die Hexe ist diejenige, „die auf dem Zaun reitet“ bzw. „die den Zaun überschreitet“. Der genaue Sinnzusammenhang des Wortes erschließt sich vor dem Hintergrund der Lebensumstände der antiken Mittel- und Nordeuropäer: Bekanntermaßen lebten die Germanen in winzigen Dörfern inmitten undurchdringlicher Urwälder. Um das Dorf von dieser unwirtlichen Umwelt abzugrenzen und zu schützen, zum Beispiel vor wilden Tieren oder Thursen, zogen die Germanen um die Dörfer einen Zaun, den hag („Hecke“). Dieser Zaun markierte fortan die Grenze zwischen der bekannten und der unbekannten Welt, zwischen Kultur und Natur, Zivilisation und Wildnis. Die Hexe aber, „die auf dem Hag, der Hecke, dem Zaun saß, der hinter den Gärten verlief und das Dorf von der Wildnis abgrenzte“, heißt es beim Ethnologen Duerr, war „ein Wesen, das an beiden Bereichen teilhatte“.[300] Wohlgemerkt ist damit nicht allein der materielle Zaun zwischen Dorf und Wald gemeint, sondern auch die immaterielle Hemmschwelle zwischen diesen beiden Wirklichkeitsbereichen: Der Hag ist gleichsam auch im Kopf, er markiert die Grenze zwischen der rationalen und der irrationalen Wirklichkeit, und die „Zaunreiterin“ ist diejenige, die zwischen der profanen Wirklichkeit und der metaphysischen Anderswelt hin- und herpendelt. Kaum ein Wort scheint besser geeignet, um die schamanische Ekstase zu chiffrieren.

Wie ihre altnordischen Schwestern standen auch die Hexen im Gefolge Freyjas, der Göttin der Magie und der Liebeskunst: „Der Wetter- und Liebeszauber der Hexen erinnert an Freya; ebenso die Verwandlung der Hexen in Katzen, welche derselben Göttin

---

[299] Heine, Heinrich: *Elementargeister*, S. 30.

[300] Duerr, Hans Peter: *Traumzeit*, S. 81.

geheiligt waren".[301] Die Hexen beherrschten nicht nur den Schadenzauber (zum Beispiel den „Hexenschuss") und den Wetterzauber (zum Beispiel den „Regentanz"), sondern auch den Liebeszauber (zum Beispiel „Liebesrunen" oder „Liebestränke"). Gerade während der Walpurgisnacht kam auch die sexuelle Dimension des Seiðr stark zum Vorschein: Die Hexen salbten sich mit Bilsenkraut, das „stark erotische Träume und Empfindungen des Fliegens" hervorruft.[302] Sie klemmten sich die Zauberstäbe zwischen ihre Beine und ritten auf den Blocksberg, um mit dem Urian auf dem Altar Analverkehr zu treiben.[303] Solche „Schamlosigkeit" und „Perversität" (altnord. *ergi*) war ein fester Bestandteil des Seiðr und steigerte die magischen Kräfte der Schamaninnen.[304]

> Zum anderen gehören hier die Warnungen vor dem Geschlechtsverkehr mit Zauberinnen. Dieser ist nicht nur wegen derer allgemeinen Zauberfähigkeit so gefährlich – für die Vernichtung eines Menschen wären sie ja nicht auf den Verkehr mit ihm angewiesen –, sondern auch, weil solche Frauen die Technik der zum seidr gehörenden ergi beherrschen, die zum einen sie – zumal beim Verkehr – in größere Ekstase versetzen und damit noch gefährlicher machen, zum anderen auch den Mann seiner Sinne berauben kann.[305]

---

[301] Götzinger, Ernst: *Reallexikon der deutschen Altertümer*, S. 408.

[302] Lehmann, Alfred: *Aberglaube und Zauberei*, S. 682.

[303] Vgl. Duerr, Hans Peter: *Traumzeit*, S. 84: „Zur selben Zeit wird südlich der Pyrenäen vom Teufel erzählt, daß er auf dem Sabbat die Hexe ‚con su mano yzquierda (a la vista todos) la tendia en el suelo boca abaxo, o la arrimaba contra un Arbol, y alla la conocia someticamente', das heißt, er habe die Hexe anal beschlafen, für gewöhnlich jedoch von beiden Seiten". Mögliche Übersetzung: „Mit seiner linken Hand (für alle sichtbar) legte er sie mit dem Gesicht nach unten auf den Boden oder lehnte sie an einen Baum, und dort erkannte er sie unterwürfig".

[304] Buchholz, Peter: *Schamanistische Züge in der altisländischen Überlieferung*, S. 43ff.

[305] Ebd., S. 45.

In der nordischen Überlieferung heißt es, dass eine Völva Ostacia allerlei Tiere beschwört und dienstbar macht: Löwen, Bären und Drachen – sie selbst verwandelt sich in einen Flugdrachen (Thidreks Saga). Auch die Hexen wurden später noch als „Drachenweiber“ bezeichnet.[306] Vergleichbare Vorstellungen von Hilfsgeistern in Drachengestalt, die sich mit Menschen zum Zwecke der Heilung verbinden, findet sich im ostsibirischen Schamanentum.[307] Klassischerweise sind die Krafttiere der Hexen Flugtiere, zum Beispiel Fliegen oder Schmetterlinge, vor allem aber Vögel (Falken, Eulen, Raben, Gänse): „Einen Zauber sprechen“ heißt ahd. *bigalan*, wobei sich germ. **-gal* explizit auf den Vogelgesang bezieht. Dasselbe Wort steckt noch in „Nachti-gall“ (Nachtsänger), ein Vogel, der seit alters her mit der Göttin Freyja assoziiert wird. In alten Volkliedern erscheint „Frau Nachtigall“ immer noch als „Botin der Liebe und als Mahnerin, in anderen wird sie wegen ihres verführerischen, leidenschaftlich aufregenden Gesanges angeklagt“.[308] Weitere Tiere, die den Hexen zum Flug dienen, sind Wölfe oder Hunde, Böcke oder Schweine.

[306] Zum Beispiel in Goethes Ballade *Die Erste Walpurgisnacht* (1799).

[307] Vgl. Bulgakova, Tatjana D.: *Das schamanische Heilungsritual der Nanaj*, S. 128.

[308] *Handwörterbuch des deutschen Aberglaubens*, Bd. 6, S. 803. Auch in der *Hexenküche* von Goethes *Faust I* erscheint die Nachtigall als Liebesbote.

Tierverwandlungen

Das Geheimnis der Tiermenschen

In seiner *Germania* schreibt Tacitus, dass einige der Nordvölker „Antlitz und Mienen von Menschen, jedoch Rumpf und Glieder von Tieren haben“ (Germania 46). Was könnte es mit dieser Überlieferung auf sich haben, dass der hochgelehrte Autor allen Ernstes von lebendigen Mischwesen aus Tier und Mensch fabuliert? Es könnte sich um den ersten ethnologischen Bericht über den Schamanismus bei den Germanen handeln.

Die Fauna spielt eine fundamentale Rolle im Schamanismus. Dass schon die ersten Schamanen überhaupt, die Zauberer der Altsteinzeit, existenziell mit ihrer tierischen Umwelt verbunden waren, belegen eindrucksvoll die weltberühmten Höhlenmalereien aus dem vorzeitlichen Europa. Die rund 35.000 Jahre alten Malereien an den Höhlenwänden der Grotte Chauvet (Frankreich) bilden in über 400 Tierdarstellungen etwa Auerochsen, Vögel, Wildpferde und Wollnashörner, Rentiere und Hirsche, Höhlenlöwen und Höhlenbären ab. In der Höhle von Lascaux (Frankreich) ist neben den bekannten Tieren auch ein mysteriöses „Einhorn“ abgebildet, außerdem der bereits benannte Mensch mit Vogelmaske, jener fliegende Schamane.

Um das Überleben des Stammes zu sichern, um den Jagderfolg zu garantieren, musste der Schamane in Kontakt treten mit dem „Herrn der Tiere“.[309] Der Herr der Tiere ist der Vater aller Tiere, das Urbild aller Tiere, das Ur-Tier, von dem alle anderen Tiere abstammen.[310] Freilich gab es auch „Herrinnen der Tiere“.[311] Der Herr bzw. die Herrin der Tiere ist ein mächtiges Geistwesen, das

---

[309] Vgl. Müller, Klaus E.: *Schamanismus*, S. 17f. und 40ff.

[310] Vgl. auch den anthroposophischen „Gruppengeist“.

[311] Nicht zu verwechseln mit den individuellen „Tiermüttern“ der Schamanen (v. a. in Sibirien), die sich eher als „Hilfsgeister“ bezeichnen lassen: „Jeder Schamane muß eine Tier-Mutter oder Ursprungstier haben. Es wird meist in Gestalt eines Elches, seltener eines Bären vorgestellt“. *Schamanengeschichten aus Sibirien*, S. 163.

Herrscher und Richter über alle Tiere ist. In zähen Verhandlungen musste der Schamane diesen verehrten Tiergott davon überzeugen, einige seiner Kinder für das Wohlergehen der Menschen zu opfern. Der Schamane musste feilschen und verhandeln, Opfergaben und Gesänge darbringen, auf dass den Jägern bei der nächsten Jagd ein Wildschwein, Wisent oder Wollhaarmammut vor den Wurfspeer läuft. Beging er dabei einen Fehler oder wurde gegen Jagdvorschriften verstoßen, „griffen die Herrengeister strafend ein und entzogen den Menschen das Wild oder schlugen sie mit Jagdunfällen, Krankheiten und anderem Ungemacht".[312]

Der Herr der Tiere ist eine mystische Vision, die der Schamane wahrnimmt, wenn er tief im Bauch der Mutter Erde, in der unterirdischen Ritualhöhle, im Schattenspiel des Feuerscheins, unter Knochenflötenklängen, seine Trommel schlägt und in die Trance eintritt. Alles, was der Schamane dabei als Kleidung an seinem Körper trägt, ist Tierfell. Nicht aus klimatischen, diätetischen oder modischen Gründen, sondern aus rituellen. Er trägt das Fell des Tieres, das es zu erlegen gilt oder das den Herrn der Tiere darstellt. Oder er trägt den Pelz des Raubtieres, dessen Eigenschaften sich auf den Schamanen und die Jäger übertragen sollen. Dann steht der Schamane da als Hirschmann, Werwolf oder Löwenmensch. Das ist das Geheimnis der Tiermenschen: „Mit entsprechenden Masken wirkten die Menschen im Halbdunkel wie aus Träumen und Märchen hervorgetreten".[313]

> Wie wir wissen, hat der Schamane entscheidenden Anteil an Wildreichtum und Jagdglück (metereologische Vorausschau, Beeinflussung des Wetters, mystische Reise zur Großen Mutter der wilden Tiere usw.). Aber man darf nicht vergessen, daß die Beziehung des Schamanen (wie überhaupt des primitiven Menschen) zu den Tieren geistiger Ordnung sind und von einer mystischen Intensität, die wir in unserer modernen, säkularisierten Mentalität uns schwer

[312] Müller, Klaus E.: *Schamanismus*, S. 18.

[313] Golowin, Sergius: *Das Geheimnis der Tiermenschen*, S. 72.

> vorstellen können. Das Fell eines erlegten Tieres anziehen bedeutete für den primitiven Menschen dieses Tier zu werden, sich in ein Tier verwandelt zu fühlen.[314]

Die Jäger und Sammler der Steinzeit gingen davon aus, dass Mensch und Tier gemeinsamen Ursprunges und also miteinander verwandt sind („Totemismus"). Jeder Mensch sei mit einem ganz speziellen Tier seelenmäßig-schicksalhaft verbunden, das ihn von der Geburt bis in den Tod hinein begleitet, dem sogenannten „Krafttier" oder „Schutzgeist".[315] Der Schamane war derjenige, der auf Grund gewisser Trancetechniken diesen Tiergeist bewusst herbeirufen und um Rat fragen konnte. Der Geist in Tiergestalt war sein persönlicher Verbündeter und wahrer Meister, eigentlich sogar sein *alter ego*. Denn: „Das Verhältnis zwischen Schamane und Schutzgeist war in der Tat so eng, daß es gelegentlich geradezu Doppelgängercharakter besaß" und die Schamanen instand setzte, „sich wie diese *in Tiere zu verwandeln* – freilich im Jenseits während ihrer dortigen Aufenthalte und entsprechend den Aufgaben, die sich ihnen stellten".[316] Im Diesseits aber erschien den Teilnehmern des Höhlenrituals ein mit Fell, Federn und Gehörn verkleideter Ekstatiker, der wie ein wilder Vogel seine Arme schwingt und markerschütternd brüllt wie ein Löwe oder Höhlenbär.

Solche Mischwesen aus Mensch und Tier finden sich verewigt als fein gefertigte Skulpturen und Gemälde an den steinzeitlichen Höhlenwänden. Aber noch in der antiken Mythologie lebt das Erbe dieser animalischen Ekstasetechnik fort, man denke an die griechischen, römischen und keltischen „Herren der Tiere" (Pan, Faunus, Cernunnos). Viele der antiken Rituale beziehen sich auf Tiere und spielen mit der Tierverkleidung: Beizeiten zogen sich die

314 Eliade, Mircea: *Schamanismus und archaische Ekstasetechnik*, S. 428.

315 Natürlich hat und hatte jedes Schamanenvolk eine eigene Bezeichnung für diese Geistwesen, in Mittelamerika zum Beispiel *nagual*, ein Indianerwort, das explizit auf die „Verkleidung" bzw. „Maske" des Schamanen anspielt (aztekisch *naualli*).

316 Müller, Klaus E.: *Schamanismus*, S. 45 und 60.

alten Griechen Bocksfell über, um ein manisches Satyrspiel auf die Waldbühne zu bringen; Dionysos trat auf in Stiergestalt oder als Raubkatze. Die Römer verkleideten sich zum Fest der Lypercalien als Wölfe; zumal ein Werwolf, Romulus, einstmals die Stadt gegründet hat. Und auf dem keltischen Kessel von Gundestrup ist ein von wilden Tieren umgebener Mensch mit Hirschgeweih und Schlange in der Hand abgebildet; auch Merlin soll in der Gestalt des Hirsches durch die Wälder gezogen sein. Dies sind gewiss Relikte jenes Steinzeit-Schamanismus.

Dass auch die Germanen solche Tierverwandlungen kannten, belegen nicht zuletzt die beiden Goldhörner von Gallehus (4. Jhd.), die Menschen mit Stirnhornhelmen darstellen, eine „kultische Maskierung, die ihrem Träger Kraft und Wesen des Stiers verleihen sollte und eben auf einen älteren, aus dem lebendigen Kult schon jener Zeit verdrängten Stiergott weist“.[317] Vergleichbare Verwandlungen von Menschen in Stiere sind auch in den neuzeitlichen Schamanengeschichten aus Sibirien überliefert: „Ich entsinne mich, in alter Zeit brüllten die Schamanen während der Seance wie Stiere. Es wuchsen ihnen reine, durchsichtige Hörner auf dem Kopf“.[318]

Die Germanen leiteten den Ursprung ihrer individuellen und kulturellen Existenz von Tieren her. Tiere galten den Germanen als Ahnen und Verwandte. Sie waren für die Germanen identitätsstiftend. Dies wird schon daran ersichtlich, dass sich viele Stammesnamen von Tieren herleiten: Die Cherusker etwa sind die „Hirsche“ (germ. **herut*). Aber auch die altgermanischen Individualnamen deuten vielfach auf Tiere: Wolfgang, Arno, Eberhard und Falk, um nur wenige Beispiele zu nennen. Bei den Germanen wurde der individuelle Schutzgeist eines Menschen „Fylgja“ genannt, das heißt so viel wie „Folgeseele“ (altnord. *fylgjur*).

> Fylgja bedeutet Folgerin; gemeint ist ein jedem Menschen beiwohnendes geisterhaftes Wesen, die Seele, welche zuweilen sichtbar

[317] Krause, Wolfgang: *Schriften zur Runologie und Sprachwissenschaft*, S. 236.

[318] *Schamanengeschichten aus Sibirien*, S. 160.

> wird. Die Fylgja zeigt sich ihrem Besitzer und anderen Menschen meistens vor wichtigen Ereignissen, namentlich vor dem Tode. Sie erscheint in der vollen eignen Gestalt ihres Inhabers als Doppelgänger, zweites Gesicht, oder in beliebiger Tiergestalt. Die Fylgja offenbart sich gern im Traum, geistersichtige Leute vermögen sie aber auch im Wachen zu sehen.[319]

Die Fylgjen begleiten einen Menschen ein Leben lang, sind jedoch vom Körper losgelöst und können nach dem Tode auf andere Personen (meist Familienmitglieder) übergehen. Weil die Fylgjen nicht nur im Traum und in der Trance, sondern ganz besonders vor dem Tod erscheinen, wurden sie häufig mit den Walküren assoziiert. Fylgjen erscheinen auch als Jungfrauen, zumeist jedoch „in gestalt eines thiers, das zur sinnesart des menschen stimmt, dem sie angehört".[320]

Krafttiere der Germanen

In der Mythologie und Religion der Germanen spielten Tiere eine herausragende Rolle. Paradigmatisch ist der einzigartige „germanische Tierstil". Dies ist die archäologische Bezeichnung für die kunstvolle (abstrakte) Darstellung von in sich verschlungenen Tieren, wie sie für das mittel- und nordeuropäische Frühmittelalter bestens bezeugt ist. Typisch sind in sich geschlossene Drachen- und Schlangenwesen oder an den Gliedmaßen miteinander verwachsene Säugetiere in Stein oder Metall. Es gab aber auch konkrete künstlerische und kultische Darstellungen von Tieren, Pferden und Böcken, Wölfen und Hunden, Ebern und Vögeln. Man ist sich einig, dass viele dieser Formen und Figuren eine religiöse Bedeutung besaßen: „Häufig standen Tiere im Zusammenhang mit einem bestimmten Gott, etwa der Eber mit Freyr".[321]

Dass Tiere im magischen Denken der Germanen von besonderer Bedeutung waren, bezeugt die Existenz der ᚠ-Rune („Vieh")

[319] Golther, Walter: *Handbuch der germanischen Mythologie*, S. 133.

[320] Grimm, Jacob: *Deutsche Mythologie*, Bd. II, S. 730.

[321] Krause, Arnulf: *Die Geschichte der Germanen*, S. 152.

und der ᚢ-Rune („Auerochse") – das sind die ersten Buchstaben des germanischen Futharks – sowie der ᛉ-Rune („Elch") und der ᛗ-Rune („Pferd"). Tatsächlich gaben sich die Runenmeister selbst Tiernamen und benannten sich vielfach nach ihren „Krafttieren". Viele dieser Namen stehen in Verbindung zu Vögeln: Adler, Rabe, Falke, Eule, Kuckuck, Habicht usw.[322] Vögel spielten im germanischen Schamanentum anscheinend eine große Rolle, man denke an Odins Adlergewand oder Freyjas Falkenkleid. Solche Vogelgötter oder Vogelmenschen finden sich schon in der Steinzeit, aber auch bei so ziemlich allen neuzeitlichen Naturvölkern, die den Schamanismus praktizieren.[323] Ein germanisches Runenamulett aus dem dänischen Fünen bildet einen Runenmeister ab, der gerade seinen vogelgestaltigen Schutzgeist herbeiruft, indem er dessen Vogelgesang lautmalerisch imitiert: „aaduaaaliiu". Wie ein Schamane, der sein Krafttier ruft. Totemistische Interaktionen und Identifikationen dieser Art sind für schamanische Traditionen typisch, aber auch für die germanischen Runenmeister mannigfach bezeugt.

In germanischer Zeit besaß auch der Eber eine schamanische Symbolik, „wie sie im Glauben an die Abstammung vom Tier, in Tierverwandlungen, Tiernamen und tierischen Kultemblemen bezeugt"[324] ist. Ein solches Kultemblem war womöglich die ᛜ-Rune: Der rekonstruierte Runenname **ingwaz* verweist auf Yngvi, einen Beinamen des Germanengottes Freyr, dessen Krafttier der goldene Eber Gullinborsti ist. Womöglich waren die altnordischen Schamanen mithilfe dieser Rune dazu in der Lage, sich in wilde Schweine zu verwandeln und so als Teil der wilden Jagd umherzuziehen.[325] „Eberhard" ist ein alter germanischer Männername und bedeutet „stark wie ein Eber" bzw. „dessen Krafttier der Eber ist". Aber auch

[322] Vgl. Düwel, Klaus: *Zu den theriophoren Runenmeisternamen* (1984).

[323] Vgl. Eliade, Mircea: *Schamanismus und archaische Ekstasetechnik*, S. 157ff.

[324] Beck, Heinrich: *Das Ebersignum im Germanischen*, S. 1.

[325] Auf Helmplatten aus dem schwedischen Torslunda (6. Jhd.) sind solche tanzenden Tierkrieger dargestellt, die Schweinehelme tragen. Vgl. auch das *Beowulf*-Epos: „Helm […] Mit Eberbildern besetzt" (V.1448-1453).

die germanischen Frauen waren mit Wildschweinen verbunden; man denke an die Hexen, die auf Schweinen zur Walpurgisnacht fliegen.[326] Der Eber ist das heilige Tier der germanischen Seiðkona Freyja: Hildisvini „heißt der Eber, auf dem Freyja reitet, und der eigentlich der in ein Tier verwandelte Óttar ist".[327]

Jede germanische Gottheit besitzt mindestens ein Krafttier, das sie begleitet und ihr beratend zur Seite steht, einen schamanischen Hilfsgeist. Bei Donar sind es zwei Böcke. Bei Freyja Eber, Falke, Storch und Katze. Bei Hel ist es der Höllenhund. Frau Holle ist nicht nur mit der Eule (*striga holda*), der Gans (*mother goose*) und dem Hasen („Hasenzähne") assoziiert, sondern auch mit der Kuh, die auf der *grôni godes wang* weidet und gemolken werden will.[328] Nicht selten erscheinen Gott und Tier in Personalunion: Loki erscheint als Fliege, Floh und Falke, die Walküren werden als Schwanenjungfrauen beschrieben, Odin verwandelt sich in einen Adler. Offenbar handelt es sich bei derartigen Geschichten um mythische Modelldarstellungen der ekstatischen Tierverwandlung, bei der sich der Schamane in die Haut des Tieres hüllt, um dessen Eigenschaften auf sich zu übertragen.

Seiner Rolle als Schamanengott entsprechend, führt der Hauptgott Odin-Wotan gleich eine ganze Heerschar wilder Tiere mit sich: Tierischer Lärm ertönt, wenn er auf dem achtbeinigen Trommelpferd Sleipnir durch die neun Welten reitet, Pferdegewieher und Hundegebell, Vogelgeschrei und Schweinegekreische. Einige dieser Tiere werden in der mythologischen Überlieferung namentlich genannt: Zwei kluge Raben, Hugin und Munin, umkreisen Odins Haupt und raunen ihm geheime Dinge in die Ohren. Zwei gefräßige Wölfe, Geri und Freki, sind Odins ständige Begleiter und liegen dem Gott zu Füßen, wenn er in Walhall thront. Dort lebt die

---

326 Vgl. auch „Saubohne" für „Bilsenkraut".

327 Simek, Rudolf: *Lexikon der germanischen Mythologie*, S. 190.

328 Das ist wohl die Urkuh Audhumbla („die Milchreiche"). Bei Frau Holle scheint es sich um eine „Herrin der Tiere" zu handeln. Sie ist nicht nur die Mutter der Götter und der Erde („Erce, Erce, Erce"), sondern auch die Mutter der Schamanen.

Ziege Heidrún, aus deren Euter goldener Met fließt, jener Met, den Odin in der Gestalt des Adlers einst erbeutet hat. Dieser Mythos von Odins Raub des Dichtermets ist übrigens nicht nur literarisch, sondern auch auf einem Bildstein (Hammars III) auf der Ostsee-Insel Gotland (Schweden) verewigt: Dargestellt wird eine Figur (Odin), die ein Adlerhemd trägt, wie man sie auch aus dem Schamanismus kennt: „Adlerverwandlung und Adlerverkleidung" bezeichnen das „schamanische Wesen Odins".[329]

> Es ist offensichtlich, daß mit all diesem Schmuck die Schamanentracht darauf abzielt, dem Schamanen einen neuen, magischen Körper in Tiergestalt zu verschaffen. Die drei Haupttypen sind dabei Vogel-, Rentier- (Hirsch-) und Bärengestalt, vor allem aber Vogelgestalt. [...] Vogelfedern erscheinen fast in allen Beschreibungen von Schamanenkostümen, sogar die Struktur der Kostüme versucht möglichst getreu die Gestalt eines Vogels nachzuahmen. [...] Besonders tritt das Streben nach Adlergestalt hervor. [...] Erinnern wir uns, daß der Adler als Vater des ersten Schamanen gilt, eine bedeutende Rolle bei der Initiation des Schamanen spielt und schließlich im Mittelpunkt eines mythischen Komplexes steht, der den Weltenbaum und die ekstatische Reise des Schamanen mitumfaßt. Ebenso ist nicht zu vergessen, daß der Adler in gewisser Weise das höchste Wesen repräsentiert, wenn auch stark solarisiert. All diese Elemente wirken, scheint uns, zusammen, die religiöse Bedeutung der Schamanentracht sehr genau zu umschreiben: Diese Tracht anlegen heißt den mystischen Zustand wiedergewinnen, der in den langen Initiationserlebnissen und -zeremonien geoffenbart und befestigt worden ist.[330]

Nicht unwahrscheinlich, dass auch die germanischen Runenmeister, die sich im Rahmen ihrer schamanischen Baumbesteigung mit dem Adlergott Odin verbanden, bei der Ausübung ihrer Riten

[329] Vgl. Kirchner, Horst: *Odin im Adlergewand*, S. 47.

[330] Eliade, Mircea: *Schamanismus und archaische Ekstasetechnik*, S. 157f.

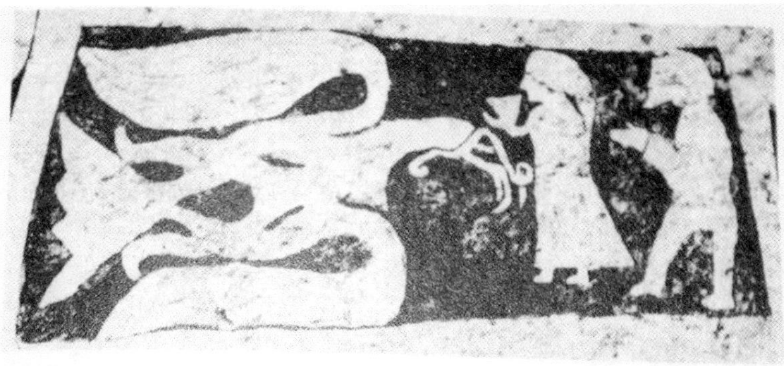

Detail aus dem rekonstruierten Bildstein Hammars III: Odin im Adlergewand (man beachte den Bart des Adlers), daneben Gunnlöd (den Dichtermet haltend) und Suttungr. Dass dasselbe Motiv Jahrhunderte später in der Edda auftaucht, spricht für die lange Überlieferung germanischer Mythen.

Adlerhemden trugen (altnord. *arnharhamr*). Darauf deutet jedenfalls die urnordische Bezeichnung „erilaR" für „Runenmeister". Zwar weiß man nicht so ganz genau, was dieser Begriff eigentlich bedeutet.[331] Womöglich hängt er jedoch mit dem altnordischen Wort *ari* zusammen und bedeutet „Adler, großer Vogel".[332] Demnach würde der Name erilaR nicht nur auf den Titel, sondern auch das Totem seines Trägers verweisen, vergleichbar etwa mit der altnordischen Bezeichnung *Jǫfurr* für „Fürst, Häuptling" (Titel) einerseits und „Eber" (Totem) andererseits. Wahrscheinlich waren die germanischen Runenmeister, die sich mit einer solchen

[331] Vgl. Düwel, Klaus: *Runenkunde*, S. 12: „Ob *erilaR* mit dem Volksnamen der (H) eruler (urgerm. **erulaz*) zu verknüpfen sei, ist umstritten. In *erilaR* liegt kein Stammesname, sondern eine Standesbezeichnung oder ein Titel vor. Es bezeichnet einen vornehmen Mann, der die Runenkunst beherrscht (Runenmeister) und der priesterliche Funktionen ausüben mag. In späterer Zeit kann daraus ein weltliches Amt entstanden sein, der Bedeutung von an. *jarl* entsprechend. Nur stehen lautliche Schwierigkeiten einem Übergang *erilaR* > *jarl* entgegen".

[332] Vgl. Orel, Vladimir: *A Handbook of Germanic Etymology*, S. 85.

Federtracht maskierten, dazu in der Lage, sich in Adler zu verwandeln, zu fliegen und zu zaubern. Gestützt wird diese These nicht zuletzt durch das altnordische *Helgilied*, in dem sich nämlich ein gewisser Jarl Franmar in einen sprechenden Adler verwandelt, ausfliegt und zaubert, während sein Körper aber in einer Hütte sitzt und schläft, und zwar im Adlergewand (Helgakvidha Hjörvardhssonar I).

Die Wilde Jagd

> Die durch ganz Deutschland verbreitete Sage von einem nächtlichen Geisterzug, der mit furchtbarem Getöse, besonders Jagdlärm, durch die Lüfte fährt, und aus männlichen und weiblichen Gestalten, auch Kindern, sammt Rossen und Hunden, besteht, ist uralt und hängt mit dem deutschen Heidenthum auf's Engste zusammen, wie denn gleich der Name Wuethendes Heer, süddeutsch Muotes Heer, ursprünglich nichts anderes besagt, als Wodans Heer.[333]

Die Wilde Jagd (auch Wildes Heer, Wütendes Heer, Wuotesheer) erscheint zur Zeit der Wintersonnenwende, wenn Schnee das Land bedeckt oder schwere Nebelschwaden durch die dunklen Wälder ziehen. Die Wilde Jagd treibt ihr Unwesen in den dunkelsten und kürzesten Tagen des Jahres, zur Zeit der Zwölften, der zwölf Rau(c)hnächte zwischen Wintersonnenwende und Epiphanias, wenn Sonnen- und Mondkalender sich angleichen und die Zeit stillsteht. In der Sage heißt es, dass zu dieser Zeit zwischen den Zeiten die Toten umgehen und die Ahnen den Tribut fordern; die Grenze zwischen Menschenwelt und Geisterwelt sei dieser Tage durchlässig. Traditionell wird in den Zwölften jede Nacht ein Weiheritual vollzogen und mit Waldweihrauch geräuchert, um mit dem wilden Totenheer „von drauß' vom Walde" in Kontakt zu treten – diese Nächte heißen daher „Weihnächte".[334]

---

[333] Vollmer, Wilhelm: *Lexikon der Mythologie*, S. 452f.

[334] Die weitverbreitete Vorstellung, dass das weihnächtliche „Räuchern" einzig

Die Wilde Jagd ist ein beliebtes Motiv in der Kunst, man denke etwa an das Gemälde *Åsgårdsreien* (Die Reiter von Asgard) von Peter Nicolai Arbo, 1872.

Solche Räucherungen zur Ehrung und Anrufung der Götter und Geister finden sich weltweit im Schamanismus, zum Beispiel in Sibirien im Rahmen von ekstatischen Fliegenpilzritualen.[335]

Dass Weihnachten ursprünglich – das heißt: vor der Christianisierung – ein schamanisches Ritual war, ist sehr wahrscheinlich, man denke an den langbärtigen Weihnachtsmann, der auf einem Rentierschlitten durch die Luft reitet: „Der magische Flug, die seltsamen Pilze, die Rentiere, der Ritt in fremde Welten und das Mitbringen von jenseitigen Gaben – all das haben Santa und Weihnachtsmann mit Schamanen gemein".[336] Womöglich handelt es sich bei dem wohlbekannten winterlichen Luftfahrer – dem Weihnachtsmann – um Wotan, der die Wilde Jagd anführt: „Ho! Ho!

der „Dämonenabwehr" diente, ist erst in christlicher Zeit entstanden; tatsächlich „legen viele Nachrichten davon Zeugnis ab, daß man den Besuch von Göttern, Toten erwünschte, das Haus dafür vorbereitete und Segen von dem nächtlichen Besuch erwartete". *Handwörterbuch des deutschen Aberglaubens*, Bd. 9, S. 874ff.

335 Rosenbohm, Alexandra: *Der Fliegenpilz in Sibirien*, S. 78.

336 Hauschild, Thomas: *Weihnachtsmann*, S. 312. Vgl. auch Renthergem, Tony van: *When Santa was a Shaman* (1995).

Ho!" ist ein alter Jagdruf des Germanengottes.[337] In Skandinavien wird Weihnachten noch heute „Jul" genannt und lässt sich daher mit dem Kultgott Odin in Verbindung bringen:

> Jólnir ist ein Beiname Odins, der auf seinen Bezug zum Julfest hinweist; es wäre denkbar, daß die Fruchtbarkeitsopfer des Mittwinterfestes auch Odin gegolten hatten, wahrscheinlicher ist aber, daß er als Totengott mit der mittwinterlichen Ahnenverehrung in Verbindung gebracht wurde; auch als Herr des Wilden Heers steht er in einer Beziehung zum Julfest. Da der etymologische Ursprung von Jul auf ein Zauberfest hindeuten könnte, wäre auch hier eine Verbindung zum Gott der Magie, Odin, denkbar.[338]

Die Vorstellung von der Wilden Jagd, die zur Weihnachtszeit durchs Dorf zieht, ist religionsgeschichtlich sehr alt. Ihr Ursprung liegt im Dunkeln. Ihr Sinngehalt wird kontrovers diskutiert. Weitverbreitet und durchaus plausibel ist die naturmythologische Deutung des Phänomens „Wilde Jagd" als Allegorie des Wintersturms, der lautstark heulend, in regenstarken Böen, gegen das Gehöft peitscht. Demnach erkannten die Germanen in dem Naturschauspiel das Wirken ihrer Götter und personifizierten es zur Wilden Jagd. Eine andere Interpretation der Wilden Jagd bzw. des Wütenden Heeres hat Otto Höfler (nach Vorarbeit von Weiser und Meuli) in seinem Buch *Kultische Geheimbünde der Germanen* (1934) vorgebracht. Höfler negierte die etablierte naturmythologische Deutung zu Gunsten einer ritualtheoretischen. Nicht Naturvorgänge seien es, die sich in den Sagen von der Wilden Jagd spiegeln, sondern archaische Verkleidungskulte und religiöse Ekstase. Keinesfalls handele es sich bei dem Wilden Heer der Toten und der Tiere um abstrakte, sondern um konkrete Wirklichkeit,

---

[337] Vgl. Grimm, Jacob: *Deutsche Mythologie*, Bd. II, S. 771ff. Es gab aber auch die Überlegung, ob es sich beim Weihnachtsmann um Donar handelt.

[338] Simek, Rudolf: *Lexikon der germanischen Mythologie*, S. 231.

nämlich einen rituellen Umzug fellverkleideter Menschen im Gefolge des Toten- und Ekstasegottes Odin. Diese Interpretation wurde von der nachfolgenden Forschung im Wesentlichen übernommen.[339]

Tatsächlich existiert die Wilde Jagd bis heute – als Brauchtumstradition in der realen Welt. In den Gemeinden um den Untersberg (Deutschland/Österreich) ist es Brauch, jedes Jahr zur Weihnachtszeit einen archaischen Verkleidungskult zu inszenieren, der von den Einheimischen „Wilde Gjoad" genannt wird. Der Fotograph Carsten Peter hat derartige Kulte in seinem Bildband *Alpendämonen* (2012) eindrucksvoll festgehalten:

> Ein Höhepunkt für die finsteren Gestalten sind die berüchtigten Rauhnächte, eine Art fünfte Jahreszeit, wenn das Mondjahr zu Ende ist, das Sonnenjahr aber noch weiterläuft. Für manche sind die langen Nächte die verlorenen oder gar die toten Nächte des Jahres, wenn der Winter die Landschaft in eisigem Griff hält. Mit allen Mitteln versucht man, den dunklen Mächten etwas entgegenzusetzen und die Heiligkeit, eine neue Fruchtbarkeit und damit das Leben zu beschwören.[340]

[339] „Höflers Annäherung an den Nationalsozialismus zerstörte seine Glaubwürdigkeit in der wissenschaftlichen Gemeinschaft, und zweifellos sind seine ‚Kultischen Geheimbünde' ein jugendliches, oft überschwängliches, weit ausgreifendes und oft frustrierendes Werk. Tatsächlich aber kamen Ethnologen wie namentlich der Schweizer Karl Meuli insgesamt zu denselben Ergebnissen hinsichtlich der Verbindung von Mythos und Brauchtum und verknüpften den heidnischen Totenkult mit den maskierten weihnachtlichen Umzügen, mit den Masken und Orgien des Karnevals. [...] Das Ergebnis zeigt, daß es unmöglich ist, weiterhin Höflers Funde zu verwerfen. Die gesamte Forschung hat sie nicht nur bestätigt, sondern dieselben Phänomene im ganzen indogermanischen Raum nachgewiesen, wo auch immer Informationen über Kulte und Mythen überliefert sind". Vgl. Kershaw, Kris: *Odin*, S. 36ff.

[340] Peter, Carsten: *Alpendämonen*, S. 10.

Der Geisterzug der „Wilden Gjoad“[341], der in den Rauhnächten von Hof zu Hof zieht, wird angeführt von einem düsteren Skelettmann, der wie in Trance mit einem Knochenschlägel auf die Trommel haut und explizit den Totenführer Wotan darstellt (in der germanischen Überlieferung werden die Einherjer und Harier, Totenheere, von Odin angeführt). Ihm folgt die (oder der) Vorpercht, eine wilde Holle mit Zottelhaar, Hörnermaske und riesigen Hauern, die sich auf einen Stab (Zauberstab) mit aufgestecktem Kopf (Mimir) stützt. Dann erreicht die Wilde Gjoad den Hof mit voller Wucht und führt im Schein der Feuerfackeln wilde Tänze auf, begleitet von Flötenmusik, Glockenklang und Tierlauten. Insgesamt besteht die Gesellschaft aus zwölf Gestalten, die die zwölf Rauhnächte symbolisieren (plus Fackelträger, Schwegler und Kraxenträger). Neben dem Totenführer, der Baumpercht, dem Moosfräulein, der Hexe, der Wildfrau und dem Riesen treten vor allem Tierfiguren auf: ein Braunbär mitsamt Bärentreiber (Berserker), der sogenannte Saurüssel (Freyr, Freyja), ein krächzender Rabe (Hugin, Munin), der sogenannte Hahnengickerl (Hönir) sowie ein gehörntes Pferdevogelziegenwesen auf vier Füßen (= zwei Menschen), die sogenannte Habergoaß (Julbock, Thor). Sofern der Bauer sich spendabel zeigt, werden Haus und Hof mit einem Zauberspruch gesegnet: „Glück hinein, Unglück heraus, es zieht die Wilde Gjoad ums Haus“. Dann reinigen die Hexen mit ihren Besen den Hof von negativen Einflüssen und kehren den Winter aus. Wenn der Hahnengickerl dreimal kräht, so heißt es, ist der Teufel ausgetrieben und die Wilde Gjoad kann weiterziehen.

Derartige Verkleidungskulte werden im gesamten Alpenraum bis heute praktiziert: Je nach Region gibt es den Perchtenlauf, das Krampuslaufen und das Klausentreiben, die Wudele- oder Buttmandeljagd. Einige der Bräuche zählen zum immateriellen UNESCO-Weltkulturerbe, zum Beispiel der Gasteiner Schönperchtenlauf. Die Maskierungen der Teilnehmer, meist in Vereinen organisierte junge Burschen, bestehen insbesondere aus Fell, Federn und Geweih,

[341] Vgl. ebd., S. 172ff. Vgl. auch Pohanka, Reinhard: *Tatzelwurm und Donauweibchen*, Kap. 10 und Zillinger, Karl: Salzburger Weihnacht, S. 43f.

aber auch aus Stroh, Moos und Tannenzweigen. Ihr Gesicht verbergen sie hinter einer animalischen Fratze. Unter Glockenlärm und Peitschenschlag ziehen diese wilden Burschen dann durchs Dorf und veranstalten einen Heidenlärm. Berühmt ist der im ganzen Alpenraum verbreitete Perchtenlauf, der traditionell zur Rauhnachtzeit stattfindet. Die Anführerin des Perchtenlaufes ist Perchta oder Bertha, das heißt „die Glänzende" (ahd. *peraht*: „hell, glänzend"). Hinter ihr verbirgt sich keine Geringere als die Frau Holle, die Frau Wode, die mit ihrem Göttergatten Wotan die Wilde Jagd anführt. Auch der Umzug des Nikolaus von Haus zu Haus gehört zu diesen stark im Heidentum verankerten Bräuchen: Dem rot-weiß gekleideten Nikolaus folgen zwölf Fellgestalten, zumindest aber der Knecht Ruprecht, dessen Name ebenfalls mit Frau Holle bzw. Perchta in Zusammenhang steht (ahd. *hruodperaht*: „Ruhmglänzender").[342] Unglaublich, aber wahr: „Gelegentlich soll Sankt Nikolaus von tungusischen Schamanen sogar als ‚oberster Schamane' gehandelt worden sein".[343]

Bei allen diesen Bräuchen scheint es sich um „Nachlebsel" uralter Kulte zu handeln.[344] Geheime Burschenschaften, die eine Wilde Jagd veranstalten, gab es schon in indogermanischer Zeit: Diese Wilden Jäger waren kultische Zusammenschlüsse junger Männer, deren Funktion darin bestand, „die Toten in den Zeiten des Jahres, in denen sie umgingen, sichtbar zu machen. Es reicht nicht aus zu sagen, dass sie die Toten darstellten, vielmehr bewirkten sie die Erscheinung des Toten tatsächlich. Sie sind die Toten".[345]

Eine dritte These, die gleichwohl die anderen nicht zwingend ausschließt, geht davon aus, dass es sich bei der Wilden Jagd in Wahrheit um eine außerkörperliche Seelenreise bzw. eine psychedelische Vision berauschter Schamanen handelt. Schon Ranke-Graves hat in den 1960ern hervorgehoben, dass die rot-weiße Kleidung des Weihnachtsmannes auffällig mit den Farben des stark

[342] Im 19. Jahrhundert wurde Ruprecht mit Wotan gleichgesetzt.

[343] Hauschild, Thomas: *Weihnachtsmann*, S. 312.

[344] Vgl. Duerr, Hans Peter: *Traumzeit*, S. 68.

[345] Kershaw, Kris: *Odin*, S. 41.

psychoaktiven Fliegenpilzes korreliert, der im Herbst und Winter unter Nadelbäumen (Weihnachtsbäumen) und Birken (Weltenbäumen) Hexenkreise bildet; „amanita muscaria, a red toadstool with white spots, growing under birch trees and associated with dwarfs and Santa Claus".[346] Nicht nur wird der Fliegenpilz von den sibirischen Schamanen zur Induktion der Trance verwendet, er war wohl auch ein wichtiges Ekstasemittel der Germanen.[347] Einer volkstümlichen Überlieferung zu Folge wachsen die Fliegenpilze überall dort, wo der Geifer des achtbeinigen Götterpferdes Sleipnir hin tropft, wenn Wotan während der Weihnachtszeit auf ihm durch den Himmel reitet.[348] Man hat in dieser Geschichte einen Hinweis darauf gesehen, dass der besondere (schamanische) Zustand der Wilden Jäger (Berserker und Ulfheðnar) auf mit Fliegenpilz versetzen Jul-Met zurückzuführen ist.[349]

> In der germanischen Mythologie ritt zur Wintersonnenwende, das ist der 21. oder 22. Dezember, der Gott Wotan (Odin) mit seinem wilden Gefolge über den Himmel. Von den Nüstern der Reittiere tropfte durch die wilde Jagd Schaum auf die Erde. Dort, wo dieser auf die Erde fiel, wuchsen neun Monate später Fliegenpilze. Auffallend in der Beziehung zwischen Wotan und dem Fliegenpilz ist, daß Wotan der Gott der Erkenntnis und der Ekstase ist, und diese beiden Eigenschaften beim rituellen Verzehr des Fliegenpilzes, z. B. durch Schamanen, auftreten. War Wotan ursprünglich ein germanischer Schamane, der mittels Fliegenpilzen in Ekstase geriet und dadurch zu übernatürlichen (göttlichen) Erkenntnissen gelangte?[350]

[346] Graves, Ranke: *The Crane Bag*, S, 10. Vgl. auch Hauschild, Thomas: *Weihnachtsmann*, S. 312: „All das hat einige Forscher zu der Vermutung gebracht, dass die seltsame Gegenwart von Fliegenpilzen im romantischen Weihnachtsmann-Dekor des 19. und 20. Jahrhunderts in Deutschland, England und in den USA etwas mit Schamanismus zu tun haben könnte".

[347] Vgl. Lewin, Louis: *Phantastica*, S. 167f.

[348] Vgl. Rohde, Hartwin: *Pilze in Märchen, Medizin und Religion*, S. 173.

[349] Vgl. Hoffmann, Mark A. und Ruck, Carl A. P.: *Hunting the Berserkers*, S. 35.

[350] Passauer, Uwe: *Der Fliegenpilz*, S. 262.

Berserker

Die Verwandlung von Menschen in Bären ist im germanischen Raum bestens belegt. Solche Mischgestalten nannte man Berserker: „Berserker" setzt sich zusammen aus den altisländischen Worten *ber-* („Bär") und *serkr* („Hemd, Gewand, Hülle") und bezeichnet einen (schamanischen) Krieger im Bärenfell.[351] In der stilisierten altnordischen Überlieferung heißt es, dass die Berserker zwölf wilde Krieger sind, die in der ersten Reihe jeder Schlachtordnung stehen und schmerz- und feuerunempfindlich sind. Sie brüllen wie die Tiere und beißen in die Schilde. Tiefstimmige Schlachtgesänge untermalen die furchterregende Erscheinung. Bis heute ist „Berserkerwut" die gängige Bezeichnung für einen Menschen, der „außer sich" ist und keine Rücksicht auf Verluste kennt, die Tobsucht oder Tollwut.

> Berserker wurde man infolge einer Initiation, die spezifisch kriegerische Prüfungen enthielt. Tacitus berichtet uns zum Beispiel von den Chatten, daß der Adept sich weder Haare noch Bart schnitt, bevor er nicht einen Feind getötet hatte. Bei den Taifali mußte der junge Mann einen Eber oder einen Bären erlegen, und bei den Heruli mußte er ohne Waffen kämpfen. Während dieser Prüfungen eignete sich der Adept die Seinsweise eines wilden Tieres an: Er wurde zu einem um so gefürchteteren Krieger, je mehr er sich wie ein Raubtier verhielt. Er verwandelte sich in einen Übermenschen, weil es ihm gelang, sich die magisch-religiöse Kraft der Raubtiere einzuverleiben.[352]

[351] „*Berserkir*, das heißt Bärenhülle, wurden die Krieger genannt, die – wie die Sagen erzählen – in regelmäßigen Abständen bestialische Wut haben. Dieses Bedeutungsgeflecht ist nicht allzu weit von der Glaubensvorstellung bei den Samojeden entfernt, der zufolge jene, die bekleidet (in eine Membran gehüllt) zur Welt kommen, Schamanen werden (das heißt die Fähigkeit besitzen, in eine zweite Haut zu schlüpfen, indem sie sich in ein Tier verwandeln)". Ginzburg, Carlo: *Hexensabbat*, S. 291.

[352] Eliade, Mircea: *Das Mysterium der Wiedergeburt*, S. 155.

In der Regel wird die Kriegskunst der Berserker als ein militärisches Phänomen interpretiert. Es könnte sich aber genauso gut um eine schamanische Kriegskunst handeln. Denn auch der Schamane ist ein Krieger[353], weil es sein tägliches Geschäft ist, mit Dämonen zu kämpfen und Riesen, Schlangen oder Drachen zu beseitigen, Krankheit und Gebrechen zu besiegen. In seinen Händen hält er einen Geisterdolch oder Götterspeer, ein magisches Schwert oder Beil, mit dem er sich den bösen Geistern todesmutig und unter Einsatz seiner eigenen Gesundheit in den Weg stellt. Das Wort „Krieg" kann auch „Hartnäckigkeit" und „Anstrengung" bedeuten; verwandt ist das altir. *bríg*: „Kraft, Macht, Wert".[354] Auch für den Schamanen spielen Kraft, Macht und Wert eine übergeordnete Rolle: Der Bär ist sein Krafttier, das er mit Kraftgegenständen herbeiruft und beschwört. Seine Macht besteht darin, von der einen in die andere Welt zu reisen und von dort aus für das Heil eines Menschen zu sorgen, nicht für dessen Tod. Er vermittelt Werte in Form von Mythen, die er in der Geisterwelt geschaut hat. Hier sei auch an jene Helmplatte aus dem 7. Jahrhundert erinnert, die den Reiterkrieger Odin abbildet, der Schild und Lanze trägt, begleitet von seinen zwei Raben, der jedoch nicht etwa gegen einen Menschenfeind anreitet und kämpft, sondern gegen eine Schlange, also gegen einen metaphysischen Dämon bzw. Drachen. Dasselbe Bild überliefert der altenglische *Neunkräuterzauber*. So drängt sich der Verdacht auf, dass auch die Berserker gar nicht gegen Menschenheere kämpften, sondern gegen metaphysische Legionen.

Schon Buchholz hatte den Berserkergang mit dem „erregten Tanz des sibirischen Schamanen" verglichen und die Vermutung angestellt, „dass das, was da so wild kämpft, gar nicht die Person des Berserkers, sondern nur eine Erscheinungsform" sei.[355]

---

[353] Vgl. Ginzburg, Carlo: *Hexensabbat*, S. 163ff. Vgl. auch Buchholz, Peter: Schamanistische Züge in der altisländischen Überlieferung, S. 68.ff.

[354] Vgl. Kluge. *Etymologisches Wörterbuch der deutschen Sprache*, S. 539.

[355] Buchholz, Peter: *Schamanistische Züge in der altisländischen Überlieferung*, S. 69: „Aus dem Kult ist die Tatsache bekannt, dass ‚nur' geglaubte Realität ‚imitiert' wird; warum sollte nicht solche Imitation im kriegerischen Bereich nicht auch

Die germanischen Berserker lassen sich als „Tierkrieger" bezeichnen und wurden in der Vergangenheit immer wieder mit dem „Schamanismus" in Verbindung gebracht.[356] Eliade behauptet zwar, dass es nur eine „oberflächliche Berührung" gäbe, jedoch geht er auch von einem „militärische(n)" Phänomen aus.[357] Tatsächlich fällt es schwer, den Berserkergang *nicht* als ein schamanisches Phänomen zu deuten. Vor allem im völkerkundlichen Vergleich: In Sibirien etwa sind Bären typische „Schamanengeister".[358] Die Medizinmänner der Blackfoot-Indianer verwandeln sich, während sie die Trommel schlagen, in Bären.[359] Und die nordöstlichen Skoltsamen zogen bis vor kurzem noch „als Wölfe und Bären herum".[360] Die nordeuropäischen Sámi praktizieren seit jeher einen schamanischen Bärenkult, wie Felszeichnungen, Bärengräber oder Bärenzahnamulette belegen. Der Bär war bei den Sámi sogar so heilig, dass man seinen Namen nicht aussprach, sondern Umschreibungen benutzte. Aber auch bei den Germanen wurde der Bärenname tabuisiert und das Tier nur als „der Braune" (ahd. *bero*) bezeichnet: „Dies könnte darauf hinweisen, dass die schamanistischen Vorstellungen zum Bären diejenigen benachbarter Germanen beeinflusst haben könnten".[361]

Gerade die vielzitierte „Feuer- und Schmerzunempfindlichkeit" der Berserker „sind ebenso wie das Nicht-Bluten bekannte Phänomene schamanischer Trancezustände".[362] In Sibirien nimmt der Schamane ein brennendes Stück Kohle aus der

---

vorgekommen sein – konnte man doch dadurch seine ‚Macht' steigern, dass man diejenigen nachahmte, von denen man glaubte, sie besässen übernatürliche Kräfte".

[356] Vgl. Samson, Vincent: *Die Berserker*, S. 36f.

[357] Vgl. Eliade, Mircea: *Schamanismus und archaische Ekstasetechnik*, S. 367.

[358] *Schamanengeschichten aus Sibirien*, S. 132.

[359] Im 19. Jahrhundert hat der Maler George Catlin eine solche Szene festgehalten.

[360] Schwaar, H. U.: *Sápmi*, S. 123.

[361] Wamers, Egon (Hrsg.): *Bärenkult und Schamanenzauber*, S. 66.

[362] Simek, Rudolf: *Lexikon der germanischen Mythologie*, S. 50.

Bärenschamane der Blackfoot-Indianer. Auch bei den Germanen gab es Menschen, die die Ekstasekunst der Bärverwandlung beherrschten – die Berserker. George Catlin, 1832

Räucherschale und steckt es in den Mund, um den Außenstehenden seinen außergewöhnlichen Bewusstseinszustand zu beweisen. Während der Séance übernimmt er gleichfalls „die Rolle des Bären“ und „ahmt seine Bewegungen“ nach bzw. „geht auf allen Vieren, beriecht die Anwesenden, richtet sich auf und klatscht in die Hände. Wenn irgend jemand ein Tuch nach ihm wirft, gerät er in Wut, überfällt den Betreffenden, legt ihn auf die Eingangsschwelle, beißt und zerrt ihn und wartet, bis er aufhört, sich zu bewegen“.[363]

[363] Nioradze, Georg: *Der Schamanismus bei den sibirischen Völkern*, S. 97f.

Werwölfe

In einem Atemzug mit den Berserkern werden meist die Ulfheðnar genannt. In vielen Fällen werden beide Worte synonym gebraucht, obwohl sich ein anderes „Krafttier“ dahinter verbirgt: *Ulfheðnar* heißt „Wolfshäuter“ und bezeichnet einen Schamanenkrieger im Wolfspelz.[364] Das deutsche Wort ist Werwolf, das heißt „Mann- oder Menschenwolf“ (ahd. *wer*: „Mann“). Dass der Wolf ein bedeutendes Krafttier der Germanen war, bezeugen die noch heute geläufigen altgermanischen Eigennamen Wolfdietrich, Wolfhard, Wolfram, Arnulf, Ingolf, Ulrich oder Rudolf. Wenn ein Mensch zum Bären wird, spricht man vom „Berserkergang“. Wenn er zum Wolf wird, vom „Wolfgang“.

> Nun war aber die Verwandlung in einen Wolf - das heißt das rituelle Anlegen eines Wolfsfelles - ein wesentlicher Bestandteil der Initiation in den Männerbund. Durch das Anlegen eines Wolfsfelles eignete sich der Adept das Verhalten dieses Tieres an; anders gesagt, er wurde ein raubtierähnlicher Krieger, unwiderstehlich und unverwundbar.[365]

Die Verwandlung von Menschen in Wölfe ist typisch schamanisch und beispielsweise bei den Sámi bestens belegt: „In alten Zeiten kam es auch vor, daß Menschen sich in Wölfe verwandelten. Es waren die Zaubermänner, die so etwas zuwege brachten“.[366] In Sibirien heißt es, „daß einige Schamanen einen Bären und einen Wolf haben und diese bei der Seance zeigen“ bzw. „daß sie zwei Hunde haben, die ihre unsichtbaren Diener sind“.[367]

---

[364] Vgl. Höffgen, Thomas: *Der Werwolf als Schamane* (2023).

[365] Eliade, Mircea: *Das Mysterium der Wiedergeburt*, S. 157. Eliade deutet die Werwölfe (wie die Berserker) jedoch nicht schamanisch, sondern als „militärische Burschenschaften“.

[366] Kohl-Larsen, Ludwig: *Die steinerne Herde*, S. 144.

[367] *Schamanengeschichten aus Sibirien*, S. 161. Hier sei an Odin erinnert, der auf seinen Jenseitsreisen von zwei Wölfen, Geri und Freki, begleitet wird.

Literarische Quellen, die vergleichbare Wolfsverwandlungen in Nord- und Mitteleuropa bezeugen, reichen bis ins frühe Mittelalter: In den *Deutschen Sagen* (1816) der Grimms ist von einem Mann die Rede, der sich einen Wolfsfellgürtel anlegt und daraufhin in einen Wolf verwandelt. Praetorius belegt im 17. Jahrhundert ganze Werwolfsrudel im Baltikum. Anno 1555 berichtet der Schwede Olaus Magnus ebenfalls von einer Gruppe wolfsverwandelter Menschen, die in der Weihnachtszeit in die Keller eindringen und große Mengen Bier oder Met trinken.[368] In der nordischen *Völsunga saga* (13. Jhd.) werden ein Vater und sein Sohn in einen Wolf verwandelt. Burchard von Worms berichtet schon um 1000 von Wolfsverwandlungen.

> Die Glaubensvorstellung geht ursprünglich auf die Bekleidung mit Tierfellen zu kultischen Zwecken zurück (vgl. Berserker). Mit dem Fell und dem Aussehen des Tieres machte man sich sein Wesen bzw. seine Stärke zu eigen und glaubte, tatsächlich das Tier zu sein. Das Tierfell reduzierte sich schließlich auf den Wolfsriemen, der nur umgelegt zu werden brauchte, um die Verwandlung zu bewirken.[369]

Noch weiter zurück reichen die archäologischen Funde: Zum Beispiel eine Bronzeplakette aus Torslunda (Schweden), die einen Werwolf darstellt, der einen Kulttanz zu Ehren Odins aufführt (6./7. Jhd.). Dass es sich dabei nicht um einen ‚echten' Wolf handelt, lässt sich schon an dem Speer erkennen, den das Wesen in den Händen hält.[370] Auch sind die Hände und die Füße der Figur eindeutig als menschliche zu erkennen; die Person trägt einen langen Pelzmantel mitsamt dem Kopf des Tieres. Ein anderes Beispiel ist die Schwertscheide von Gutenstein, die den Werwolfskult im Südgermanischen bezeugt (Alamannien, 7. Jhd.): Dargestellt ist ein Tierkrieger in

---

[368] Golowin vermutet, dass die Tierverwandlung durch diesen „starken Rausch gefördert" wurde. Golowin, Sergius: *Das Geheimnis der Tiermenschen*, S. 112.

[369] Petzoldt, Leander: *Kleines Lexikon der Dämonen und Elementargeister*, S. 182.

[370] Vgl. den Kultspeer Odins, mit dem der am Weltenbaum hängende Gott sich selbst verwundet, um den ‚kleinen Tod' zu sterben und Schamane zu werden.

Wolfsgestalt, der eine Lanze und ein Schwert (in einer Schwertscheide) in seinen Händen hält; zudem finden sich Verzierungen im Tierstil und stilisierte Tierköpfe. Schon Höfler war sich sicher, dass es sich bei diesen Wesen um Menschen im Wolfspelz handelt, die zur Weihnachtszeit, während der Zwölften, als Wildes Heer umherstreifen.[371] Die älteste bildliche Darstellung von germanischen Werwölfen findet sich wahrscheinlich auf den spätantiken Goldhörnern von Gallehus (ca. 400). Aber die Runeninschrift aus dem dänischen Himlingøje (2. Jhd.) bezeugt, dass sich bereits die urnordischen Runenmeister totemistisch mit dem Wolf identifizierten.[372]

Die Lykantrophie („Wolfsverwandlung") war auch einer der Hauptanklagepunkte bei den frühneuzeitlichen Hexenprozessen bzw. Werwolfsprozessen: Von der christlichen Inquisition angeklagt wurden Hexer und Schamanen, die sich ein Wolfsfell überzogen, um auf dem Blocksberg die Walpurgisnacht zu feiern. Über die Verbindung von Werwölfen und Hexen weiß bekanntlich schon die *Edda* zu berichten, wo Widolf („Waldwolf") als Ahnherr aller Völvas bezeichnet wird. Duerr vermutet übrigens, dass sich die Werwölfe ebenfalls mit einer Art Hexensalbe einrieben bzw. verschiedene Rauschdrogen verwendeten, um in ihren außergewöhnlichen Zustand zu gelangen, namentlich Bilsenkraut und Fliegenpilz.[373]

Die wohl spektakulärste Quelle zu einem neuzeitlichen Wolfsverwandlungskult sind die Gerichtsprotokolle eines Ketzerprozesses, der 1692 in Livland geführt wurde.[374] Angeklagt vor dem hochnotpeinlichen Inquisitionsgericht war der 80-jährige Thies von Kaltenbrun – ein bekennender Werwolf. Die Richterschaft hielt Thies

---

[371] Vgl. Höfler, Otto: *Kultische Geheimbünde der Germanen*, S. 63ff.

[372] Der dänische Runenmeister nennt sich *Widuhu(n)daR*, das heißt: „Waldhund" (= Wolf). Vgl. Düwel, Klaus: *Runenkunde*, S. 29.

[373] Vgl. Duerr, Hans Peter: *Können Hexen fliegen?*, S. 12 und ders.: *Traumzeit*, S. 409ff. Vgl. aber auch schon Leubuscher, Rudolf: *Über die Werwölfe und Tierverwandlungen im Mittelalter*, S. 145f.

[374] Vgl. Höfler, Otto: *Kultische Geheimbünde der Germanen*, S. 345ff., Ginzburg, Carlo: *Hexensabbat*, S. 163ff., Duerr, Hans Peter: *Traumzeit*, S. 64ff.

für einen geisteskranken Teufelsbündner, doch auch die Einheimischen bestätigten, dass der alte Knabe sich bis vor ein paar Jahren regelmäßig in einen Wolf verwandelte und mit einem ganzen Rudel Gleichgesinnter durch die Wälder zog. Obwohl die Todesstrafe drohte, erbrachte Thies den Richtern einen bemerkenswert detaillierten Einblick in die heidnischen Geheimkulte der Werwölfe von Livland (und zwar ohne Anwendung der Folter): Mindestens einmal im Jahr werfen sich die wilden Männer allerorten einen Wolfspelz über und ziehen aus in den Morast, die weiten Wald- und Sumpfländer fernab der Dörfer, wo sonst kein Mensch sich aufhält und der Eingang in die „Hölle" liegt. Dort treffen sie auf eine Unzahl böser Zauberer und Hexen, die das Korn geraubt haben, und beginnen mit denselben einen „Kampf" um eben dieses Korn. Wenn die Werwölfe den Kampf gewinnen, bringen sie das Korn zurück zur Oberfläche und sorgen so für das Gedeih und Grün der Felder in dem darauffolgenden Jahr. Schon Ginzburg hat „hinter den Erzählungen des alten Thiess" eine „ekstatische Erfahrung" vermutet und diese mit den „Kämpfen" der Schamanen verglichen:

> Auch die Ekstasen der eurasischen (lappischen, samojedischen, tungusischen) Schamanen sind voller Schlachten. In Starre versunken, kämpfen Männer gegen Männer und Frauen gegen Frauen: Ihre Seelen gehen in Tiergestalt (gewöhnlich in der von Rentieren) so lange aufeinander los, bis eine unterliegt und dadurch Reglosigkeit und Tod des verlierenden Schamanen verursacht. [...] In Gemeinschaften von Hirtennomaden fallen die Schamanen in Ekstase, um für Rentiere zu sorgen. Ihre Kollegen in landwirtschaftlichen Gemeinschaften tun dasselbe, um – je nach Klima und Breitengrad – für Roggen, Weizen oder Wein zu sorgen.[375]

Als diejenige Nacht, in der die Wölfe ausziehen, gibt Thies die „Lucien nacht vohr Weynachten" an, das ist der 13. Dezember, auf den in Livland bis ins 18. Jahrhundert die Wintersonnenwende

[375] Ginzburg, Carlo: *Hexensabbat*, S. 189.

fiel.[376] Das Ritual findet also in den Rauhnächten statt, während der dunkelsten Zeit des Jahres, wenn sich die Fruchtbarkeit der Felder ins Innere zurückgezogen hat. Deshalb begeben sich die Werwölfe in die Unterwelt, um das Wachstum der Felder und des Korns zurück-zu-zaubern. Dass es sich bei dem von Thies benannten Ort nicht um die Christenhölle handelt, lässt sich schon daran erkennen, dass er dessen exakte Lage anzugeben weiß. Es handelt sich wohl eher um einen lokalen Kultort, anscheinend eine Höhle, wie sie schon die tierverwandelten Schamanen in der Steinzeit aufgesucht haben. Dort führen dann die Wölfe und die Hexen einen rituellen Kampf auf, entweder physisch im dramatischen Spiel oder psychisch während einer Seelenreise, eine Art Kultkrieg, der den zyklischen Verlauf der Jahreszeiten antreiben und die Fruchtbarkeit des Feldes sichern bzw. potenzieren soll.

Der Glaube an Werwölfe ist im Baltikum übrigens bis heute lebendig.[377]

Der Wilde Mann

Der Wilde Mann lebt außerhalb der Zivilisation als Eremit im Wald am Berg. Er wird als ‚Primitiver' und als ‚edler Wilder' wahrgenommen. Der Wilde Mann ist nackt und stark behaart oder mit Fell, Laub und Moos bekleidet, eher Tier als Mensch.[378] In ihm „verschmilzt das Erscheinungsbild germanischer Walddämonen mit dem antiker Satyren".[379] Der vermutlich populärste Wilde Mann

---

[376] In der christlichen Exegese leitet sich der Name der hl. Lucia von lat. *lux* („Licht") ab. Aber auch eine Herleitung von lat. *lupus* bzw. altgr. *lúkos* („Wolf") ist denkbar.

[377] Vgl. die Dokumentation *Teufelsland* (2008) von Gisa Schleelein.

[378] Schon im über dreitausend Jahre alten Gilgamesch-Epos, dem ältesten überlieferten Schriftstück überhaupt, wird von einem Mann berichtet, der außerhalb der Stadtmauern zusammen mit den Tieren lebt: Enkidu ist am ganzen Leib beharrt und lebt außerhalb der Zivilisation im Einvernehmen mit der Natur. Auch das Alte Testament berichtet von einem Jäger mit dem Namen Esau, dessen Körper rau wie Fell ist und der auf den Feldern umherstreift wie ein wildes Tier.

[379] Dinzelbacher, Peter (Hrsg.): *Sachwörterbuch der Mediävistik*, S. 905.

stammt aus dem Riesengebirge und heißt Rübezahl.[380] Auf einer frühneuzeitlichen Landkarte von Schlesien wird dieser Berggeist zum ersten Mal bildlich dargestellt, und zwar in Tiergestalt mit Klauen und Geweih, Bockshufen und Pferdeschwanz, Schnabel und Schlangenzunge sowie Zauberstab (Martin Helwig 1561).

Besonders bekannt ist der Wilde Mann im Harzgebiet, rund um den Brocken, den auch die Hexen ihr Zuhause nennen. Tatsächlich trägt ein kleines Bergdorf im Oberharz (Niedersachsen) den Namen Wildemann. Dort geht die Sage um, dass anno 1529, als die Gegend noch komplett bewaldet war, eine Gruppe Bergleute auf der Suche nach Erz immer dichter in die Wildnis drang und plötzlich vor der Höhle eines Wilden Mannes stand, der dort mit seiner Wilden Frau lebte: „Sie wohnten in einer Höhle und bedeckten ihre Scham nur mit Borke und mit Hecke, d. h. mit Tannenzweigen, aber auch mit Hexenkraut, d. i. eine Art Moos".[381] Der Wilde Mann „trug eine abgerissene Tanne in der Hand und auf dem Rücken einen Bären, den er damit erschlagen hatte, denn er hatte unmenschliche Kraft und hatte schon viele Bären und viele wilde Schweine mit dem Tannenzweige getödtet".[382] Die Bergleute nahmen den Wilden Mann gefangen, derweil die Wilde Frau so eben fliehen konnte, und verschleppten ihn in die Zivilisation, wo er verstarb. An dem Ort aber, an dem der Wilde Mann gelebt hatte, errichtete man ein Bergwerksdorf mit Namen Wildemann. Noch heute zeigt das Stadtwappen den Wilden Mann mit einer Fichte in der Hand. Sogar Goethe hat ihm in seinem *Faust II* ein Denkmal gesetzt, wo der Wilde Mann vom Blocksberg mit einer Schar Faune und Satyrn zusammen auftritt (V.5864ff.):

Die wilden Männer sind's genannt,
Am Harzgebirge wohlbekannt,
Natürlich nackt in aller Kraft,

[380] Vgl. Peuckert, Will-Erich: *Schlesische Sagen* (1924).

[381] Pröhle, Heinrich: *Harzsagen*, S. 51.

[382] Ebd.

Sie kommen sämtlich riesenhaft.
Den Fichtenstamm in rechter Hand
Und um den Leib ein wulstig Band,
Den derbsten Schutz von Zweig und Blatt,
Leibwache wie der Papst nicht hat.

Was hat es mit derartigen Geschichten und Gedichten auf sich? Hat sich in ihnen die Erinnerung erhalten an den Neandertaler, der Tausende von Jahren parallel zum Homo sapiens lebte? Zeugen sie von der Neolithischen Revolution, als die einen Menschen sesshaft wurden, andere noch jagen gingen und nomadisch lebten? Verkörpern sie die ungebändigte Naturgewalt, welcher der Mensch mit der Industrialisierung vermeintlich „Herr“ wurde? Handeln sie von Menschenkindern, die, ausgesetzt, von wilden Tieren großgezogen wurden? Oder enthalten diese Darstellungen die Erinnerungen an Schamanen, die als Zaunreiter zwischen Zivilisation und Wildnis pendeln?[383]

Bemerkenswerterweise zeigt auch das Wappen Lapplands einen Wilden Mann (mit langem Bart, Lendenschurz aus Blattwerk und einer Keule in der Hand). Bei den Lappen bzw. Sámi ist der „Stallo“ genannte Wilde Mann fest mit dem Schamanentum verbunden: Im Zauberwettkampf tritt er gegen die Noaiden an, und samische Schamanentrommeln bilden riesenhafte Kreaturen ab, die sich als Stallo deuten lassen. Zahlreiche Sagen berichten von seinem schamanischen Wesen und Wirken: „Er hat meist menschliche Gestalt, kann jedoch auch die Gestalt eines Tieres annehmen. Seine Zauberkraft zeigt sich auch darin, dass er sich unsichtbar machen kann“.[384] Die meisten Menschen fürchten sich vor Stallo und glauben fest daran, er würde Kinder fangen, töten und verspeisen (wie die Hexen). Doch solche negativen Wesenszüge wurden ihm erst nach der Christianisierung angedichtet, als aus dem „healer“ ein „evil shaman“ wurde.[385]

383 Vgl. Höffgen, Thomas: *Der Wilde Mann*, S. 280ff.

384 Bartens, Hans-Hermann (Hrsg.): *Sagen aus Lappland*, S. 108.

385 Walter, Nariko M. und Neumann Fridman, Eva J. (Hg.): *Shamanism*, S. 493.

Schon Höfler konstatierte, dass der Wilde Mann keine fiktive, sondern eine faktische Figur sei, anzutreffen in der realen Welt, nämlich als Teil der Wilden Jagd im ekstatischen Verkleidungskult:

> Auch in den riesenhaften Wilden Männern, in Pelze oder Tannenreisig (Moos u. dgl.) gehüllt, mit einem ausgerissenen Baum als Waffe über der Schulter, hat man Vegetationsdämonen sehen wollen. [...] Ich denke, auch diese Wildleute sind hier als Vertreter des Wilden Heeres zu betrachten. Die zottige Felltracht haben wir bei solchen ja schon mehrmals kennengelernt. Aber auch die grüne Kleidung ist ungemein häufig bei den Gestalten der Wilden Jagd.[386]

Dabei geht er unter anderem auf den Gürtel ein, den der Wilde Mann um den Leib trägt, und führt diesen auf einen „Initiationsritus" zurück, der womöglich mit der „Vorstellung vom Werwolfgürtel" bzw. der „Wolfsverwandlung durch Überziehen eines ganzen Wolfsfelles" vergleichbar sei.[387]

Ein weiteres Motiv des Wilden Mannes lässt sich mit dem Schamanismus in Beziehung bringen, und zwar der Baumstamm, den der Wilde in fast allen schriftlichen und bildlichen Darstellungen in den Händen hält. Möglicherweise handelt es sich hierbei um den Weltenbaum bzw. ein mikrokosmisches Abbild desselben. Bekanntermaßen führen die sibirischen Schamanen einen ebensolchen Weltenbaum als Zeremonialstab mit sich. Die Himalaya-Schamanen halten den Weltenbaum als Phurba in den Händen. Und die germanischen Schamaninnen sind sogar nach dem Stab benannt, der den Weltenbaum repräsentiert. Folglich könnte es sich auch bei jenem Holzstab, den der Wilde Mann in seinen Händen hält, um einen solchen magisch aufgeladenen Weltenbaumstab handeln.

Bis heute hat der Wilde Mann im Volksbrauchtum seinen festen Platz, namentlich „im Brauchtum der Alpenländer, in dem

[386] Höfler, Otto: *Kultische Geheimbünde der Germanen*, S. 81.

[387] Ebd., S. 82f.

Männer in Gewändern aus Fellen und Moos bei der Fastnacht mitziehen oder in den Rauhnächten sich Burschen als Wilde Leute verkleiden und durch die Dörfer ziehen".[388] Im Jahr 2012 hat der Fotograf Charles Fréger für einen Bildband Wilde Männer aus 18 verschiedenen europäischen Ländern vor die Linse gelockt: Bärenmenschen, Ziegenköpfe, Werwölfe und Wildschweinmänner. Über den Sinn des Brauchtums heißt es im Vorwort, dass es dazu anregen soll, über die Stellung des Menschen im Kosmos nachzudenken und ein tieferes Verständnis für kulturelle und naturelle Zusammenhänge zu entwickeln.[389] So oder so ähnlich werden sich das aber auch schon die vorchristlichen Völker gedacht haben, als sie sich im Rahmen ekstatischer Riten mit Fell maskierten und den Zaun zwischen Zivilisation und Wildnis überschritten: „Wer mit Bewußtsein innerhalb des Zaunes leben wollte, der mußte zumindest einmal im Leben diese Einfriedung verlassen haben, der mußte als ein Wolf, als Wilder durch die Wälder geschweift sein, oder moderner ausgedrückt: er mußte die Wildnis in sich selber, seine Tiernatur, erlebt haben".[390]

Bis heute wird in Oberstdorf im Oberallgäu alle fünf Jahre der sogenannte „Wildmännlestanz"[391] aufgeführt, der (angeblich) auf eine rund 2.000- jährige Tradition zurückblicken kann. Die Verkleidung der 12 bzw. 13 Darsteller besteht vor allem aus langen Zotteln natürlichen Baumbartes, aber auch aus einem Kraftgürtel aus Tannenreisig und einem Kranz aus Stechpalme. Unter urtümlicher Musik führen diese archaischen Figuren 17 verschiedene Kulttänze auf, zum Beispiel einen Keulentanz und einen Huldigungstanz, wobei es auch zu rituellen Kämpfen kommt. Der ganze

---

388 Petzold, Leander: *Kleines Lexikon der Dämonen und Elementargeister*, S. 192.

389 Vgl. Fréger, Charles: *Wilder Mann*, S. 11: „Um ein Sein zu haben, brauchen wir ein Nichtsein. Es ist ein fester Bestandteil von unserem Verständnis von uns selber. Um zu definieren wer wir sind, müssen wir zuerst definieren, wer wir nicht sind. Wir sind gezähmte Menschen, weil wir keine wilden Menschen sind".

390 Duerr, Hans Peter: *Traumzeit*, S. 197ff.

391 Vgl. *Handwörterbuch des deutschen Aberglaubens*, Bd. 9, S. 979f.

Wildmändletanz wird ausdrücklich zu Ehren der Naturgötter aufgeführt, namentlich des Germanengottes Thor. In der Schlussszene des Tanzspieles wird Met kredenzt, das heilige Ritualgetränk der germanischen Zauberer.

Wandteppich mit Darstellung vom Wilden Mann. Basel, 1470/80.

Germanische Götterpflanzen

Odins Äcker: Pflanzen der Schamanen

Das wesentliche Element des Schamanismus ist die Ekstase. Um in diesen außergewöhnlichen Bewusstseinszustand zu gelangen, verwenden Schamanen verschiedene Hilfsmittel und Techniken, zum Beispiel Trommeln oder Tanzen, Isolation oder Fasten. Ein weltweit verbreitetes Mittel zur Tranceinduktion sind außerdem halluzinogene Pflanzen und Pilze: Der Gebrauch solcher Rauschmittel lässt sich bis in die Urgeschichte der Menschheit zurückverfolgen.[392] Jeder Kontinent und jede Kultur kennt sie: Von den sibirischen Schamanen wird der Fliegenpilz rituell verzehrt, im Himalaya werden Cannabis und Stechapfel geraucht, die zentralafrikanischen Medizinmänner essen die Iboga-Wurzel, in Amerika werden meskalinhaltige Kakteen und psilocybinhaltige Pilze gegessen sowie der DMT-haltige Ayahuascasaft getrunken. Alle diese Rauschkulte zielen darauf ab, mit den Göttern, Geistern und Dämonen in Kontakt zu treten:

> Rauschmittel sind elementarer Bestandteil bei der Ausübung religiöser Handlungen vieler Kulturen. Ziel ihrer kultischen Verwendung ist es, für die Konsumenten eine direkte Gotteserfahrung zu ermöglichen oder die höchste Realität zu entdecken, die oft mit dem Rauschmittel identifiziert wird. Das Gefühl der Selbsttranszendenz, in der das Ichgefühl verloren geht und das bis hin zu Todeserfahrungen führt, kann – je nach religiösem Umfeld – als spirituelle Reinigung oder Neugeburt erfahren werden.[393]

[392] Vgl. Clottes, Jean und Lewis-Williams, David: *Schamanen*, S. 22: „Die Einnahme rauscherzeugender Substanzen ist ein weltweit verbreitetes Phänomen. In überschaubaren Gemeinschaften verfügen die Menschen überall über eine bemerkenswerte Kenntnis der Pflanzen und ihrer halluzinogenen Eigenschaften, und das war im Jungpaläolithikum sicher nicht anders“.

[393] Metzler *Lexikon Religion*, Bd. 3, 131.

Im Volksmund werden solche Pflanzen Zauberpflanzen, Hexendrogen oder Feenkräuter genannt. Wissenschaftliche Begriffe sind zum Beispiel „Halluzinogene, Psychotika, Psychotomimetika, Phantastica, Psychotoxine, Psychedelic-Substanzen oder sogar Mysticomimetika“.[394] Ein der schamanischen Verwendung angemessener Begriff ist „En-theo-gen“ (das heißt: „In-Gott-werden“). Denn für die Schamanen sind diese Pflanzen fürwahr Pflanzen der Götter und Mittel zur Erlangung göttlicher Ekstase: Sie deuten ihre Rauscherlebnisse nicht als Trugbilder oder Illusionen, sondern als Visionen aus der Anderswelt und Eingebungen der Götter.[395]

> Tests unter klinischen Bedingungen, teils auch Erfahrungen im Selbstversuch von Ethnologen, bestätigen, was süd- und mittelamerikanische Schamanen von ihren Erlebnissen während der Trance berichten: Schon kurz nach der Einnahme alkaloidhaltiger Drogen stellen sich Schwindel, Zittern, Beengtheitsangst und Atemnot, bald aber auch ein befriedigendes Glücksgefühl ein, begleitet von dem Empfinden, überwirkmächtig zu sein. Die Seele löst sich vom Körper, steigt auf und *fliegt*. Phantastische Landschaften, bevölkert von absonderlich gestalteten Tieren und Geistwesen, tun sich vor ihr auf, Flammen lodern, grelle Blitze erleuchten eine stürmische See oder tauchen wogende Wolkenmeere minutenlang in gleißendes Licht. Die verschiedenartigsten Geräusche, Klänge und Stimmen schlagen ans Ohr des Berauschten; er gleitet durch vielfarbige Fluchten von Spinnweben, Konturen prägen sich aus und verfließen gleich wieder, deutlicher sieht er Reptilien, große *Feliden und Raubvögel*, er erlebt seine *Verwandlung in Tiere* der verschiedensten Art, ja seine eigene *Skelettierung*.[396]

[394] Leuner, Hanscarl: *Halluzinogene*, S. 51.

[395] Vgl. Rätsch, Christian: *Enzyklopädie der psychoaktiven Pflanzen*, S. 10. Vgl. auch McKenna, Terence: Speisen der Götter, S. 30: „Diese pflanzlichen Halluzinogene sind die Quellen einer lebendigen, durch Pflanzen inspirierten Gotteserkenntnis“.

[396] Müller, Klaus E.: *Schamanismus*, S. 82.

Auch im alten Europa wurden solche Zauberpflanzen und Narrenschwämme rituell verwendet und mit den Göttern assoziiert, zum Beispiel in Rotwein eingelegter Fliegenpilz im Rahmen dionysischer Ekstasekulte.[397] Die mykenisch-altgriechische Muttergöttin Demeter wurde häufig mit einer Mohnpflanze dargestellt, und in den ihr geweihten Mysterien von Eleusis wurde ein psychoaktiver Trank kredenzt, der wahrscheinlich Mutterkorn enthielt, ein Pilz, aus dem im 20. Jahrhundert LSD synthetisiert wurde.[398]

> Den Skandinaviern war der Gebrauch von Pilzen als Rauschmittel ebenfalls seit langem bekannt, entweder bereits der Urbevölkerung oder zumindest infolge einer späteren Berührung mit asiatischen Stämmen. Die Berserker [...] waren aller Wahrscheinlichkeit nach zeitweilige ‚Pilz-Psychotiker'. Die Symptome der Fliegenpilzvergiftungen ähneln der Berserkerwut.[399]

Dass auch die Germanen solche Zauberpilze und Hexenkräuter kannten und benutzten, kann als gewiss gelten, zum Beispiel Hanf, der bei vielen indogermanischen Völkern eine schamanische Bedeutung hatte.[400] Vielleicht kannten schon die mesolithischen Europäer vor 6.000 Jahren die geistbewegende Wirkung von Cannabis, worauf ein Fund aus Thüringen hindeuten könnte; die Datierung bzw. kulturelle Zuordnung dieses Einzelfundes ist „jedoch sehr zweifelhaft".[401] Fest steht, dass man im wikingerzeitlichen Oseberggrab als Grabbeigabe einer Völva Hanfsamen fand; die Pflanze wurde „als Heilmittel sowie als Zauberpflanze" verwendet.[402] Vielleicht war

---

397 Vgl. ebd., S. 84. Vgl. auch Duerr, Hans Peter: *Können Hexen fliegen?*, S. 13.

398 Vgl. Hofmann, Wasson, Ruck: *Der Weg nach Eleusis* (1978). Zur Frage nach der Zutat des Zaubertrankes vgl. auch McKenna, Terence: *Speisen der Götter*, S. 162ff.

399 Knecht, Sigrid: *Magische Pilze und Pilzzeremonien*, S. 70.

400 Vgl. Eliade, Mircea: *Schamanismus und archaische Ekstasetechnik*, S. 376ff. Zur weltweiten Verwendung vgl. auch McKenna, Terence: *Speisen der Götter*, S. 195ff.

401 Vgl. Gall, Werner et al.: *Prähistorische Kulturpflanzenreste aus Thüringen*, S. 9.

402 *Reallexikon der germanischen Altertumskunde*, Bd. 28, S. 118, Bd. 24, S. 183.

der Hanf der germanischen Liebesgöttin Freyja geweiht.[403] Noch die neuzeitlichen Hexen verwendeten „Hanfstengel" bei ihren Hexenritten.[404] Das „Haschisch" war womöglich ein Bestandteil der „Hexensalben" und rief „das Gefühl zu schweben" bzw. „bunte Visionen" hervor: „Das alles kann auch die Hexen beflügelt haben, durch die Lüfte zu fliegen und den Teufelssabbat zu erleben".[405]

Im Vergleich zu den meisten anderen Hexenpflanzen ist der Hanf jedoch noch harmlos. Berüchtigt sind hingegen die Nachtschattengewächse, zum Beispiel das Schwarze Bilsenkraut, das mitunter „starke, erotische Delirien" und „Empfindungen des Fliegens" hervorruft.[406]

> So ist man heutzutage zum Beispiel der Ansicht, daß die von mittelalterlichen Hexen geschilderten Flüge und geschlechtlichen Vereinigungen mit dem Teufel auf magische Salben und den Genuß heimlich zubereiteter Zauber- oder Liebestränke zurückgehen. In diesen Mixturen befanden sich als rauscherzeugende Substanzen unter anderem Tollkirsche (*Atropa belladonna*), Bilsenkraut (*Hyoscyamus*) und Alraune (*Mandragora*).[407]

Die Germanen legten für ihre Götterpflanzen sogar extra Gärten an: Diese galten als „Genesungsstätten" und „Heiläcker" der Schamanen, weshalb sie „Odâinsackr" genannt wurden; hier wurden Bilsenkraut, Mohn und Hanf angebaut.[408] Das altnordische Wort „Ódainsakr" lässt sich als „Feld der Lebenden" übersetzen und bezeichnet „eine Art von paradiesischen Gefilden".[409] In der altnordischen Überlieferung heißt es, dass der Aufenthalt an einem

---

[403] Vgl. Rätsch, Christian: *Enzyklopädie der psychoaktiven Pflanzen*, S. 146.

[404] Vgl. Duerr, Hans Peter: *Traumzeit*, S. 64.

[405] Haerkötter, Gerd und Marlene: *Hexenfurz und Teufelsdreck*. S. 102.

[406] Lehmann, Alfred: *Aberglaube und Zauberei*, S. 681.

[407] Clottes, Jean und Lewis-Willliams, David: *Schamanen*, S. 23f.

[408] Höfler, Max: *Volksmedizinische Botanik der Germanen*, S. 92.

[409] Simek, Rudolf: *Lexikon der germanischen Mythologie*, S. 309.

solchen Ort ein Leben „über mehrere normale Lebensspannen" möglich mache, „ein Ort, an dem jeder, der dorthin gelangt, gesundet, da Krankheit und Alter aus ihnen verschwinden und sie nicht mehr sterben" (*Hervarar saga og Heiðreks 5).*

Spätestens seit dem 18. und 19. Jahrhundert erregten die narkotisierenden Pflanzen auch das Interesse der Magier und Okkultisten, die in ihnen gleichfalls einen Schlüssel zu verborgenen Welten und höheren Wirklichkeiten erkannten: „Die Schamanen und Medizinmänner der Naturvölker benutzten sie, um sich in einen Zustand des Hellsehens zu versetzen; die Hexen brauchten sie bei den Vorbereitungen auf den Hexensabbat, die gelehrten Magier wandten sie bei verschiedenen magischen Operationen an".[410] Einer dieser Okkultisten war Carl Kiesewetter, der den europäischen Gebrauch von Naturdrogen mit dem Schamanismus Sápmis und Sibiriens verglich. Kiesewetter stellte Selbstversuche an und experimentierte mehrfach mit der sogenannten Hexensalbe und mit magischen Räucherungen, wobei er „Träume von einem lebhaften Fliegen" hatte, die „mit einer gewissen schaurigen Wonne verbunden" waren, welche „wohl auch bei den Visionen der Sabbathe vorhanden war".[411] 1895 starb Carl Kiesewetter bei einem solchen Selbstversuch.

Das Rätsel um den Dichtermet

Dass auch die Germanen derartige Pflanzen der Schamanen kannten und benutzten, steht außer Zweifel, man denke nur an den sagenumwobenen *Skaldenmet*, der jeden, der dieses magische Getränk zu sich nimmt, auf der Stelle *enthusiasmiert* („von Gott erfüllt"). Es ist der Schamanengott Odin höchstpersönlich, der die Mettrinker begeistert und zu dichterischen Glanzleistungen inspiriert – wie die Muse die Rhapsoden. Der Gott selbst verwandelt sich nach drei Schlucken des trefflichen Zaubertrunks in einen Adler, jenes Tier also, das auf dem Weltenbaum ganz oben thront. Vielleicht handelt

---

[410] Lehmann, Alfred: *Aberglaube und Zauberei*, S. 680.

[411] Kiesewetter, Carl: *Die Geheimwissenschaften*, S. 511f.

es sich auch bei Mimirs Brunnen der Weisheit um eine Metapher für Met (Völuspa 22).[412] Aber wieso sollte ein Schluck Met „weise" machen?

> Wenn wir von alten Gelagen und ihren seltsamen Folgen vernehmen, müssen wir uns überlegen, ob es sich unter den erwähnten Bieren, Weinen, Honiggetränken um die gleichen Dinge handelte, die wir darunter verstehen, oder um Mischungen mit ganz anderen Wirkstoffen.[413]

Genau wie das Bier wurde auch der Met von den Germanen mit verschiedenen „Mysterienpflanzen" versetzt: „Dazu diente neben dem (giftigen) Gagelstrauch (*Myrica gale*) auch das Bilsenkraut (*Hyoscyamus niger*; vgl. auch Porst), das zusätzlich zu nicht alkoholbedingten Rauschzuständen geführt haben mag".[414] Zuweilen werden die Begriffe „Bier" und „Met" für den germanischen Zaubertrank synonym verwendet.[415]

> Man schrieb dem Met die Kraft zu, den Menschen Begeisterung zu verleihen und ihnen Zugang zur übersinnlichen Welt zu öffnen. So war er gewissermaßen der Quell der Weisheit und der künstlerischen Erweckung. Die berauschende Wirkung wurde als Übergang göttlicher Kraft auf den Menschen empfunden. Eine Beschreibung, die an gewisse Drogen unserer Tage erinnert, mit denen man ‚einen Trip machen', auf die Reise gehen kann, wie zum Beispiel LSD. Möglich, daß die Germanen einen ähnlich mit ‚Euphorie verbundenen Erregungszustand der Großhirnrinde und anderer Teile des Zentralnervensystems' erreichten, daß sie high wurden, denn sie mixten ihren Met mit verschiedenen geheimnisvollen Kräutern.[416]

---

[412] Vgl. Kuhn, Adalbert: *Die Herabkunft des Feuers und des Göttertranks*, S. 132.

[413] Golowin, Sergius: *Die Magie der verbotenen Märchen*, S. 113.

[414] *Reallexikon der germanischen Altertumskunde*, Bd. 24, S. 188.

[415] Ström, Åke V. und Biezais, Haralds: *Germanische und Baltische Religion*, S. 231.

[416] Fischer-Fabian, Siegfried: *Die ersten Deutschen*, S. 250.

Was die genauen Ingredienzien des sagenumwobenen Zaubermets – ein Gebräu aus Wasser, Honig und Gewürzen – angeht, schweigen die Quellen: „Die Zusammensetzung ist ungewiß".[417] Nicht auszuschließen, dass der Bienenhonig in erster Linie dazu verwendet wurde, um ein Rauschmittel darin einzulegen und haltbar zu machen oder schlichtweg geschmacklich zu verbessern.[418] Aber welches Rauschmittel? Vielleicht einen Zauberpilz?[419] Schon Terence McKenna stellte diese These auf: „Vielleicht stand die Entwicklung der Metkulte und die der Pilzkulte, die Honig zur Konservierung verwendeten, in einem engen Zusammenhang".[420]

Einen Hinweis auf die Hauptzutat des Skaldenmets liefert die indische Mythologie, die ja mit der germanischen verwandt ist („indo-germanisch"). In der ältesten Schrift des Hinduismus, dem *Rigveda* (ca. 2. Jhtsd. v. u. Z.), ist von einem göttlichen Rauschgetränk die Rede, das Unsterblichkeit verleiht, dem „Soma". Dieses Getränk, heißt es, wurde einstmals vom Gott Indra in der Gestalt eines Adlers geraubt und den Menschen gebracht, also ganz genau so, wie der Dichtermet in der germanischen Mythologie von Odin in Adlergestalt geraubt und den Menschen gebracht wurde.[421] Dieses Soma wurde bereits in den 1960ern von Gordon Wasson mit dem Fliegenpilz identifiziert.[422] Seitdem wurde immer wieder der Verdacht geäußert, dass derselbe Pilz auch mit dem germanischen Met verbunden war und beides im Zusammenhang mit der schamanischen Tierverwandlung verwendet wurde:

---

[417] Ström, Åke V. und Biezais, Haralds: *Germanische und Baltische Religion*, S. 231.

[418] Vgl. die „Applikationsart der Ekstasemittel" unter „Zuhilfenahme von Geschmackskorrigentien wie Honig". Leuner, Hanscarl: *Halluzinogene*, S. 51.

[419] Vgl. Rätsch, Christian: *Enzyklopädie der psychoaktiven Pflanzen*, S. 770: „Sollten die Germanen den Met mit psychedelischen Pilzen, z.B. den spitzkegeligen Kahlköpfen (*Psilocybe semilanceata*) oder Dunkelrandigen Düngerlingen (*Panaeolus subbalteatus*), angereichert haben?".

[420] McKenna, Terence: *Die Speisen der Götter*, S. 184.

[421] Vgl. Simek, Rudolf: *Lexikon der germanischen Mythologie*, S. 379f.

[422] Vgl. Wasson, Gordon: Soma: *Divine Mushroom of Immortality* (1967). Zur Frage nach den Zutaten vgl. auch McKenna, Terence: *Speisen der Götter*, S. 135ff.

> Wotan's wild hunt combined with stories describing the origins of the famed Mead of Inspiration are highly suggestive that the early Germanics were familiar with, and revered, the properties of this mushroom.[423]

Die sibirischen Schamanen versetzten sich ihrerseits „nicht bloß durch sehr gewaltsame heftige Bewegungen" und „durch wilden Tanz" in Trance, sondern auch durch „ein aus Fliegenschwamm bereitetes Getränk".[424] Noch in der Mitte des 20. Jahrhunderts heißt es über die sibirischen Kojaken, dass sie „stets einen kleinen Vorrat getrockneter Pilze bei sich tragen, um sie entweder zu kauen (als Ersatz für Kautabak) oder ein berauschendes Getränk daraus zu brauen".[425] Diese Zaubertränke waren eine magische Mischung aus „Pilzkappen [...] verdünnt mit Wasser, Renmilch und Pflanzensäften, zum Beispiel von Heidel- oder Rauschbeere und Weidenröschen".[426]

Stellt sich freilich die Frage, warum nicht auch die Germanen solche Rauschgetränke mit Fliegenpilzen hergestellt habe sollen (zum Beispiel mit Honig oder Hopfen). Ein Beiname Freyjas ist Gullveig, das heißt „Gold" (*gull*) und „Rausch" (*veig*), womöglich ein Hinweis auf den bezaubernden Honigmet, mit dem die Seiðkona schamanisierte. Noch über die neuzeitlichen Hexen heißt es doch, dass sie in ihren Hexenkesseln Zaubertränke mit Fliegenpilzen brauten, um zum Hexensabbat zu fliegen.[427] Eine alte nordische Bezeichnung für Met ist *dverga drykkr* („Trank der Zwerge").[428] Womöglich spielt dieser Name auf den sogenannten „Zwergenwein" an, der sich nach

---

[423] Feeney, Kevin: *The Significance of Pharmacological and Biological Indicators in Identifying Historical uses of Amanita muscaria*, S. 283. Vgl. auch Field, Rick: The Code of the Warrior, S. 63.

[424] Vgl. Leubuscher, Rudolf: *Über die Werwölfe und Tierverwandlungen im Mittelalter*, S. 144. Dieser Bericht stammt wohl aus dem Jahr 1820.

[425] Vgl. Knecht, Sigrid: *Magische Pilze und Pilzzeremonien*, S. 70.

[426] Müller, Klaus E.: *Schamanismus*, S. 83.

[427] Vgl. Golowin, Sergius: *Die Magie der verbotenen Märchen*, S. 107ff. und 111ff.

[428] Vgl. Simek, Rudolf: *Lexikon der germanischen Mythologie*, S. 379.

jedem Regen im Hut des Fliegenpilzes sammelt und der bei Einnahme gleichfalls auf den Geist einwirkt. Ist der Dichtermet ein solcher Zwergenwein?[429] Der Fliegenpilz sieht schließlich selbst aus wie ein Zwerg mit rot-weißer Zipfelmütze. Und tatsächlich ist in der eddischen *Völuspá* von einem Zwerg namens Veigr die Rede, dessen Name sich als „der den Met besitzende Zwerg" oder „der mit den Kräften des Heiltranks Begabte" übersetzen lässt.[430] Auch in der altnordischen *Alvíssmál* ist es ein Zwerg, nämlich Alwis („der, der alles weiß"), der Auskunft über die Rauschgetränke der Germanen erteilt und darüber, „wie das Bier heißt, das der Geborenen Söhne trinken in jeder Welt. Öl heißt's bei den Menschen, aber bei den Asen Bier, Rauschtrank nennen's die Wanen, Helles Getränk die Riesen, aber in der Hel Met, Trank nennen's Suttungs Söhne" (Alvíssmál 33f.).

> Es wird viel spekuliert, um welche Getränke es sich dabei gehandelt haben mag. [...] Im Ritual getrunkene Biere enthielten oft psychoaktive Pflanzenbestandteile wie Schlafmohn und Bilsenkraut. Letzteres wird auch mit dem Berserker in Verbindung gebracht, der in der Dichtung meist als hässlicher, aber kampferprobter Einzelgänger dargestellt wird. Er bringt sich mit dem exzessiven Genuss eines speziellen Biers in Rage. Wie ein Werwolf verändert sich der Berserker dann: er heult laut auf und gerät in einen fürchterlichen Blutrausch. Es gibt aber auch noch andere Hinweise auf Bilsenkraut-Bier.[431]

Am wahrscheinlichsten ist jedoch, dass es gar nicht die eine Hauptzutat für den Skaldenmet gab, auf die die entheogene Wirkung zurückzuführen ist, sondern viele, dass es sich bei „Met" also um

[429] Aus einem Selbstversuch mit Zwergenwein: „Holz- und Steinstrukturen im und um das Haus machten zarte Andeutungen über tiefer verborgene Geheimnisse. [...] In der Nacht hatte ich prachtvoll klare und sammetbunte Träume von angenehm friedlichen Welten". Bauer, Wolfgang: *Protokolle von Fliegenpilzversuchen*, S. 168.

[430] Simek, Rudolf: *Lexikon der germanischen Mythologie*, S. 462.

[431] Meußdoerffer, Franz und Zarnkow, Martin: *Das Bier*, S. 52f.

eine Chiffre handelt für ein Rauschgetränk aus Honig, das mit vielerlei Zauberpflanzen versetzt sein konnte, je nachdem für welchen Zweck es der Schamane gerade brauchte: Angeblich wurde der Met mit „as many as a hundred and twenty different flowers" versetzt.[432] Pflanzen, die in Frage kommen, sind neben dem Fliegenpilz zum Beispiel Bilsenkraut, Hanf, Mohn oder Alraune. Lichtenberger vermutet außerdem, dass der Schierling „von den Schamanen vermutlich ebenfalls zur Bereitung ihrer Rauschgetränke benutzt wurde" und „vielleicht auch in der Hexensalbe war".[433] Womöglich spielte auch der psilocybinhaltige Dunkelrandige Düngling, der vor allem auf Pferdedung gedeiht, eine Rolle: „Möglicherweise war er eine Zutat zum Met oder Bier der Germanen. Immerhin steht der Pilz mit dem Pferd, dem heiligen Tier des germanischen Ekstasegottes Wotan, in symbiotischem Zusammenhang".[434]

Der Fliegenpilz

Der Fliegenpilz ist das zentrale Zaubermittel der zirkumpolaren Schamanen und „dürfte nach Meinung vieler Forscher aus verschiedenen wissenschaftlichen Bereichen zu den bedeutendsten geisterweiternden Pflanzen gezählt haben, vielleicht war er sogar die bedeutendste".[435] Aller Wahrscheinlichkeit nach spielte der Fliegenpilz auch bei den Ekstasekulten der Germanen eine gewichtige Rolle: „Daß er sogar im germanischen Raum von schamanischer Bedeutung war, läßt sich inzwischen rekonstruieren".[436]

Seit dem 17. Jahrhundert kursieren Berichte über schamanische Rituale der Sibirier, in deren Mittelpunkt die Einnahme des rot-weißen Fliegenpilzes als entheogenes Rauschmittel steht und bei denen sich der Schamane die psychotrope Wirksamkeit des Pilzes zunutze macht, um zu fliegen:

---

[432] Vgl. Field, Rick: *The Code of the Warrior*, S. 63.

[433] Lichtenberger, Sigrid: *Züge des Schamanentums in der germanischen Überlieferung*, S. 31.

[434] Hofmann, Albert und Schultes, Richard E.: *Pflanzen der Götter*, S. 52.

[435] Passauer, Uwe: *Der Fliegenpilz*, S. 256.

[436] Rätsch, Christian: *Enzyklopädie der psychoaktiven Pflanzen*, S. 631.

> Der Schamane verfiel zunächst in einen knapp einstündigen Tiefschlaf, erwachte dann, sprang zitternd auf, seine Augen glänzten, er begann zu singen und zu tanzen, wobei seine Bewegungen zunehmend fahriger und wilder, seine Worte unverständlicher wurden, wie in Fetzen zerrissen klangen. Die rasch sich steigernde Erregung begleiteten eine erhöhte Unempfindlichkeit gegenüber äußeren Sinnesreizen, wie Schmerz, und euphorische Hochgestimmtheit. Alsbald setzten auch Halluzinationen ein. Die Wahrnehmung des Schamanen veränderte sich, alles erschien ihm in den Dimensionen vergrößert und verschoben. Er hörte Stimmen, die ihn riefen, sich an ihn wandten – seine Geister kamen, dann erblickte er sie, antwortete, unterhielt sich mit ihnen. Dabei löste er sich allmählich vom Körper, den er jetzt unter sich sah, immer tiefer sinkend, denn er selbst, seine Seele, flog nun mit den Geistern davon – er hatte sein ‚Flugerlebnis', um schließlich zuletzt, nach Stunden und völlig erschöpft, in einen langanhaltenden erneuten Tiefschlaf zu fallen.[437]

Eine berühmt-berüchtigte Sitte der Sibirier war es, den Urin desjenigen zu trinken, der zuvor den Fliegenpilz eingenommen hat, um sich daran zu berauschen.[438] Zumindest biochemisch macht ein solches Verfahren Sinn: Denn der Wirkstoff des frischen Fliegenpilzes, die Ibotensäure (auch Prämuscimol), ist pharmakologisch nur schwach wirksam und hat dazu noch negative Nebenwirkungen wie Magenkrämpfe oder Brechreiz. Erst im Körper wird der Wirkstoff zu Muscimol umgewandelt, welches für den entheogenen Effekt verantwortlich ist. Das im Körper entstandene Muscimol wird dabei fast unverändert vom Körper wieder ausgeschieden, weshalb man sich an dem Urin des Erstkonsumenten fürwahr berauschen kann.[439]

Übrigens kennen nicht nur Menschen die besondere Wirksamkeit des Fliegenpilzes, sondern auch Tiere: „Selbst Rentiere können

[437] Müller, Klaus E.: *Schamanismus*, S. 83f.

[438] Vgl. Lewin, Louis: *Phantastica*, S. 169ff.

[439] Aber auch der „Trocknungsprozeß induziert den chemischen Übergang". Hofmann, Albert und Schultes, Richard E.: *Pflanzen der Götter*, S. 82f.

rauschgiftsüchtig werden, indem sie mit Vorliebe den Harn des Pilzberauschten saufen (Lewin 1962)".[440] So legt das Ren auf der Suche nach den psychotropen Pilzen zum Teil sehr weite Strecken zurück, die Hirsche spüren den Fliegenpilz sogar auf, wenn er mit Schnee bedeckt ist; der Zoologe Reichholf stellte daher die Vermutung an, dass die rote Nase des Weihnachtsrentiers Rudolf eigentlich auf den Fliegenpilz verweise.[441] Tatsächlich berichten die Schamanen immer wieder davon, dass sie ihr Wissen bezüglich der Verwendung von Heilkräutern und Rauschmitteln überhaupt erst von den Tieren lernten. Vielleicht brachte das Rentier einstmals den Menschen das Wissen um die schamanische Verwendung des Fliegenpilzes:

> Sibirische Völkerschaften verehrten den sogenannten Großen Rentiergeist. [...] Zum Julfest, das meistens zur finsteren Jahreszeit im Hohen Norden gefeiert wurde, nämlich zur Wintersonnenwende, wenn es keinen Tag mehr gab, sondern nur noch Nacht, berauschten sich Schamanen mit dem Gift von Fliegenpilzen. Dabei nahmen sie Kontakt mit dem großen Rentiergeist auf. [...] Vielleicht waren sie es ursprünglich sogar gewesen, die die Menschen auf die Wirkung der Fliegenpilze aufmerksam machten. Denn Rentiere verzehren diese Pilze gern. [...] Mit diesem brachten die Rentiere die schönsten Geschenke in die Wildnis. Sie bescherten den Menschen, die sie verehrten, das Gefühl des Fliegens. Die Bezeichnung Fliegen-Pilz bezieht sich auf diese Wirkung. Und es ist der Fliegenpilz, dem auch die rot-weiße Kleidung des Jul-Mannes, des Weihnachtsmannes, zuzuschreiben ist. [...] Das Rentier diente seit alten Zeiten als Vermittler zu den psychedelischen Höhenflügen.[442]

---

[440] Knecht, Sigrid: *Magische Pilze und Pilzzeremonien*, S. 70.

[441] Reichholf, Josef H.: *Einhorn, Phönix, Drache*, S. 111.

[442] Ebd., S. 109ff. In der britischen Dokumentarkomödie *The Curious Case of Santa Claus* (1982) kommt der sibirische Weihnachtsmann persönlich zu Wort und beschreibt ebendiese Beziehung zwischen Rentier, Fliegenpilz und Schamanismus auf seine ganz eigene Art und Weise: „That's how I became a Siberian Junkie just like all the other shamans, driving my reindeer, flying high with gifts from the gods".

Auch die Sámi verwendeten den Fliegenpilz[443], um mit dem „great reindeer spirit“ in Kontakt zu treten.[444] Und schon in *Meyers Konversations-Lexikon* von 1890 wird spekuliert, ob die Germanen ihre Kenntnisse bezüglich des berauschenden Fliegenschwammes von eben diesen benachbarten Nordvölkern abgeschaut haben.[445] Tatsächlich deutet einiges darauf hin, dass auch die Germanen einen schamanischen Fliegenpilz-Kult betrieben: „Die Anwendung toxisch-ekstatischer Zustände im nordgermanischen Raum, im subarktischen und auch im arktischen Raum wird dem Genuß des Fliegenpilzes als einem seit mythologischer Zeit bekannten Ekstase-Mittel zugeschrieben“.[446] Eindeutige Primärquellen gibt es zwar keine. Aber volkstümliche Überlieferungen scheinen die Erinnerung an alte Pilzkulte erhalten zu haben, zum Beispiel die folgende wohlbekannte Erzählung: „Der Sage nach entstehen Fliegenpilze immer dort, wo der Geifer von Sleipnir, Wotans (Odin, Godan) Pferd, zur Wintersonnenwende beim wilden Ritt durch die Wolken hintropft. Genau neun Monate später sieht man dort Fliegenpilze“.[447] Wie alt diese sagenhafte Vorstellung wirklich ist, lässt sich nicht ermitteln. Jedoch stimmt sie auffällig mit Geschichten überein, die sich die sibirischen Schamanen vom Fliegenpilz erzählen, nämlich „daß der oberste Himmelsgott den Fliegenpilz aus seinem Speichel schuf, indem er auf die Erde spie, und der Pilz aus der Flüssigkeit wuchs“.[448] Übrigens ist laut altnordischer Mythe auch der Dichtermet aus Blut und Speichel entstanden (Skáldskaparmál). Man hat beide Überlieferungen, Sage und Mythe, zusammengeführt und geschlossen, dass bei den wilden Winterritualen der Germanen mit Fliegenpilz versetzter Jul-Met getrunken wurde.[449]

---

[443] Vgl. Walter, Nariko M. und Neumann Fridman, Eva J. (Hg.): *Shamanism*, S. 493.

[444] So heißt es in einer Folge der der BBC-Serie *Weird Nature* (2009).

[445] *Meyers Konversations-Lexikon*, Bd. 17, S. 125.

[446] *Reallexikon der germanischen Altertumskunde*, Bd. 7, S. 93.

[447] Rohde, Hartwin: *Pilze in Märchen, Medizin und Religion*, S. 172f.

[448] Rosenbohm, Alexandra: *Halluzinogene Drogen im Schamanismus*, S. 33.

[449] Hoffmann, Mark A. und Ruck, Carl A. P.: *Hunting the Berserkers*, S. 35.

Weitere Übereinstimmungen zwischen Odin und Fliegenpilz sind der gemeinsame Beiname „Einäugiger" und Odins „breitkrempiger Hut".[450] In Anlehnung an die Krafttiere des Gottes, die Raben Hugin und Munin, wurde der Fliegenpilz auch „Rabenbrot" genannt, während Odin selbst als „Rabengott" bezeichnet wurde (Gylfaginning 37).[451] Dazu passt wiederum, dass bei den sibirischen Korjaken-Schamanen ein großer Rabe als Kulturheros die Fliegenpilze brachte (die sogenannten Wapaq-Geister): „Bei den nordasiatischen Völkern ist der Rabe ein heiliges Tier und taucht in den Mythen als Kulturheros auf. Oft wird er mit dem von der obersten Gottheit erschaffenen Fliegenpilz in Zusammenhang gebracht".[452]

> Sie (Hugin und Munin) sind Wotans Späher und symbolisieren der Legende zufolge einen denkenden und einen beobachtenden Teil, also die beiden Voraussetzungen für die Erlangung höherer Einsichten und göttlicher Weisheit. Mit Hilfe der Raben, die ja wie ein Körperteil von ihm sind, konnte Wotan auch große Entfernungen geistig überbrücken. Die Bezeichnung des Fliegenpilzes als Rabenbrot stellt hier seine Verwendung als schamanisches Werkzeug heraus. […] Der Rabe gilt fast überall als schamanisches Krafttier. Es ist gut möglich, dass er lediglich als Synonym für den Fliegenpilz steht.[453]

Neben Rentieren und Raben gelten bei den arktischen Schamanenvölkern aber vor allem Wölfe und Bären als Schutztiere und Totems.[454] Dies scheint auch bei den Germanen so gewesen zu sein,

[450] Ebd., S. 35. Zu dem „Hut" passt auch der „Stab" bzw. „Stiel".

[451] Der Name „Rabenbrot" für „Fliegenpilz" stammt ursprünglich wohl aus dem Mittleren Osten. Klapp, Edzard: *Rabenbrot*, S. 44. Vgl. auch Dörner, Hans Helmut: *Hugin und Munin*, S. 9: „Die Namen der beiden geflügelten Agenten bedeuten: ‚Hugin' – ‚Gedanke/Denken' und ‚Munin' – ‚Gedächtnis/Erinnerung'".

[452] Rosenbohm, Alexandra: *Der Fliegenpilz in Sibirien*, S. 94.

[453] Vgl. Rohde, Hartwin: *Pilze in Märchen, Medizin und Religion*, S. 173.

[454] Vgl. *Schamanengeschichten aus Sibirien*, S. 161, Schwaar, H. U.: *Sápmi*, S. 123.

wo der Fliegenpilz wiederum mit der Berserkerwut in Verbindung steht:

> Man hat sie (die Wirkungen des Fliegenpilzes) sogar in Verbindung mit den alten Angaben gebracht, daß norwegische Männer oder Riesen des Altertums, die man ‚Berserker' nannte, zeitweilig in eigenartige Zustände von Wildheit und Wut geraten sein sollen. Dies sei, so meinte man, durch Genuß von Fliegenpilz zustande gekommen, der für diesen Zweck bei allen nordischen Völkern bis nach Island hin Verwendung gefunden habe.[455]

Die populäre Theorie, dass der Berserkergang auf den Konsum von Fliegenpilzen zurückzuführen ist, wurde erstmals im Jahr 1784 von Samuel Ödmann vorgebracht (*Versuch, über die Naturgeschichte den Berserker-Gang der alten nordischen Kämpfer zu erklären*). Der schwedische Naturforscher und Kulturhistoriker ließ sich dabei von den zeitgenössischen Berichten über den Gebrauch des Fliegenpilzes bei sibirischen Schamanen inspirieren. Aber noch 1981 brachte der Volkskundler Golowin den Berserker-Gang mit dem Fliegenpilz zusammen und nannte ihn eine „schamanistische Kunst".[456]

Diese Theorie wurde seitdem zwar vielfach angefochten, weil die Beschreibung der Berserkerwut – Tobsucht und Kampfesrausch – kaum mit der eher narkotisierenden Wirkung des Fliegenpilzes übereinstimme.[457] „Dennoch ist sie nicht ganz abwegig", heißt es beim Ethnologen Duerr, der gleich eine ganze Handvoll Gegenbeispiele auflistet, bei denen der Verzehr von Fliegenpilzen eben doch zu

[455] Lewin, Louis: *Phantastica*, S. 167f.

[456] Golowin, Sergius: *Das Reich des Schamanen*, S. 74. Dagegen im selben Jahr Leuner, der den Berserkergang zwar mit dem Pilz zusammenbringt, jedoch von „nicht-schamanistischen Zwecken" spricht. Leuner, Hanscarl: *Halluzinogene*, S. 53.

[457] Fliegenpilz rufe „keine Reaktionen hervor, welche mit der sogenannten Berserkerwut vergleichen werden könnten". Rosenbohm, Alexandra: *Halluzinogene Drogen im Schamanismus*, S. 32. Vgl. auch Rätsch, Christian: *Enzyklopädie der psychoaktiven Pflanzen*, S. 634: „Der Fliegenpilz ist ganz sicher *nicht* die Berserkerdroge".

„Tobsuchtsanfällen“ und „unglaublichen Kraftäußerungen“ führte: „In einem wogulischen Lied wird von einem Mann erzählt, der sich später in einen Bären verwandelte, und welcher mit Hilfe derer in der Sonne getrockneter Fliegenpilze in eine derartige Wut geriet, daß er eine stattliche Anzahl von Leuten hinmetzelte“.[458] Zieht man die weiter oben vorgebrachte Erklärung in Betracht, dass es sich bei der Berserkerwut mitnichten um ein militärisches Phänomen handelt, sondern ein schamanisches, bei dem die Tierverwandelten nicht gegen menschliche, sondern gegen metaphysische Feinde kämpften, und zwar in Trance, lässt sich die Theorie vom Fliegenpilz-Berserker guten Gewissens wiederbeleben. Zwar finden sich in der nordischen Literatur kaum Hinweise auf den Fliegenpilz, jedoch stimmen einige der „Kampfszenen“ durchaus mit seiner Wirkung, ekstatische Zustände hervorzurufen, überein. Schon Buchholz hat darauf hingewiesen, dass „die Überlieferung Beispiele für Kämpfe in Tiergestalt bei ‚gleichzeitigem‘ Zu-Hause-Sitzen bietet“.[459] Und auch der Hexenforscher Carlo Ginzburg hat derartige Fälle gefunden und mit dem Schamanentum in Verbindung gebracht:

> In der Hávardar Saga beispielsweise wird ein Krieger, der zu einer Gruppe von Zauberkundigen zählt, von einer plötzlichen Schläfrigkeit befallen, die ihn nötigt, sich auf den Boden zu legen und seinen Kopf mit seinem Mantel zu bedecken. Im selben Augenblick beginnt einer der Feinde sich im Schlaf zu rühren und heftig zu seufzen. Zwischen den Seelen der beiden in Starre versunkenen Krieger findet ein Zweikampf statt, der mit dem Sieg des ersten endet.[460]

Dass der Berserkergang womöglich doch auf Fliegenpilzverzehr zurückzuführen ist, bekräftigt auch die nordgermanische Überlieferung vom Bärenmenschen Böðvar Bjarki, in der „offenkundig

[458] Duerr, Hans Peter: *Traumzeit*, S. 410. Auch der Fliegenpilzforscher Wolfgang Bauer will (nach Selbstversuchen) die Berserkerpilz-Theorie nicht ausschließen.

[459] Buchholz, Peter: *Schamanistische Züge in der altisländischen Überlieferung*, S. 69.

[460] Ginzburg, Carlo: *Hexensabbat*, S. 290.

schamanistische Bärenvorstellungen literarisch verarbeitet“[461] wurden. Bei dieser Figur aus der altnordischen Heldensage, deren Name „kriegerischer kleiner Bär“ bedeutet und die von vielen mit dem altenglischen „Beowulf“ assoziiert wird, handelt es sich um einen frühmittelalterlichen Norweger im Gefolge des mythischen Dänenkönigs Hrólf Kraki.[462] In dem altnordischen Gedicht *Bjarkamál* (ca. 1.000) – „Lied des Bjarki“ – wird geschildert, wie ein gewaltiger Bär in der ersten Reihe der Schlachtordnung die feindlichen Heere aufreibt, während Bjarki im Lager schlafend auf dem Bett liegt. Ein Gefährte versucht Bjarki immer wieder aus dem Tiefschlaf zu erwecken, doch als dieser endlich zu sich kommt, ist der Bär verschwunden. Die Pointe ist wohl offensichtlich: Der Krieger hat im Geiste die Gestalt des Tieres angenommen und kämpft mit feindlichen Dämonen, während der Körper sich nicht regt. Das heißt, dass der Berserkergang sich eben nicht auf physischer, sondern psychischer Ebene abspielt, weshalb das Argument, der Zustand der Berserkerwut passe nicht zur Pharmakologie des Fliegenpilzes, fragwürdig erscheint.

Hexenpflanze Bilsenkraut

Das Bilsenkraut ist eine altgermanische „Zauber- und Mysterienpflanze“.[463] Es wurde nachweislich von den antiken Seherinnen zur Weissagung verwendet und von den mittelalterlichen und frühneuzeitlichen Hexen als Flugmittel eingesetzt: „Das Bilsenkraut dürfte das eigentliche Hexenkraut gewesen sein. Es ist ganz sicher eine der ältesten den Indogermanen bekannten und von ihnen benutzten Gift- und Zauberpflanzen“.[464] Zur traditionellen Tracht der altheidnischen Zauberinnen gehörte ein verzierter Lederbeutel, in dem die Samen dieser Götterpflanze aufbewahrt wurden: In dem Grab der

[461] Wamers, Egon (Hrsg.): *Bärenkult und Schamanenzauber*, S. 66.

[462] Der Name Hrólf Kraki wiederum leitet sich von dän. krage her und bedeutet „als Leiter benutzter Baumstamm“ – ein Hinweis auf den Weltenbaum?

[463] *Reallexikon der germanischen Altertumskunde*, Bd. 24, S. 181.

[464] Abraham, Hartwig und Thinnes, Inge: *Hexenkraut und Zaubertrank*, S. 109.

Völva von Fyrkat (Dänemark) fand man Beigaben des schwarzen Bilsenkrauts.[465]

> Wahrscheinlich haben kluge Frauen und Zauberer von uralter Zeit her schon die narkotisierenden Salben gekannt und angewandt, um sich ähnlich wie die Medizinmänner der jetzigen Naturvölker in einen visionären Zustand zu versetzen, möglicherweise auch, um sich angenehme erotische Träume zu verschaffen.[466]

Um die kulturelle und religiöse Bedeutung des Bilsenkrautes besser zu verstehen, lohnt ein vergleichender Blick in das antike Griechenland, zum sagenumwobenen Orakel von Delphi. Denn es „wird vermutet, daß die Priesterinnen des Orakels von Delphi ihre Weissagungen unter dem Einfluß des Rauches von Bilsenkraut machten".[467] Die bedeutendste Weissagungsstätte der antiken Welt war gelegen am Hang des Götterberges Parnassós. Der Ort galt als Mittelpunkt der Erde, als „Nabel der Welt". Hier offenbarte die Pythia genannte Priesterin den Willen der Götter (lat. *oraculum*: „Götterspruch"). Von weit her reisten die Menschen, um sich von der Pythia allgemeinen Rat und Auskunft über ihr Schicksal einzuholen. Es heißt, dass die Seherin die Zukunft aus „Bohnen" gelesen habe. Womöglich sind damit „Saubohnen" gemeint, das ist der altgriechische Name für das Bilsenkraut (in der Antike wurde die Pflanze außerdem *Dios*-cyamos genannt: „Götterbohne").[468] Das wichtigste Ritualgerät der Pythia war der „Dreifuß" (altgr. *tripous*), ein kesselartiger Kultgegenstand, in dem „Räucherwerk entzündet werden konnte".[469] Auf diesem Dreifuß saß die griechische Pythia wie auf einem germanischen Seiðhjallr und verräucherte das Bilsenkraut. Vielleicht steht der Kessel mit dem mythischen „Kessel

[465] Vgl. *Reallexikon der germanischen Altertumskunde*, Bd. 14, S. 233.

[466] Lehmann, Alfred: *Aberglaube und Zauberei*, S. 682.

[467] Haerkötter, Gerd und Marlene: *Hexenfurz und Teufelsdreck*, S. 59f.

[468] Vgl. Golowin, Sergius: *Die Magie der verbotenen Märchen*, S. 155.

[469] Giebel, Marion: *Das Orakel von Delphi*, S. 14.

Hexen-, Zauber- und Schamanenpflanze: In den Gräbern germanischer Prophetinnen fand man als Beigabe das Bilsenkraut.
Aus: Prof. Dr. Otto Wilhelm Thomé *Flora von Deutschland, Österreich und der Schweiz* 1885

des Dionysos" in Verbindung, „in welchem der junge Dionysos auf Schamanenart von den Titanen zerstückelt und gekocht wurde".[470] Womöglich ist er aber auch mit jenen Hexenkesseln verwandt, welche die „vorchristlichen Skandinavier" zu ihren „Kessel-Festen" verwendeten, „während deren ganzen Dauer berauschende Dämpfe (offenbar aus dem Riesengefäß im Mittelpunkt!) aufstiegen".[471]

> In Griechenland war das Bilsenkraut Apollon, dem Gott der Weissagung, zugeordnet und wurde als Narkotikum und Wahrsagemittel benutzt. Als Räuchermittel trug diese Pflanze vermutlich zur Wahrsagung der Seherin Pythia in Delphi bei. Bei den Germanen diente die Art dem Regenzauber und als Zugabe zum Met. Während des Mittelalters galt das Bilsenkraut als Hexenpflanze und wurde zum Hellsehen eingesetzt. Das Rauchen der Samen hatte berauschende und in höherer Dosis auch toxische Wirkung. Weiterhin fanden Zubereitungen als Schmerz- und Schlafmittel Verwendung.[472]

In Anlehnung an den antiken Gott der Weissagung und des Lichtes, Apollon, wurde das Bilsenkraut bei den Griechen „Apollinaris" genannt.[473] Bei den Germanen war das Bilsenkraut womöglich ebenfalls dem Lichtgott geweiht, nämlich Balder, jenem „nordischen Apollon". Darauf deutet jedenfalls die Etymologie des Pflanzennamens, welcher sich wie der Göttername von indogermanisch **bhel* „weiß, glänzend" herleitet.[474] Balder ist vor allem durch seine Unterweltfahrt bekannt, ein Mythenmotiv, das schon Eliade „deutlich schamanisch" nannte.[475] Vielleicht ermöglichte die Zauberpflanze den germanischen Seherinnen eine ganz ähnliche Erfahrung.

---

[470] Duerr, Hans Peter: *Traumzeit*, S. 319.

[471] Golowin, Sergius: *Die Magie der verbotenen Märchen*, S. 107.

[472] *Reallexikon der germanischen Altertumskunde*, Bd. 24, S. 182.

[473] Vgl. Golowin, Sergius: *Die Magie der verbotenen Märchen*, S. 156.

[474] Auch der Name des keltischen Sonnengottes Beal, Bel bzw. Belenos leitet sich von diesem Wort ab. Vgl. Storl, Wolf-Dieter: *Götterpflanze Bilsenkraut*, S. 21f.

[475] Eliade, Mircea: *Schamanismus und archaische Ekstasetechnik*, S. 365.

Weitere volkstümliche Bezeichnungen des Bilsenkrautes, die auf eine schamanische Verwendung hindeuten, sind Rasewurzel, Tollkraut, Zauberkraut, Schlafkraut (Hypnotikon) oder Prophetenkraut (Pythonion).[476] Eindeutig germanisch scheint außerdem die Bezeichnung Nifelkraut, man denke an das „Niflheim" der Unterwelt, in das wiederum Odin reitet, um bei einer toten Völva Auskunft über Balders Schicksal einzuholen, abermals „eine ziemlich deutliche Ähnlichkeit mit den sibirischen Schamanen".[477]

Das älteste schriftliche Zeugnis für die Verwendung von Bilsenkraut findet sich bei Burchard von Worms (ca. 1000):

> Wenn sie Regen benötigen und keinen haben, sammeln sie mehrere Mädchen und erwählen sich daraus eine kleine Jungfrau gewissermaßen zur Anführerin. Sie entblößen sie und führen die so Entblößte außerhalb der Siedlung an einen Ort, wo sie Hyoscyamus finden, was auf deutsch Bilse heißt. Sie lassen sie dieses Kraut mit dem kleinen Finger der rechten Hand ausreißen und das entwurzelte Kraut an der kleinen Zehe des rechten Fußes mit irgendeinem Band befestigen. Dann führen die Mädchen, von denen jedes eine Rute in Händen hält, die besagte Jungfrau, die das Kraut hinter sich herzieht, in den nächsten Fluß, und mit eben den Ruten bespritzen sie die Jungfrau mit Flußwasser, und so hoffen sie, mit ihren Zaubereien (oder Zaubergesängen) Regen zu erhalten. Dann führen sie die besagte Jungfrau, nackt, wie sie ist, und die Füße nach Art des Krebses aufsetzend und bewegend, an den Händen vom Fluß zur Siedlung zurück.[478]

Gesemann deutet diese Überlieferung als „Regenzauberritus" mit dem Krebsgang als „Zaubertanz" und mit dem Bilsenkraut als „Zauberkraut".[479] Solche Regenrituale kennt man heutzutage nur noch aus dem Märchen, man denke etwa an jenes Mädchen, das

---

[476] Vgl. *Quellen und Forschungen zur deutschen Volkskunde*, Bde. 5-6, S. 90.

[477] Eliade, Mircea: *Schamanismus und archaische Ekstasetechnik*, S. 367.

[478] In: Hasenfratz, Hans-Peter: *Die religiöse Welt der Germanen*, S. 86f.

[479] Gesemann, Gerhard: *Regenzauber in Deutschland*, S. 17ff.

mithilfe eines „Metfläschchens" mit der numinosen Regentrude in Kontakt tritt: „Mag der Himmel wissen, woraus die Urahne den gebraut hat" (Theodor Storm). Bei Prentner heißt es: „Keltische Schamaninnen weckten mit Hilfe des Bilsenkrautes die Regentrude aus ihrem Schlaf".[480] Tatsächlich sind sie solche Rituale typisch für schamanische Kulturen auf der ganzen Welt.[481]

Dass das Bilsenkraut zum Wetterzauber herangezogen wurde, deutet auf seine Beziehung zum germanischen Gewittergott Thor bzw. Donar hin. Man geht davon aus, dass das Bilsenkraut „unter seinem Schutze" stand: „Das Bilsenkraut (Hyoscyamus niger), das Donar besonders lieb und wert gewesen sein muß, brachte man ihm dar, um Regen für die trockenen Felder zu erflehen".[482] Auffälligerweise ist Donar nicht nur der Gott des Wetters, sondern auch der Gott des Zaubertrankes: „Die Wolken am Himmel sind ein gewaltiger Braukessel, in dem Thor beim Gewitter braut, der herabströmende Regen ist das Wolkenbier".[483] In der *Edda* besitzt Thor einen riesigen Kessel, in dem das Götterbier gebraut wird; in demselben Lied wird er „Herr der Böcke" genannt (Hymirlied). Dem Donar zu Ehren wurde bei den Jahresfesten zu Walpurgis und Johannis das sogenannte „Bockbier" gebraut (Böcke sind die Krafttiere des Donnergottes).[484] Wahrscheinlich war dieses Bier mit Bilsenkraut versetzt.[485] Angeblich leitet sich die Bezeichnung „Pils" für weißes Bier von „Bils(enkraut)" her: Ortsbezeichnungen wie „Pilsen"

[480] Prentner, Angelika: *Bewusstseinsverändernde Pflanzen von A-Z*, S. 50.

[481] Vgl. Duerr, Hans Peter: *Traumzeit*, S. 287f. und 334.

[482] Lettenbaur, K: *Die Pflanzenwelt und unsere deutsche Göttersage*, S. 288.

[483] *Handwörterbuch des deutschen Aberglaubens*, Bd. 1, S. 1258.

[484] „Das sind die beiden Tiere Thôrs, die er vor einen Wagen spannt. Sie sind uns in ihrer Symbolik als Zeichen des Frühjahrs sehr vertraut im Bockbier, dessen Erklärung so lange rätselhaft gewesen ist". Winckler, Hugo: *Die babylonische Kultur in ihrer Beziehung zur unsrigen*, S. 43.

[485] Vgl. Rätsch, Christian: *Enzyklopädie der psychoaktiven Pflanzen*, S. 280 und Storl, Wolf-Dieter: *Götterpflanze Bilsenkraut*, S. 67ff. Vgl. auch Meußdoerffer, Franz und Zarnkow, Martin: *Das Bier*, S. 41.

scheinen auf die Anbaugebiete dieser Götterpflanze in altgermanischer Zeit hinzuweisen.[486]

In christlicher Zeit wurde das Bilsenkraut jedoch verteufelt und in „Teufelsauge" oder „Teufelswurz" umbenannt. In der frühen Neuzeit heißt es bei Hippolytus Guarinonius: „Wenn dem Bier oder Met Bilsen-samen oder dergleichen Bettelwerk zugesetzt wird, wird es zum reinsten Gifttrank".[487] Die göttliche Seherin wurde fortan mit der hexenhaften „Unglücksfrau" assoziiert, die über das höllische „Nifelheim" herrsche:

> Alle durch Krankheit sterbenden Menschen kamen, wie die Alten glaubten nach Niflheim, und welch' eine furchtbare Krankheit, welch einen elenden Tod bringt das schlimme Bilsenkraut. O hütet euch davor, ihr Kinder! Kein Wunder dünkt es mich, daß man dies Kraut mit allem Bösen zusammenbrachte, auch soll es den Hexen bei ihren nächtlichen Blocksberggelagen als Herzstärkung dienen.[488]

Der heilige Kessel und sein Inhalt wurden von den Christen „als Instrument böser Mächte verteufelt".[489] In der frühen Neuzeit wurde Bilsenkraut als Bierwürze ausdrücklich verboten (Land- und Polizeiordnung 1649): „Das deutsche Reinheitsgebot für Bier wurde aufgestellt, um die Zugabe von Bilsenkraut und anderen psychoaktiven Substanzen zu unterbinden".[490]

Offensichtlich hielten sich aber nicht alle an dieses Verbot. Schließlich heißt es noch in der frühen Neuzeit von den Hexen, dass sie auf *Böcken* und unter Zuhilfenahme einer *Bohne* (Bilse) zum Blocksberg fliegen: „Nach deutschem Volksglauben erhielten

---

[486] Vgl. Golowin, Sergius: *Die Magie der verbotenen Märchen*, S. 113ff. Vgl. auch Haerkötter, Gerd und Marlene: *Hexenfurz und Teufelsdreck*, S. 64.

[487] Zitiert nach Dörrer, Anton: *Hippolytus Guarinonius (1571-1654) zur 300. Wiederkehr des Todestages*, S. 128. Vgl. auch *Tabernaemontanus* (1588).

[488] Reichling-Meldegg, Adolfine: *Alräunchen's Kräuterbuch*, S. 84.

[489] Meußdoerffer, Franz und Zarnkow, Martin: *Das Bier*, S. 42.

[490] Metzler *Lexikon Religion*, Bd. 3, S. 135.

die Hexen am Walpurgistage vom Teufel eine Bohne, an welche ihr Leib- und Buhlteufel gebunden sein sollte".[491] Tatsächlich fällt in den frühneuzeitlichen Berichten über Hexenflüge auf, dass die Hexen, die angaben, auf dem Sabbat gewesen zu sein, während der fraglichen Zeit tatsächlich zu Hause waren und schliefen. So heißt es in der *Blockes-Berges Verrichtung* (1668) von Johannes Praetorius,

> daß man Hexen gesehen, welche im Schlafe sich heftig bewegten, nicht anders als wenn sie von einem großen Schmerz befallen wären oder auf einem Stuhl oder auf sonst einem Dinge ritten, wie die, die den Pferden die Sporen geben und mit aller Macht davoneilen. Unterdes wären sie nicht aus dem Hause gekommen und wenn sie aufgewacht, so lasch und müde gewesen, als wären sie von einer weiten Reise nach Hause gekommen, hätten danach auch wunderseltsame Dinge erzählt, die sie unterwegs wollten gesehen haben; ja, sie wären auch auf die recht zornig geworden, die ihren Worten keinen Glauben hätten geben wollen.[492]

Derartige Beschreibungen erinnern deutlich an die Berichte aus Sibirien, in denen der Schamane gleichfalls „bewegungslos auf einer Schlafbank" liegt, „sein Ich aber kämpft in Gestalt seines alter-ego-Stieres mit dem Gegner; stößt dieser den Stier des Schamanen zu Tode, so stirbt auch der Schamane auf seiner Schlafbank".[493] Die Tatsache, „dass Hexen ihren Körper wie leblos zurücklassen und mit ihrem Astralleib große Entfernungen überwinden und in verschlossene Räume eindringen können", erinnert zweifelsohne an die „ekstatische Seelenreise des Schamanen".[494]

---

[491] Vgl. Reko, Victor A.: *Magische Gifte*, S. 132 und Golowin, Sergius: *Die Magie der verbotenen Märchen*, S. 154.

[492] Praetorius, Johannes: *Blocks-Berges Verrichtung*, S. 43.

[493] *Schamanengeschichten aus Sibirien*, S. 44.

[494] Rosenbohm, Alexandra: *Der Fliegenpilz in Sibirien*, S. 96.

Der Volkskundler Will-Erich Peuckert hat ebenfalls bemerkt, dass „Hexen, die auf der Fahrt sind, [...] starr und steif zu Hause" liegen, was auf „irgend etwas Außernormales, eine Vergiftung etwa oder einen Krampfzustand" hinweise: „Wo aber kommt dieser her? Und was bedeutet ‚auf der Fahrt'?".[495] Um sich diese Fragen zu beantworten, wagte Peuckert einen Selbstversuch mit selbst hergestellter Hexensalbe nach alter Rezeptur, der durchaus an die Schilderungen der frühneuzeitlichen Hexen erinnert:

> Ich ahmte, zusammen mit einem befreundeten Breslauer Rechtsanwalt, vor nunmehr vierzig Jahren eine dieser Salben nach, indem wir einen Absud aus Hyoscyamus, das ist Bilsenkraut, Datura stramonium, das ist Tollkirsche, hergestellten, zusammen mit Sellerie und Pferdebohnen in ölige Mischung brachten, und – wie die Hexen, Schläfen und Achselhöhlen damit salbten. Ja, etwas Mohn und eine Spur von Aconit war noch dabei. Und das Ergebnis war ein jenen Salben der Hexen ungefähr Entsprechendes; wir träumten erst wilde und dann doch gehemmte Flüge, darauf wüste Feste, welche einem entfesselten Jahrmarktstreiben glichen, und mündeten schließlich in erotische Zügellosigkeit ein, auf welche das Erwachen und ein arger, ungemütlicher ‚Kater' folgte'.[496]

Die Magie der Mandragora

Sulamith und Salomo sitzen in den „Gärten". Betörender Duft steigt auf von all den „Liebesäpfeln" um sie herum. Spontan sagt sie zu ihm: „Komm, mein Geliebter, lass uns aufs Feld hinausgehen, dort will ich dir meine Liebe geben". Diese fast 3.000 Jahre alte Geschichte erinnert stark an die Berichte über zügellose Orgien auf dem deutschen Blocksberg, an einen Hexensabbat, bei dem es die wilden Weiber mit den Teufeln in den Feldern treiben. Tatsächlich stammt sie aber aus dem biblischen *Hohelied des Salomo*. Offenbar sind diese Äpfel, von denen da die Rede ist, stark

[495] In: Baroja, Caro: *Die Hexen und ihre Welt*, S. 314.

[496] Ebd., S. 316f.

Alraune – der volkstümliche Name der Schamanenpflanze *Mandragora*, deren Wurzel wie ein Menschlein aussieht, ist auch ein Name der germanischen Seherinnen. Hieronymus Brunschwig, 1500.

aphrodisierend. Glücklicherweise wird der Gattungsname der Zauberpflanze in derselben Strophe gleich mitgegeben: „Schon duften die Mandragoren".[497]

Die Mandragora (Alraune) ist eine uralte Hexen- und Heilpflanze: Sie wird schon im altägyptischen *Papyrus Ebers* im 16. Jahrhundert vor unserer Zeitrechnung erwähnt (*djadja*) und war „die wichtigste Zauberwurzel der Antike".[498] Von den vorchristlichen Völkern des Mittelmeerraumes wurde die Mandragora als eine

[497] „Mandragora (auch Alraune genannt), eine Wurzel mit halluzinogener Wirkung, die in Palästina als Aphrodisiakum bekannt war, wird in der Genesis (30:14-16) und im Hohelied Salomons (7:13) erwähnt, allerdings ist in manchen Übersetzungen statt dessen von der Tollkirsche (*Atropa belladonna*), einem anderen halluzinogenen Nachtschattengewächs, die Rede". Kupfer, Alexander: *Göttliche Gifte*, S. 10.

[498] *Reallexikon der germanischen Altertumskunde*, Bd. 24, S. 186.

Pflanze der Götter verehrt, namentlich der Aphrodite, der antiken Göttin der Liebe; sie wurde auch *Mandragoritis* genannt (Hesychius um 550). Das natürliche Vorkommen der Mandragora erstreckt sich vom Mittelmeerraum über Zentralasien bis in den Himalaya. Überall wurde sie als heilig angesehen und zu zauberischen Zwecken verwendet. Aber kannten auch die Germanen die Magie der Mandragora? Fest steht, dass die Alraune spätestens seit dem Mittelalter als Bestandteil der Hexensalben gehandelt wird („Tollkirsche, Bilsenkraut und Alraune galten im mittelalterlichen Europa als Hauptzutaten zu Hexenbräuen“[499]) und dass ihre magische Bedeutung bis in den hohen Norden vorgedrungen ist („In Skandinavien ist die Zauberwurzel ‚alraune‘ ebenfalls wohlbekannt“[500]). Nicht auszuschließen also, dass auch die antiken Germanen die Alraune kannten, zumindest durch Tauschhandel, und die Wurzel ebenfalls der Göttin der Liebe weihten, nämlich der nordischen Seiðkona Freyja: Vielleicht handelt es sich sogar bei Freyjas Zauberhalsband Brisingamen um ein Alraunenamulett. Jedenfalls hieß es im Volksglauben noch lange, dass die „Alraunenwurzel“, vom „schönen Geschlecht“ getragen, dazu in der Lage ist, „unwiderstehlich zu machen“.[501]

Der althochdeutsche Name der Mandragora ist „Alraune“. Das ist bemerkenswert, erinnert dieser doch deutlich an den Namen der von Tacitus in einem Atemzug mit der heiligen Veleda benannten germanischen Zauberin „Albruna“.[502] Tatsächlich trägt die Alraune auch linguistisch gesehen denselben Namen wie die Seherin, „denn ist diese Benennung (Alraune, Alrune) wahrscheinlich durch Erleichterung der Drittkonsonanz -lbr- aus **albrun[a]*

---

[499] Hofmann, Albert und Schultes, Richard E.: *Pflanzen der Götter*, S. 81.

[500] *Handwörterbuch des deutschen Aberglaubens*, Bd. 1, S. 322.

[501] Söhns, Franz: *Unsere Pflanzen hinsichtlich ihrer Namenserklärung und in ihrer Stellung in der Mythologie und im Volksglauben*, S. 68.

[502] Vgl. Lettenbaur, K: *Die Pflanzenwelt und unsere deutsche Göttersage*, S. 288. Vgl. auch Söhns, Franz: *Unsere Pflanzen hinsichtlich ihrer Namenserklärung und in ihrer Stellung in der Mythologie und im Volksglauben*, S. 65f.

entstanden".[503] Demnach könnte auch die Mandragora eine germanische Schamanenpflanze gewesen sein, derer sich die Zauberinnen bedienten.[504] Schon Jacob Grimm hat den Namen der Alraune „wol befugt mit dem der weisen frauen unseres höchsten alterthums zusammengestellt":

> Warum sollte nicht schon den weisen frauen unseres frühsten alterthums kräuterkunde beigewohnt haben? noch hexen und alten weibern wird sie zugeschrieben und nicht ohne bedeutung scheint, daß die hexen ihrem buhler oder sich selbst namen aus heilkräutern entnehmen.[505]

Die Alraune ist eine dezidierte „Frauenpflanze" und wurde von den germanischen Zauberinnen zur Heilkunde verwendet: Noch die frühneuzeitliche Hebamme Hester Jonas verwendete für ihre Arbeit unter anderem die Alraune. Jedoch geriet sie in die Fänge der christlichen Inquisition und wurde am 24. Dezember 1635 als Hexe hingerichtet („Hexe von Neuss").

> Im europäischen Spätmittelalter und der Frühen Neuzeit wurden im Rahmen der Inquisition auch Kräuterheilkundige, beispielsweise ‚weise Frauen', verfolgt und verbrannt. Zu den Nachtschattengewächsen, die von ihnen verwendet wurden, zählen Alraune, Stechapfel, Tollkirsche und Bilsenkraut. Sie fanden wahrscheinlich auch in Form von ‚Hexensalben' im Rahmen von Fruchtbarkeitsritualen wie in der Walpurgisnacht Anwendung.[506]

---

[503] Duden. *Herkunftswörterbuch*, S. 30.

[504] Vgl. Rätsch, Christian: *Enzyklopädie der psychoaktiven Pflanzen*, S. 345.

[505] Grimm, Jacob: *Deutsche Mythologie*, Bd. II, S. 1000 bzw. 1005.

[506] Metzler *Lexikon Religion*, Bd. 3, S. 135. Dennoch hat sich das Wissen um die naturmagische Bedeutung dieser Pflanzen bis heute erhalten: „Die Nachtschatten (sehr wichtig für die Medizin aller Jahrhunderte!) sind auf alle Fälle auch nach den Hexenverfolgungen, also der ‚Verteufelung' des alten Wissens, das Sinnbild für eine vertiefte Kenntnis der Überlieferung der Natur". Vgl. Bauer, Wolfgang et al. (Hrsg.): *Lexikon der Symbole*, S. 252.

Etymologisch geht der Name „Alraune" zurück auf die althochdeutschen Worte *alb* („Elfe, Geist") und *runa* („Geheimnis"): „Alrune, Albrune für Mandragora und als Name für Zauberfrauen hängt zweifellos mit diesem Alp, Alb, dem Elf zusammen, dieser magischen Kraft, auf die man die schweren und glücklichen Träume und Gesichte zurückführte".[507] Der Geist der Zauberpflanze steckt also in der Wurzel des Gewächses. Diesen Pflanzengeist dachte man sich elfen- oder koboldartig (auch Freyjas Halsband wurde von Zwergen geschmiedet), und tatsächlich erinnert das Aussehen der Wurzel (aufgrund ihrer Verästelungen) an die Gestalt eines kleinen Menschleins.[508] Viele volkstümliche Überlieferungen belegen, dass dieses „Alraunenmännlein" mitunter sogar wie ein Mensch behandelt (gekleidet, gefüttert und gewaschen) und als lebendiger Glücksbringer getragen wurde: „Beide Eigenschaften, menschenähnliche Gestalt und Giftigkeit, waren jedenfalls die Ursache für die Rolle der Mandragora im Zauberglauben". [509]

Noch Goethe kannte die sagenumwobene Alraune ganz genau. So heißt es im *Faust II*: „*Der eine faselt von Alraunen, / Der andre von dem schwarzen Hund*" (V.4979f.). Mit diesen Versen spielt der Dichter auf ein altes Ritual an, die Wurzel der Alraune auszuheben, ohne dabei sein Leben zu lassen. Im Volksmund heißt es nämlich, dass das Alraunenmännlein, wenn man es aus der Erde reißt, so entsetzlich schreit, dass man davon sterben muss.[510] Deshalb soll man einen schwarzen Hund an die Pflanze binden und davonjagen, so dass dieser statt dem Menschen sterbe:

> beim ausgraben ächzt und schreit sie so entsetzlich, daß der grabende davon sterben muß. man soll also freitags vor sonnenaufgang, nachdem die ohren mit baumwolle oder wachs verstopft sind, einen ganz schwarzen hund, an dem kein weißes härchen sei,

---

[507] Golowin, Sergius: *Die Magie der verbotenen Märchen*, S. 132.

[508] Pythagoras nannte die Alraune deshalb „Anthropomorphos".

[509] *Handwörterbuch des deutschen Aberglaubens*, Bd. I, S. 313.

[510] Diese Vorstellung wird auch in J. K. Rowlings *Harry Potter* aufgegriffen.

> mitnehmen, drei kreuze über die alraun machen und rings herum graben, daß die wurzel nur noch an dünnen fasern hänge. Dann werden diese mit einer schnur an den schwanz des hundes gebunden, dem hund wird ein stück brot gezeigt und eiligst weggelaufen. Der hund nach dem brot gierig folgt und zieht die wurzel aus, fällt aber von ihrem ächzenden wehruf getroffen todt hin. Hierauf wird die wurzel aufgehoben (das ist jenes sublime tolli), mit rotem wein gewaschen, in weiß und rothe seide gewickelt, in ein kästlein gelegt, alle freitage gebadet und alle neumonde mit neuem weißem hemdlein angethan. Fragt man sie nun, so offenbart sie künftige und heimliche dinge zu wolfart und gedeihen, macht reich, entfernt alle feinde, bringt der ehe segen und jedes über nacht zu ihr gelegte geldstück findet man morgens verdoppelt, doch überlade man sie nicht damit".[511]

Bereits im 19. Jahrhundert hat sich ein gewisser Edmund O. von Lippmann mit dem Aberglauben rund um die Alraune näher befasst und „specifisch germanische Züge" erkannt; zum Beispiel nennt er den schwarzen Hund ein „Attribut der Unterweltgöttin Nehallenia" und zählt denselben zum „Gefolge des zum wilden Jäger gewordenen Odin".[512] Auch den volkstümlichen Namen „Galgenmännlein"[513] bzw. die damit verbundene abergläubische Vorstellung, dass die Alraunenpflanzen dort wachsen, wo das Sperma eines Gehängten hin tropft, führt er auf die germanische Mythologie zurück:

> Die Alraunwurzel findet sich zunächst unter heiligen Bäumen, zum Beispiel Eschen, Eicheln, Eiben, Haseln und Kreuzdorn; ihre Entstehung aus dem Samen eines am Galgen Gehängten verweist auf das sagenhafte neuntägige Hängen Odins an der Weltesche Yggdrasil, sowie auf eine spätere Erzählung, nach der die Alraunen

[511] Grimm, Jacob: *Deutsche Mythologie*, Bd. II, S. 1007.

[512] Lippmann, Edmund: *Über einen naturwissenschaftlichen Aberglauben*, S. 270.

[513] Vgl. Schlosser, Alfred: *Die Sage vom Galgenmännlein* (1912).

> Kinder des obersten Teufels (d.h., vom christlichen Standpunkte aus, Odins) und der klugen Frau Albruna seien.[514]

Der Name „Galgenmännlein" spielt also auf Odins Selbstopfer am Weltenbaum bzw. die rituelle Scheinhängung bei der germanischen Schamanenweihe an.[515] Dort, wo die Runen von den Ästen Yggdrasils zu Boden fallen, wachsen die heiligen Alraunen.[516] Tatsächlich war sich Lippmann sogar sicher, dass der Aberglaube rund um die Alraune „bis in die fernste indogermanische Vergangenheit" zurückreiche und ursprünglich auf die „berauschende Kraft des gegohrenen, Geist- und Körper-erregenden feurigen Trankes der Urzeit" zurückgehe, der „durch einen Vogel zur Erde gebracht, oder durch einen Gott in Vogelgestalt geraubt wird".[517] Bei den Germanen war dies der Dichtermet, den Odin in Gestalt eines Adlers raubt.

> Es versteht sich von selbst, daß eine solche Pflanze nicht nur wegen ihrer berauschenden und halluzinogenen Wirkungen, sondern auch wegen ihrer zauberischen Eigenschaften zur Bereitung von Hexensalben und Zaubertränken herangezogen wurde. Es wurde schon darauf hingewiesen, daß Alraunenauszüge schon früh als Narkosemittel verwendet wurden. Sicherlich war damals auch bekannt, daß eine leichte Narkose entspannend und enthemmend wirkt. In dieser Entspannungsphase sind zudem erotische

[514] Ebd., 268f. Vielleicht lässt sich der Name aber auch durch die Christianisierung erklären, als „die Alraunen zu den Teufeln geworfen" wurden, die man „unter dem Galgen" wähnte. Söhns, Franz: *Unsere Pflanzen hinsichtlich ihrer Namenserklärung und in ihrer Stellung in der Mythologie und im Volksglauben*, S. 65f.

[515] Vgl. Kuhn, Adalbert: D*ie Herabkunft des Feuers und des Göttertranks*, S. 207.

[516] Laut Heinrich Heine führen „Alräunchen" in die Runenkünste ein: „Sie lehren mich Sterne und Zeichen deuten, sattellos auf dem Winde reiten, auch Runensprüche, womit man ruft, die Toten hervor aus ihrer Gruft" (Waldeinsamkeit). Der letzte Vers ist eine Anspielung auf Odins Runenlied (Hávamál 158).

[517] Lippmann, Edmund: *Über einen naturwissenschaftlichen Aberglauben*, S. 265f. Vgl. auch Kuhn, Adalbert: *Die Herabkunft des Feuers und des Göttertranks* (1859).

> Suggestionen angesiedelt; diese Eigenschaften empfehlen die Alraune geradezu als Bestandteil der Hexensalben - zumal wenn man bedenkt, daß die Menschen der damaligen Zeit mit einer ganz anderen Erwartungshaltung an Drogen herangingen als der rational geprägte heutige Mensch.[518]

Ob die Alraune tatsächlich eine Zutat des Dichtermets war, bleibt ungewiss.[519] Fest steht, dass „Mandragorabeeren" bzw. „Alraunfrüchte" schon in frühester Zeit den „Bieren, Weinen, Honiggetränken" beigegeben wurden.[520] In Osteuropa haben sich derartige Getränke sogar bis in die Neuzeit erhalten: „Bei den Rumänen in Galizien ist matraguna (aus mandragora) geradezu Kollektivname für Hexentrank geworden".[521] Und in Südeuropa kann bis heute ganz legal Alraunenlikör erwerben, zum Beispiel in Spanien, wobei das Etikett darauf verweist, dass derartige Tränke einstmals „von Hexen für ihre Flüge in den Nächten von Akelarre verwendet wurden".[522]

Entheogene Eiben

In der *Edda* wird der germanische Weltenbaum Yggdrasil als eine immergrüne „Esche" vorgestellt, altnord. *askr*. Allerdings ist *askr* auch eine Bezeichnung für Bäume allgemein, und europäische Eschen sind nicht immergrün. Einige Forscher (Läffler, de Vries) vermuten daher, dass es sich bei Yggdrasil nicht um eine Esche, sondern eine Eibe handelt, altnord. *yr*. Im Gegensatz zur Esche ist die Eibe immergrün. Möglicherweise hat der Verfasser der *Edda*, die ja auf Island niedergeschrieben wurde, wo weder Eschen noch Eiben

---

[518] Haerkötter, Gerd und Marlene: *Hexenfurz und Teufelsdreck*, S. 81.

[519] Vgl. *Handwörterbuch des deutschen Aberglaubens*, Bd. 1, S. 323.

[520] Golowin, Sergius: *Die Magie der verbotenen Märchen*, S. 113f.

[521] *Handwörterbuch des deutschen Aberglaubens*, Bd. 1, S. 322. Vgl. auch Eliade, Mircea: *Der Kult der Alraune in Rumänien* (1982).

[522] Ordoki. Licores Baztan. Akelarre ist der baskische Begriff für den „Hexensabbat" bzw. für den „Ziegenbock".

vorkommen, die Bäume schlicht verwechselt. Die Eibe aber ist ein Baum, „der insbesondere an warmen Tagen das Alkaloid Taxin in die Luft ausscheidet, das halluzinogen wirkt".[523]

Die Eibe ist ein alter germanischer Zauberbaum. Es gibt sogar eine Eiben-Rune (ᛇ). Das Holz galt als magisch und wurde als Amulett getragen: „Ein Stückchen Holz, auf bloßem Leib getragen, diente wider Zaubereien. Der Eibenzweig bannte und löste den Zauber".[524] Die Runeninschrift auf einem altfriesischen Runenstäbchen (*rúnakefli*) aus Eibenholz aus dem niederländischen Britsum (6. Jhd.) lautet: „Trage immer dieses Eibenholz". Offensichtlich sollten diese Zauberstäbchen seinem Besitzer bzw. Träger magisch Schutz bieten. Der altgermanische Baumname „Eibe" (mhd. *iwe*, ahd. *iwa*) leitet sich vom indogermanischen Wort **ei-* her und bedeutet „rötlich" (die Eibe hat ein rötlich-braunes Kernholz). Nicht unwahrscheinlich, dass dieser Name in Beziehung zu der Zauberpraxis der Germanen steht, Runen mit roter Farbe zu beleben. Zur Erinnerung: „Zauber" bedeutet ursprünglich „rote Farbe, Ocker, Rötel". Die Eibe ist demnach der rote Zauberbaum, der Weltenbaum, an den sich Odin hängt, um sich zum Zauberer, Schamanen und Runenkünstler weihen zu lassen.

Rot ist aber auch die Frucht der Eibe, welche in Verruf steht, tödlich giftig zu sein. Tatsächlich ist der rote Fruchtmantel wohlbekömmlich, wohingegen der schwarze Samen, aber auch die Rinde und die Nadeln des Baumes das toxische Taxin B enthalten. Früher wurde dieses Gift der Eibe benutzt, um Pfeilspitzen zu bestreichen; daher der wissenschaftliche Name lat. *taxus* (altgr. „Pfeilbogen"). Die Bögen selbst wurden meist ebenfalls aus Eibenholz gefertigt, weil sich dieses dafür besonders eignet; lange Eibenspeere wurden schon in der Steinzeit verwendet. Auch die germanischen Bögen (*ybogr*) wurden meist aus Eibenholz gefertigt und dem Gott Ullr (Uller, Ollerus) geweiht. Dieser nordische Gott der Jagd und des Winters, der auch „Bogenmann" (bogmadr) genannt wird, wohnt

[523] Duerr, Hans Peter: *Traumzeit*, S. 59.

[524] Kronfeld, Moritz: *Zauberpflanzen und Amulette in der Volksmedizin*, S. 72.

in Asgard in der Halle Ydalir, das heißt „Eibental" (Grímnismál 5).[525] Von der Forschung wird Ullr als ein sehr alter Gott gehandelt und mit der Magie assoziiert. Der Runologe Klingenberg vermutet, dass die īwaz-Rune nicht nur für die „kosmische Eibe" bzw. den „Weltenbaum" stand, sondern dass sie auch als das Symbol für einen „Eibengott" fungierte.[526]

Ob die Eibe für die germanischen Rauschgetränke eine Rolle spielte, bleibt ungewiss; „die Gallier glaubten gar, daß ein bloßer Trunk aus Eibenholzbechern den Tod nach sich ziehe".[527] Lippmann bringt die „Eibe" gleichwohl mit dem indogermanischen Mythos vom Raub des Dichtermets zusammen und spekuliert, ob aus ihren „Baumsäften" der „gährende feurige Trank der Vorzeit" bereitet wurde: „Bäume mit roten Blüten oder Früchten, und rotgefärbten Rinden oder Hölzern, gelten vorzugsweise für geeignet zur Saftentnahme".[528]

Tatsächlich ist das Alkaloid Taxin ist so stark, dass eine toxische Induktion bereits vorliegen kann, wenn man an einem warmen Sommertag unter der Eibe einschläft oder arbeitet und der Giftstoff durch die Sonneneinstrahlung in die Luft abgesondert wird; so geschehen im Garten des Thüringischen Medizinprofessors Albert Kukowka:

> Kalter Angstschweiß befiel mich, meine Glieder waren wie gelähmt. Vampire, Kraken, züngelnde Nattern, Ratten, gruselige Ungeheuer und anderes Getier krochen immer bedrohlicher an mich heran. [...] Da wich die schreckliche Beklemmung, eine euphorische, eine unsagbar glückliche Stimmung versetzte mich in ein paradiesisches Traumland. Schwerelos schwebte ich in einem riesigen Zirkuszelt, aus dessen goldener Kugel wunderbarste Lichteffekte strahlten und himmlische Sphärenmusik ertönte. Unten in der silbernen Manege tummelten sich viele, viele Tierkinder. Unzählige Kolibris und

[525] Vgl. Simek, Rudolf: *Lexikon der germanischen Mythologie*, S. 447.

[526] Klingenberg, Heinz: *Runenschrift-Schriftdenken-Runeninschriften*, S. 283, 291.

[527] Duerr, Hans Peter: *Traumzeit*, S. 340.

[528] Lippmann, Edmund: *Über einen naturwissenschaftlichen Aberglauben*, S. 267.

> große bunte Falter schwirrten durch den Raum und wetteiferten in akrobatischen Kapriolen.[529]

Schon Plutarch, Dioskurides, Hieronymus Bock und viele andere berichteten davon, dass der Schlaf im Schatten der Eibe den Tod bringen kann. Er kann aber auch den kleinen Tod bringen, den tranceartigen Traumschlaf, den sich die Schamanen zu Nutze machen, um in die Welt der Geister einzutreten. Philologen und Volkskundler vermuten, dass nicht wenige der Märchen, die bis heute überliefert sind, auf wirkliche Erfahrungen zurückzuführen sind von Leuten, die sich im Eibenhain verlaufen haben.[530] Nicht selten legt der Märchenheld sich unter einem Baum zum Schlafen nieder, ehe er auf Reisen geht und unerwartet in Kontakt tritt mit den Elfen, Zwergen und Hexen. Von den Germanen ist jedenfalls überliefert, dass sie im Schatten des Weltenbaumes zum Thing zusammenkamen. Ist also der schwere Duft der Eibe der Stoff, aus dem die Mythen stammen?

---

529 In: Golowin, Sergius: *Psychedelische Volkskunde*, S. 598. Vgl. auch Duerr, Hans Peter: *Traumzeit*, S. 340: „Man sagt, daß selbst Leute, die in einem Zimmer mit Eibenmöbeln geschlafen hätten, von starkem Unwohlsein geplagt worden seien".

530 „Im Märchen von Rolands Schildknappen verwandelt die Alte die übermütigen Knappen mit der Eibe Hilfe zu Stein, um sie mit derselben wieder zu entzaubern". Kronfeld, Moritz: *Zauberpflanzen und Amulette in der Volksmedizin*, S. 72.

Schluss

Auf der Suche nach einem germanischen Schamanentum, heißt es, fände man bloß „seltsame Spuren“ und „schamanoide Züge“ sowie „Elemente“ oder „Einzelheiten“. Zum Beispiel die folgenden.

Im Mittelpunkt der germanischen Mythologie steht ein Weltenbaum, das Zentralsymbol des weltweiten Schamanentums. Odin besteigt diesen Baum wie ein nordsibirischer oder nordamerikanischer Schamane, um Wissen zu erlangen. Der Gott wird stets von mehreren Krafttieren oder Totems begleitet, ebenso wie die Schamanen aller Völker dieser Erde. Auf seinem achtbeinigen Pferd reitet er ins Jenseits wie ein altaischer oder altindischer Schamane auf dem achtbeinigen Trommelpferd. Typisch schamanisch weissagt er aus Schädelknochen und erweckt Tote zum Leben. Odins Sohn Thor beherrscht den Wetterzauber und besitzt einen Wunderhammer, mit dem er gegen Drachen oder Schlangen ankämpft, Würmer, wie sie in allen möglichen schamanischen Kulturen krankmachende Dämonen darstellen. Er ist auch der Gott der Böcke und des Bilsenkrautes sowie der schamanischen Zerstückelung. Wie die arktischen Schamanen besitzen Odin, Thor und Loki die Fähigkeit, ihr Geschlecht zu wechseln. Und wie die südamerikanischen Schamanen brauen sie in einem großen Götterkessel starken Zaubertrank. Odins Geliebte ist die Hexengöttin Freyja: Sie kann in die Zukunft schauen und verwandelt sich in einen Falken oder eine Katze, typische Schamanentiere. Von ihr stammt auch der Seiðr, eine berühmt-berüchtigte Zauberpraxis, die wohlbefugt als „nordischer Schamanismus“ bezeichnet wurde. Germanische Götter und Menschen können sich in Tiere verwanden, zum Beispiel in Bären oder Wölfe, genauso wie es etwa die nordamerikanischen oder nordeuropäischen Schamanen tun. Spätantike und frühmittelalterliche Abbildungen zeigen Kulttänzer mit Hörnermasken, die exakt so aussehen wie die prähistorischen Schamanen an den frankokantabrischen Höhlenwänden. Altnordische Runenmeister tragen Tiernamen und während ihrer Riten eine Adlertracht – ein geradezu klassisches Schamanenkostüm. Germanische Alrunas und

Runenhexen verwenden rote Farbe, um zu zaubern, wie schon die Schamanin von Bad Dürrenberg. Zauberpriester pilgern auf den Weltenberg und binden ihre Pferde an den Weltenbaum, eindeutig schamanische Motive. Germanische Männer und Frauen kennen Sprüche und Lieder zum Heilen und Herbeirufen der Geister, ebenso wie alle Medizinmänner und -frauen dieser Welt. Völvas und Walas benutzen Zeremonialstäbe, die deutlich an diejenigen sibirischer Schamanen erinnern. Zaunreiterinnen und Hexenmeister konsumieren dieselben Rauschpilze und Zauberpflanzen wie ihre schamanischen Kollegen in denselben Breitengraden. Sie schicken ihre Seele auf Reisen, ganz genauso wie es die Schamanen aller Kontinente seit Jahrzehntausenden tun.

Stellt sich freilich die Frage, wie viele „Einzelheiten" es eigentlich benötigt, um endlich von einer „Ganzheit" zu sprechen? Ließen sich die vielen „Einzelheiten" nicht genauso gut als eine religiöse „Vielfalt" deuten? Handelt es sich bei den zahlreichen „Zügen" nicht vielmehr um „Wesenszüge"? Sind die vielen „Elemente" nicht allesamt „elementar"?

Es sind eben nicht nur Kleinigkeiten, die auf ein germanisches Schamanentum schließen lassen. Vielmehr finden sich in den Mythen und den Riten der Germanen nachgerade diejenigen Bestandteile, die zur Kerndefinition von Schamanismus zählen: Seelenexkursion und Tierverwandlung, Himmelsreise und Unterweltsfahrt, Ekstasetanz und Tranceschlaf, Geistervertreibung und Totenbeschwörung, Heilzauber und Kräuterwissen. Sowohl die Quantität als auch die Qualität der Überlieferungen sprechen stark dafür, dass das Schamanentum für die religiöse Welt und spirituelle Praxis der Germanen in sehr hohem Maße konstituierend und sinnstiftend war. Ja es drängt sich mithin der Verdacht auf, dass man die germanische Mythologie, Magie und Mystik überhaupt nur recht verstehen kann, wenn man sie auch vor dem Hintergrund des Schamanismus betrachtet.

Literaturverzeichnis

Abraham, Hartwig und Thinnes, Inge: Hexenkraut und Zaubertrank. Unsere Heilpflanzen in Sagen, Aberglauben und Legenden. 2. Auflage. Greifenberg 1996.

Altenglische Lyrik. Englisch/Deutsch. Übersetzt und herausgegeben von Rolf Breuer und Rainer Schöwerling. 2., durchgesehene und bibliographisch erweiterte Auflage. Stuttgart 1972.

Althochdeutsche Literatur. Eine kommentierte Anthologie. Übersetzt, herausgegeben und kommentiert von Stephan Müller. Stuttgart 2007.

Altnordische Dichtung und Prosa. 24 Bände. Herausgegeben von Felix Niedner und Gustav Neckel. Jena 1912–1930.

Appel, Jennie und Grosser, Dirk: Urkraft des Nordens. Mit Ahnenwissen, Schamanengottheiten und weisen Seherinnen zu den Wurzeln unserer Spiritualität. 2. Auflage. Bielefeld 2021.

Arntz, Helmut: Handbuch der Runenkunde. Reprint der 2. Auflage von 1944. Königswinter 2021.

Baroja, Julio Caro: Die Hexen und ihre Welt. Mit einer Einführung und einem ergänzenden Kapitel von Professor Dr. Will-Erich Peuckert. Aus dem Spanischen übersetzt von Susanne und Benno Hübner. Stuttgart 1967.

Bartens, Hans-Hermann (Hrsg.): Sagen aus Lappland. Herausgegeben, übersetzt und kommentiert von Hans-Hermann Bartens. Berlin 2018.

Basilow, Wladimir: Das Schamanentum bei den Völkern Mittelasiens und Kasachstans. Berlin 1995.

Bauer, Wolfgang; Klapp, Edzard; Rosenbohm, Alexandra (Hrsg.): Der Fliegenpilz. Ein kulturhistorisches Museum. Köln 1991.

Bauer, Wolfgang; Klapp, Edzard; Rosenbohm, Alexandra (Hrsg.): Der Fliegenpilz. Traumkult, Märchenzauber, Mythenrausch. Aarau 2000.

Bauer, Wolfgang; Dümotz, Irmtraud; Golowin, Sergius (Hrsg.): Lexikon der Symbole. 2. Auflage. München 1987.

Bauer, Wolfgang: Protokolle von Fliegenpilzversuchen. In: Der Fliegenpilz. Traumkult, Märchenzauber, Mythenrausch. Herausgegeben von Wolfgang Bauer, Edzard Klapp und Alexandra Rosenbohm. Aarau 2000. S. 165-168.

Bauer, Wolfgang (Hrsg.) Rabengeschrei. Von Raben, Rillen, Runen und Recken. Berlin 1987.

Baumann, Hermann: Das doppelte Geschlecht. Berlin 1955.

Baumgarten, Anette: Nordischer Schamanismus. Der Ruf der Geister. O. A. 2022.

Beck, Heinrich: Das Ebersignum im Germanischen. Ein Beitrag zur germanischen Tier-Symbolik. In: Kunisch, Hermann (Hrsg.): Quellen und Forschungen zur Sprach- und Kulturgeschichte der germanischen Völker 16 (140). Berlin 1965.

Beck, Wolfgang: Die Merseburger Zaubersprüche. Eine Einführung. Petersberg 2010.

Becker, Udo: Lexikon der Symbole. Köln 2007.

Behr, Charlotte: Forschungsgeschichte. In: Heizmann, Willhelm (Hrsg.): Die Goldbrakteaten der Völkerwanderungszeit - Auswertung Neufunde. Berlin/ New York 2011.

Blain, Jenny: Seidr: die neun Welten der Seidr-Magie. Ekstase und Schamanismus im nordischen Heidentum. Englische Erstausgabe 2001. Übersetzer John Daly. Uhlstädt-Kirchhasel 2002.

Buchholz, Peter: Schamanistische Züge in der altisländischen Überlieferung. Saarbrücken 1968.

Bulgakova, Tatjana D.: Das schamanische Heilungsritual der Nanaj - eine Art kleine Initiation. In: Kasten, Erich (Hrsg.): Schamanen Sibiriens und ihr Vermächtnis. Norderstedt 2021, S. 119-146.

Caesar, Gaius Iulius: De bello Gallico. Der Gallische Krieg. Übersetzt und herausgegeben von Marieluise Deissmann. Stuttgart 1999.

Campbell, Joseph: Mythologie der Urvölker. Die Masken Gottes. Basel 1991.

Clark, Grahame: Excavations at Star Carr. An early Mesolithic Site at Seamer near Scarborough. Yorkshire 1954.

Clottes, Jean und Lewis-Williams, David: Schamanen. Trance und Magie in der Höhlenkunst der Steinzeit. Sigmaringen 1997.

Derix, Govert: Eine Kritik der psychedelischen Vernunft. Philosophisches Abenteuer am Amazonas. Aus dem Niederländischen von Christiane Kubdy und Herbert Post. Solothurn 2004.

Diakonus, Paulus: Historia Langobardorum. Herausgegen und übersetzt von Wolfgang F. Schwarz. Darmstadt 2009.

Die Edda des Snorri Sturluson. Übersetzt und kommentiert von Arnulf Krause. Stuttgart 2008.

Die Geschichte vom Skalden Egil. Übertragen von F. Niedner. Düsseldorf/Köln 1963.

Die Götterlieder der Älteren Edda. Übersetzt, kommentiert und herausgegeben von Arnulf Krause. Stuttgart 2006.

Die Heldenlieder der Älteren Edda. Übersetzt, kommentiert und herausgegeben von Arnulf Krause. Stuttgart 2001.

Die Saga von Grettir dem Starken. Übersetzt von H. Seelow. München 1998.

Die Saga von Grettir (Grettis saga). Übersetzt von K. Magnusson. Frankfurt 2011.

Die Ynglingasaga des Snorri Sturluson (Snorris Königsbuch). Übertragen von F. Niedner. Düsseldorf/Köln 1965.

Dinzelbacher, Peter (Hrsg.): Sachwörterbuch der Mediävistik. Stuttgart 1992.

Dodds, Erec: Die Griechen und das Irrationale. Amerikanische Originalausgabe 1966. Darmstadt 1970.

Dörner, Hans Helmut: Hugin und Munin. In: Bauer, Wolfgang (Hrsg.): Rabengeschrei. Von Raben, Rillen, Runen und Recken. Berlin 1987, S. 7-25.

Dörrer, Anton: Hippolytus Guarinonius (1571-1654) zur 300. Wiederkehr des Todestages. Innsbruck 1954.

Duden. Allgemeinbildung. Mannheim 2010.

Duden. Das Herkunftswörterbuch. Etymologie der deutschen Sprache. 3., völlig neu bearbeitete und erweiterte Auflage. Herausgegeben von der Dudenredaktion. Mannheim 2001.

Duerr, Hans Peter: Traumzeit. Über die Grenze zwischen Wildnis und Zivilisation. Frankfurt am Main 1984.

Duerr, Hans Peter: Können Hexen fliegen? In: Hans Peter Duerr: Satyricon. Essays und Interviews. Erweiterte Neuausgabe. Frankfurt am Main 1985.

Düwel, Klaus: Runenkunde. 2., um einen Anhang vermehrte Auflage. Stuttgart 1983.

Düwel, Klaus: Runenkunde. 4. Auflage. Stuttgart 2008.

Düwel, Klaus: Über das Nachleben der Merseburger Zaubersprüche. In: „Ir sult sprechen willekomen“. Grenzenlose Mediävistik. Festschrift für Helmut Birhan zum 60. Geburtstag. Bern 1998, S. 539-551.

Düwel, Klaus: Zu den theriophoren Runenmeisternamen, insbesondere in Braktea-teninschriften. In: Frühmittelalterliche Studien 18 (1984), S. 321-333.

Egils Saga. Die Saga von Egil Skalla-Grimsson. Herausgegeben und übersetzt von Kurt Schier. Düsseldorf/München 1978/1996.

Eliade, Mircea: Das Mysterium der Wiedergeburt. Versuch über einige Initiationstypen. Frankfurt am Main 1997.

Eliade, Mircea: Der Kult der Alraune in Rumänien. Von Zalmoxis bis Dschingis-Khan. Köln/Lövenich 1982.

Eliade, Mircea: Schamanen, Götter und Mysterien. Die Welt der alten Griechen. Freiburg 1992.

Eliade, Mircea: Schamanismus und archaische Ekstasetechnik. 10. Auflage. Frankfurt am Main 1999.

Feeney, Kevin: The Significance of Pharmacological and Biological Indicators in Identifying Historical uses of Amanita muscaria. In: Rush, John (Hrsg.): Entheogens and the Development of Culture: The Anthropology and Neurobiology of Ecstatic Experience. Berkeley 2013, S. 279-318.

Field, Rick: The Code of the Warrior in History, Myth, and Everyday Life. New York 1991.

Fréger, Charles: Wilder Mann. Berlin 2012.

Fritzner, Johan: Lappernes hedenskab og trolddomskunst sammenholdt med andre folks især nordmændenes tro og overtro. Historisk Tidsskrift dugivet af Den Norske Historiske Forening (Kristiana) IV (1877), S. 135-217.

Gall, Werner und Schultze-Motel, Jürgen: Prähistorische Kulturpflanzenreste aus Thüringen. In: Behm-Blancke, Günter (Hrsg.): Alt-Thüringen. Jahresschrift des Museums für Ur- und Frühgeschichte Thüringens. Neunter Band. Weimar 1967.

Gatthas, Kai Christian: Rhythmus der Bilder. Narrative Strategien in Text- und Bildzeugnissen des 11. bis 13. Jahrhunderts. Köln/Weimar/Wien 2009.

Gesemann, Gerhard: Regenzauber in Deutschland. Braunschweig 1913.

Giebel, Marion: Das Orakel von Delphi. Geschichte und Texte. Griechisch/Deutsch. Stuttgart 2001.

Ginzburg, Carlo: Hexensabbat. Entzifferung einer nächtlichen Geschichte. Aus dem Italienischen von Martina Kempter. Originalausgabe 1989. Berlin 2005.

Goethe, Johann Wolfgang: Die Externsteine. In: Über Kunst und Alterthum von Goethe. Fünften Bandes erstes Heft. Stuttgard 1824.

Golowin, Sergius: Das Geheimnis der Tiermenschen. Von Vampiren, Nixen, Werwölfen und ähnlichen Geschöpfen. Dieses Buch erschien zuerst 1993. München 1998.

Golowin, Sergius: Das Reich des Schamanen. Der eurasische Weg der Weisheit. Berlin 1981.

Golowin, Sergius: Die Magie der verbotenen Märchen. Von Hexendrogen und Feenkräutern. Die Erstausgabe erschien 1973. 9. Auflage. Gifkendorf 2004.

Golowin, Sergius: Psychedelische Volkskunde. In: Antaois. Herausgegeben von Mircea Eliade und Ernst Jünger. Stuttgart 1971, S. 590-604.

Golowin, Sergius: Rabe. Wegweiser am Todespfad. In: Rabengeschrei. Von Raben, Rillen, Runen und Recken. Berlin 1987. S. 67-79.

Golther, Walter: Handbuch der Germanischen Mythologie. Mit einem Vorwort von Dr. Hans-Jürgen Hube. Originalausgabe Leipzig 1895. Wiesbaden 2004.

Gorbatcheva, Valentina und Federova, Marina: Die Kunst Sibiriens. New York 2008.

Götzinger, Ernst: Reallexikon der deutschen Altertümer. Ein Hand- und Nachschlagebuch. Leipzig 1881.

Graves, Ranke: The Crane Bag. And Other Disputed Subjects. University of Michigan 1969.

Grimm, Jacob: Deutsche Mythologie. Drei Bde. Um eine Einleitung von Leopold Kretzenbacher vermehrter Nachdruck der 4. Auflage, besorgt von Elhard H. Meyer, Berlin 1875-78. Wiesbaden 1992.

Grimm, Jacob: Über zwei entdeckte Gedichte aus der Zeit des deutschen Heidenthums. Gelesen in der Akademie der Wissenschaften am 3. Februar 1842. In: Abhandlungen zur Mythologie und Sittenkunde von Jacob Grimm. Berlin 1865, S. 1-29.

Grimm, Jacob und Wilhelm: Deutsche Sagen. 2. Bände. Frankfurt am Main 1981.

Haerkötter, Gerd und Marlene: Hexenfurz und Teufelsdreck. Alte Heil- und Giftkräuter neu entdeckt. Die Originalausgabe dieses Buches erschien zuerst 1986 unter dem Titel Hexenfurz und Teufelsdreck. Liebes- Heil- und Giftkräuter: Hexereien, Rezepte und Geschichten. Köln 2013.

Handwörterbuch des deutschen Aberglaubens. Herausgegeben von Hanns Bächtold-Stäubli unter Mitwirkung von Eduard Hoffmann-Krayer mit einem Vorwort von Christoph Daxelmüller. Die Originalausgabe erschien 1935. Berlin 1986.

Harrison, Dick; Svensson, Kristina: Vikingaliv. Värnamo 2007.

Hasenfratz, Hans-Peter: Die religiöse Welt der Germanen. Ritual, Magie, Kult, Mythus. Freiburg 1992.

Hauck, Karl: Goldbrakteaten aus Sievern: Spätantike Amulettbilder der Dania Saxonica und die Sachsen-Origo bei Widukind von Corvey. Mit Beiträgen von K. Düwel, H. Tiefenbach und H. Vierck. München 1970.

Hauschild, Thomas: Weihnachtsmann. Die wahre Geschichte. Frankfurt am Main 2012.

Hedeager Lotte: Odins offer. Skygger af en shamanistisk tradition i nordisk Folkevandringstid. Tor Vol. 29. 1997, S. 265-278.

Hedeager, Lotte: Skygger af en anden virkelighed: oldnordiske myter. 1997.

Heine, Heinrich: Elementargeister. In: Heinrich Heine. Sämtliche Werke. Band X. Herausgegeben von Hans Kaufmann. München 1964, S. 7-63.

Helm, Karl: Altgermanische Religionsgeschichte. Erster Band. Mit 51 Abbildungen. Heidelberg 1913. Reprint 2018.

Helm, Karl: Waluburg, die Wahrsagerin. In: Beiträge zur Ge-schichte der deutschen Sprache und Kultur. Band 43 (1918), S. 337-341.

Herder, Johann Gottfried: Werke in zehn Bänden. Herausgegeben von Ulrich Gaier. Frankfurt am Main 1990.

Hoffmann, Mark A. und Ruck, Carl A. P.: Hunting the Berserkers. In Entheos. Journal of Psychedelic Spirituality. 2:2. 2003.

Höffgen, Nicole: Die Felsritzungen der Nordischen Bronzezeit. Ein religionswissen-schaftlicher Weg zu einem wilden Symbolsystem. In: Werner Heinz (Hrsg.): Symbolon. Jahrbuch der Gesellschaft für wissenschaftliche Symbolforschung. Neue Folge. Band 22. Berlin 2024.

Höffgen, Thomas: Der Werwolf als Schamane. In: Bauer, Wolfgang und Zerling, Clemens (Hrsg.): Wölfe in Mythos und Kulturgeschichte. Basel/Zürich/Roßdorf 2023, S. 328-339.

Höffgen, Thomas: Der verteufelte Waldgott. Die Christianisierung der Germanen. Sauerland 2022.

Höffgen, Thomas: Der Wilde Mann. Züge des Schamanismus in Volksdichtung und Verkleidungskult. In: Hülle und Haut. Techniken des Verkleidens und Umschließens. Hrsg. von Michael Fisch und Ute Seiderer. Berlin 2013, S. 280-300.

Höffgen, Thomas: Karneval im alten Europa. Ursprung, Brauchtum und Bedeutung eines heidnischen Verkleidungskultes. Darmstadt 2020.

Höffgen, Thomas: Volkspoesie. Von grimmschen Märchen, germanischen Mythen und den Gesängen der Naturvölker. Remda-Teichel 2019.

Höffgen, Thomas: Weißt du zu ritzen? Die schamanischen Wurzeln unserer Runen. Sauerland 2023.

Höfler, Max: Volksmedizinische Botanik der Germanen. Reprint der Ausgabe von 1908. Berlin 1990.

Höfler, Otto: Kultische Geheimbünde der Germanen. Band 1. Frankfurt am Main 1934.

Hofmann, Albert, Wasson, Gordon und Ruck, Carl: Der Weg nach Eleusis. Das Geheimnis der Mysterien. Aus dem Amerikanischen übertragen von Adrian Linder. Originalausgabe 1978. Frankfurt am Main 1984.

Hofmann, Albert und Schultes, Richard Evans: Pflanzen der Götter. Die magischen Kräfte der bewußtseinserweiternden Gewächse. Originalausgabe 1979. Revision: Christian Rätsch. 5. Auflage. Aarau 2001.

Høst Heyerdahl, Gerd: Trylleordet alu. In: Det Norske Videnskaps-Akademi. Oslo 1980.

Jung, Carl Gustav: Carl Gustav Jung und der Weihnachtsbaum. In: C. G. Jung im Gespräch. Interviews, Reden, Begegnungen. Englische Originalausgabe 1977. Zürich 1986.

Kasten, Erich: Die Trommel der Saami als Abbild von Weltbild und ritueller Praxis im Wandel. In: Kasten, Erich (Hrsg.): Schamanen Sibiriens und ihr Vermächtnis. Norderstedt 2021, S. 81-87.

Keller, Gustav: Tanz und Gesang bei den alten Germanen. Bern 1927.

Kent, Neil: The Sámi. Peoples of the North. London 2014.

Kershaw, Kris: Odin. Der einäugige Gott und die indogermanischen Männerbünde. 2. Auflage. Engerda 2003.

Kiesewetter, Carl: Aus der Hexenbotanik. In: Kult und Brauch der Kräuterpfeife in Europa. Sammlung von Aufsätzen des 19. und 20. Jahrhunderts. Herausgegeben von Sergius Golowin. Allmendingen 1982, S. 26-51.

Kiesewetter, Carl: Die Geheimwissenschaften. Eine Kulturgeschichte der Esoterik. Nach der Ausgabe Leipzig 1895. Wiesbaden 2005.

Kirchner, Horst: Odin im Adlergewand auf einem gotländischen Bildstein. In: Schamanentum und Zaubermärchen. Veröffentlichungen der Europäischen Märchengesellschaft. Kiel 2005, S. 42-47.

Klapp, Edzard: Rabenbrot. In: Bauer, Wolfgang (Hrsg.) Rabengeschrei. Von Raben, Rillen, Runen und Recken. Berlin 1987, S. 42-58.

Klingenberg, Heinz: Runenschrift-Schriftdenken-Runeninschriften. Heidelberg 1973.

Kluge. Etymologisches Wörterbuch der deutschen Sprache. Bearbeitet von Elmar Seebold. 24., durchgesehene und erweiterte Auflage. Berlin/New York 2002.

Knecht, Sigrid: Magische Pilze und Pilzzeremonien. In: Zeitschrift für Pilzkunde 28 (1962), S. 69-78.

Kohl-Larsen, Ludwig: Die steinerne Herde. Von Trollen, Hexen und Schamanen. Volkssagen aus Lappland. Kassel 1975.

Krause, Arnulf: Die Geschichte der Germanen. 2. Auflage. Frankfurt am Main 2005.

Krause, Arnulf: Runen. Geschichte, Gebrauch, Bedeutung. Wiesbaden 2020.

Krause, Wolfgang: Runen. Erstauflage 1970. Zweite, unveränderte Auflage. Berlin/New York 1993.

Krause, Wolfgang: Schriften zur Runologie und Sprachwissenschaft. Herausgegeben von Heinrich Beck, Klaus Düwel, Michael Job, Astrid van Nahl. Berlin 2014.

Kronfeld, Moritz: Zauberpflanzen und Amulette in der Volksmedizin. Wien 1898. 2. Auflage. Leipzig 2020.

Kuhn, Adalbert: Die Herabkunft des Feuers und des Göttertranks: ein Beitrag zur vergleichenden Mythologie der Indogermanen. Berlin 1859.

Kupfer, Alexander: Göttliche Gifte. Kleine Kulturgeschichte des Rausches seit dem Garten Eden. Stuttgart 1996.

Kynast, Birgit: Das Dekret des Burchard von Worms. In: Herbers, Klaus und Lehner, Hans-Christian (Hrsg.): Mittelalterliche Rechtstexte und mantische Praktiken. Wien/Köln/Weimar 2021, S. 99-117.

La Barre, Weston: The Ghost Dance. New York 1972.

Lehmann, Alfred: Aberglaube und Zauberei. Von den ältesten Zeiten an bis in die Gegenwart. Originalausgabe 1898. 5. deutsche Auflage, der 4. Auflage gegenüber unverändert. Nach der 2., umgearbeiteten dänischen Auflage übersetzt und nach dem Tode des Verfassers bis in die Neuzeit ergänzt von Dominikus Petersen I. Bindlach 1990.

Lessmann, Heinrich: Der deutsche Volksmund im Lichte der Sage. Berlin 1922.

Lettenbaur, K: Die Pflanzenwelt und unsere deutsche Göttersage. In: Berichte der pharmaceutischen Gesellschaft. Zweiter Jahrgang. Berlin 1892, S. 285-298.

Leubuscher, Rudolf: Über die Werwölfe und Tierverwandlungen im Mittelalter. Ein Beitrag zur Geschichte der Psychologie. Berlin 1850.

Leuner, Hanscarl: Halluzinogene. Psychische Grenzzustände in Forschung und Psychotherapie. Mit einem Beitrag von Werner Janzarik. Bern/Stuttgart/Wien 1981.

Lippmann, Edmund: Über einen naturwissenschaftlichen Aberglauben. Nach einem Vortrage gehalten in der naturforschenden Gesellschaft zu Halle am 28. April 1894. In: Abhandlungen der Naturforschenden Gesellschaft zu Halle. XX. Band. Halle 1894, S. 257-270.

Lewin, Louis: Phantastica. Die betäubenden und erregenden Genußmittel. Für Ärzte und Nichtärzte. Vollständige Neuauflage der Ausgabe der 1927. Markt Erbach 1987.

Lexikon der Religionen. Phänomene, Geschichte, Ideen. Begründet von Franz Kardinal König. Unter Mitwirkung zahlreicher Fachgelehrter herausgegeben von Hans Waldenfels. Freiburg 1987/1992.

Lichtenberger, Sigrid: Züge des Schamanentums in der germanischen Überlieferung. In: Schamanentum und Zaubermärchen. Dieser Band erschien erstmals 1986. Unveränderter Nachdruck. Krummwisch/Kiel 2005, S. 28-41.

Maier, Bernd: Die Religion der Germanen. Götter, Mythen, Weltbild. München 2003.

Manker, Ernst: Die lappische Zaubertrommel. Eine ethnologische Monographie. Zwei Bände. Stockholm 1938/1950.

Mannhardt, Wilhelm: Wald- und Feldkulte. Band 1. Originalausgabe von 1904. Reprint 2005.

Marstrander, Carl J. S.: De nordiske runeinnskrifter i eldre alfabet. Skrift og sprak i folkevandringstiden, I. Dankse og svenske innskrifter. Oslo 1952.

Mayr-Harting, Henry: The Coming of Christianity in Anglo-Saxon England. Penn-sylvania State University 1991.

McKenna, Terence: Die Speisen der Götter. Die Suche nach dem ursprünglichen Baum der Weisheit. 1992.

Meller, Harald und Michel, Kai: Das Rätsel der Schamanin. Eine archäologische Reise zu unseren Anfängen. Hamburg 2022.

Metzler Lexikon Religion. Gegenwart – Alltag – Medien. Herausgegeben von Christoph Auffahrt, Jutta Bernhard, Hubert Mohr. Stuttgart 2005.

Meußdoerffer, Franz und Zarnkow, Martin: Das Bier. Eine Geschichte von Hopfen und Malz. Stuttgart 2014.

Meyer, Elard Hugo: Mythologie der Germanen. Ungekürzte Neuauflage der Ausgabe Straßburg 1903. Essen o. A.

Meyers Konversations-Lexikon. Eine Encyklopädie des allgemeinen Wissens. 4., gänzlich umgearbeitete Auflage. 17. Band. Leipzig/Wien 1890.

Müller, Klaus E.: Schamanismus. Heiler, Geister, Rituale. Erste Auflage 1997. 4. Auflage. München 2010.

Müller, Lutz und Anette: Wörterbuch der Analytischen Psychologie. Düsseldorf und Zürich 2003.

Nioradze, Georg: Der Schamanismus bei den sibirischen Völkern. Stuttgart 1925.

Nordgren, Ingemar: The Well Spring of the Goths: About the Gothic Poeples in the Nordic Countries and on the Continent. Lincoln 2004.

Ohlmarks, Åke: Arktischer Schamanismus und altnordischer Seidr. In: Archiv für Religionswissenschaft. Herausgegeben von Heinrich Harmjanz. und Walther Wüst. Sechsunddreissigster Band. Berlin 1939, S. 171-180.

Ohlmarks, Åke: Studien zum Problem des Schamanismus. Lund und Kopenhagen 1939.

Oppitz, Michael: Schamanen im Blinden Land. Ein Bilderbuch aus dem Himalaya. Frankfurt am Main 1981.

Orel, Vladimir: A Handbook of Germanic Etymology. Leiden 2003.

Passauer, Uwe: Der Fliegenpilz. Mittel zum Töten der Fliegen oder Medium zum Fliegen? In: Carinthia II (187./107. Jahrgang). Klagenfurt 1997, S. 253-265.

Peter, Carsten: Alpendämonen. Geheimnisvolle Mythen und Riten aus den Bergen. Hamburg 2012.

Petzoldt, Leander: Kleines Lexikon der Dämonen und Elementargeister. 2. durchgesehene Auflage. München 1995.

Peuckert, Will-Erich: Schlesische Sagen. 1924. 4. Auflage. München 1993.

Pfitzer, Johannes Nikolaus: Kurzer Bericht von der Lappländer Zauber-Kunst, Hexerey und Wahrsagerey. In: Das ärgerliche Leben und schreckliche Ende des viel-berüchtigten Erz-Schwarzkünstlers Johannis Fausti. Von Georg Rudolph Widmann. Nürnberg 1717.

Platon: Phaidros. Oder: Vom Schönen. Übertragen und eingeleitet von Kurt Hildebrandt. Stuttgart 20006.

Pohanka, Reinhard: Tatzelwurm und Donauweibchen. Österreichs Naturgeister und Sagengestalten. Wien 2013.

Polomé, Edgar: Beer, Runes and Magic. In: Journal of Indo-European Studies 24, S. 99-105.

Porr, Martin: Grenzgängerin – Die Befunde des mesolithischen Grabes von Bad Dürrenberg. In: In Meller, Harald (Hrsg.): Paläolithikum und Mesolithikum. Kataloge zur Dauerausstellung im Landesmuseum für Vorgeschichte (2004), S. 291-300.

Praetorius, Johannes: Blocks-Berges Verrichtung. Herausgegeben von Wolfgang Möhrig unter dem Titel Hexen-, Zauber- und Spukgeschichten aus dem Blocksberg. Frankfurt am Main 1979.

Prentner, Angelika: Bewusstseinsverändernde Pflanzen von A-Z. Erstveröffentlichung 2004. Zweite, korrigierte und erweiterte Auflage. Wien/New York 2010.

Price Neil: The Viking Way. Religion and War in Late Iron Age Scandinavia. 2002.

Pröhle, Heinrich: Harzsagen. Erster Band: Sagen des Oberharzes. Leipzig 1859.

Quellen und Forschungen zur Volkskunde. Bde. 5-6. Herausgeben von Emil Karl Blümml. Wien 1908.

Rätsch, Christian: Der heilige Hain. Germanische Zauberpflanzen, heilige Bäume und schamanische Rituale. Baden und München 2005.

Rätsch, Christian: Enzyklopädie der psychoaktiven Pflanzen. Botanik, Ethnopharmakologie und Anwendung. Erstveröffentlichung 1998. 8. Auflage. Aarau 2007

Reallexikon der deutschen Literaturgeschichte. Herausgegeben von Klaus Kanzog und Achim Masser. Berlin 1984.

Reallexikon der germanischen Altertumskunde. Herausgegeben von Heinrich Beck, Herbert Jankuhn, Kurt Ranke, Reinhard Wenskus. 2., völlig neu bearbeitete und stark erweiterte Auflage. Berlin/New York 1989.

Reallexikon der germanischen Altertumskunde. Herausgegeben von Heinrich Beck und Johannes Hoops. Bd. 7. Berlin/New York 1989.

Reallexikon der germanischen Altertumskunde. Von Johannes Hoops. Zweite, völlig neu bearbeitete und stark erweiterte Auflage. Bd. 9. Berlin/New York 1995.

Reallexikon der germanischen Altertumskunde. Von Johannes Hoops. Herausgegeben von Heinrich Beck. Berlin, New York 1999.

Reallexikon der germanischen Altertumskunde. Herausgegeben von Heinrich Beck, Dieter Geuenich, Heiko Steuer. Bd. 24. Berlin/New York 2003.

Reallexikon der germanischen Altertumskunde. Herausgegeben von Heinrich Beck, Dieter Geuenich, Heiko Steuer. Bd. 26. 2. vollständig neubearbeitete und stark erweiterte Auflage. Berlin/New York 2004.

Reallexikon der germanischen Altertumskunde. Herausgegeben von Heinrich Beck, Dieter Geuenich, Heiko Steuer. Bd. 28. Berlin/New York 2005.

Reallexikon der Germanischen Altertumskunde. Herausgegeben von Heinrich Beck, Dieter Geuenich, Heiko Steuer. Bd. 23. 2. Auflage. Berlin/ New York 2006.

Reallexikon der germanischen Altertumskunde. Bd. 25. Berlin/New York 2003.

Reichholf, Joseph H.: Einhorn, Phönix, Drache. Woher unsere Fabeltiere kommen. Fraunkfurt am Main 2012.

Reichling-Meldegg, Adolfine: Alräunchen‘s Kräuterbuch. München 1883.

Reinhard, J. G.: Deskriptive Analyse von Schamanismus und Hexerei bei den Purbia Raji Südwest-Nepals. Wien 1973.

Reinhardt, Ludwig: Der Mensch zur Eiszeit in Europa. Nachdruck des Originals von 1924. Paderborn 2012.

Reko, Victor A.: Magische Gifte: Rausch- und Betäubungsmittel der Neuen Welt. Stuttgart 1936.

Renthergem, Tony van: When Santa was a Shaman. The Ancient Origins of Santa Clause & the Christmas Tree. Woodburry 1995.

Riek, Gustav: Das Paläolithikum der Brillenhöhle bei Blaubeuren. Stuttgart 1973.

Riesel, Elise: Der erste Merseburger Zauberspruch. In: Deutsches Jahrbuch für Volkskunde. Bd. 4 (1958), S. 53-81.

Rochholz, E. L.: Die Christianisierung der heidnischen Bräuche und Götter. Die germanischen Ursprünge der deutschen Kirchenheiligen und Feste von Walburg, Verena und Gertrud. Die Originalausgabe erschien 1870 unter dem Titel „Drei Graugöttinnen“. Leipzig 2007.

Rohde, Hartwin: Pilze in Märchen, Medizin und Religion. In: Felix von Bonin (Hrsg.): Schamanismus und Märchen. Ahlerstedt 2003, S. 165-176.

Rosenbohm, Alexandra: Der Fliegenpilz in Sibirien. In: Bauer, Wolfgang; Klapp, Edzward; Rosenbohm, Alexnarda (Hrsg.): Der Fliegenpilz. Traumkult, Märchenzauber, Mythenrausch. Aarau 2000, S. 72-97.

Rosenbohm, Alexandra: Halluzinogene Drogen im Schamanismus. Mythos und Ritual im kulturellen Vergleich. Berlin 1991.

Ruperti, G. F. F.: Handbuch der römischen Alterthümer. Zweiter Theil, Zweite Abtheilung. Hannover 1843.

Samson, Vincent: Die Berserker. Die Tierkrieger des Nordens von der Vendel- bis zur Wikingerzeit. Originalausgabe 2011. Berlin/Boston 2020.

Schamanengeschichten aus Sibirien. Aus dem Russischen übersetzt und eingeleitet von Adolf Friedrich und Georg Buddruss. Unveränderter Nachdruck der Ausgabe München 1955. Berlin 1987.

Scherr, Johannes: Geschichte der deutschen Frauenwelt. In drei Büchern nach den Quellen. Vierte, neu durchgesehene und vermehrte Auflage. Erster Band. Buch I und II: Alterthum und Mittelalter. Leipzig 1879.

Schlosser, Alfred: Die Sage vom Galgenmännlein im Volksglauben und in der Literatur. Münster 1912.

Schröder, Franz Rolf: Quellenbuch zur germanischen Religionsgeschichte. Berlin und Leipzig 1933.

Schubart, Willhelm: Ägyptische Abteilung (Papyrussammlungen). In: Amtliche Berichte aus den Königlichen Kunstsammlungen. 38. Jahrg. Nr. 12 (1917), S. 7-12.

Schumann, J. C. Gottlob: Die Missionsgeschichte der Harzgebiete. Ein Beitrag zur deutschen Kirchengeschichte. Halle 1869.

Schwaar, H. U.: Sápmi. Mythen und Sagen der Samen und ihr religiöser Hintergrund. Aus dem Norwegischen und Schwedischen übersetzt und erläutert von H. U. Schwaar. Frauenfeld 1996.

Seifarth, Carly: Aberglaube und Zauberei in der Volksmedizin. Originalausgabe 1913. Leipzig 2005.

Simek, Rudolf: Götter und Kulte der Germanen. Die erste Auflage dieses Buches erschien 2004. 2. Auflage. München 2006.

Simek, Rudolf: Lexikon der germanischen Mythologie. 3., völlig überarbeitete Auflage. Stuttgart 2003.

Simek, Rudolf: Religion der Germanen. Darmstadt 2003.

Simek, Rudolf (Hrsg.): Runes, Magic and Religion. A Sourcebook by John McKinnel and Rudolf Simek with Klaus Düwel. Wien 2004.

Simrock, Karl (Hrsg.): Die Edda, die jüngere und ältere, nebst den mythischen Erzählungen der Skalda. 6. Auflage. Stuttgart 1876.

Söhns, Franz: Unsere Pflanzen hinsichtlich ihrer Namenserklärung und ihrer Stellung in der Mythologie und im Volksglauben. Leipzig 1897.

Solli Brit: Odin - the queer? Om det skeive i norrøn mytologi, Universitetets Oldsaksamlings årbog 1997/98. 1998. S. 7-42.

Solli, Brit: Seid. Myter, sjamanisme og kjønn i vikingenes tid. 2002.

Steinsland, Gro; Meulengracht Sørensen, Peben: Människor och makter i vikingarnas värld. Stockholm 1998.

Steinsland, Gro: Norrøn religion. Myter, riter, samfunn. Oslo 2005.

Storl, Wolf-Dieter: Götterpflanze Bilsenkraut. 3. Auflage. Solothurn 2010.

Storl, Wolf-Dieter: Naturrituale. Mit schamanischen Ritualen zu den eigenen Wurzeln finden. Baden und München 2004.

Ström, Åke V. und Biezais, Haralds: Germanische und Baltische Religion. Stuttgart 1975.

Strömbäck, Dag: Sejd. Textstudier i nordiskreligionshistoria. Stockholm 1935.

Stuckrad, Kocku von: Schamanismus und Esoterik. Kultur- und wissenschaftsgeschichtliche Betrachtung. Leuven 2003.

Tacitus: Germania. Übersetzt, erläutert und mit einem Nachwort herausgegeben von Manfred Fuhrmann. Stuttgart 2000.

Tacitus: Historien. Übersetzt und herausgegeben von Helmuth Vretska. Stuttgart 1984.

Tecklenburg, Réne: Die Verdichter - eine religionsethnologische Studie zum Schamanismus der Lakota. Berlin/Wien 2007.

Timm, Erika: Frau Holle, Frau Percht und verwandte Gestalten. 160 Jahre nach Jacob Grimm aus germanistischer Sicht betrachtet. 2. Auflage. Stuttgart 2010.

Vries, Jan de: Altgermanische Religionsgeschichte. Band I. Zweite, völlig neu bearbeitete Auflage. Berlin 1956.

Vries, Jan de: Der Mythos von Balders Tod. In: Vries, Jan de: Kleine Schriften. Herausgegeben von Klaas Heeroma und Andries Kylstra. Berlin 1965, S. 133-150.

Walter, Nariko M. und Neumann Fridman, Eva J. (Hrsg.): Shamanism. An Encyclopedia of World Beliefs, Practices and Culture. Santa Barbara 2004.

Wamers, Egon (Hrsg.): Bärenkult und Schamanenzauber. Rituale früher Jäger. Eine Ausstellung des Archäologischen Museums Fraunkfurt in Zusammenarbeit mit dem Reiss-Engelhorn-Museen Mannheim und dem Neanderthal Museum Mettmann. Regensburg 2015.

Wasson, Gordon: Soma: Divine Mushroom of Immortality. 1967.

Weber, Hartwig: Lexikon Religion. Hamburg 2006.

Winckler, Hugo: Die babylonische Kultur in ihrer Beziehung zur unsrigen. Ein Vortrag von Hugo Winckler. Mit 8 Abbildungen. Leipzig 1902.

Winner, Ellen und Rai, Mohan: Mundum. Von Göttern, Geistern und Schamanen im Himalaya. Uhlstadt-Kirchhasel 2008.

Zillinger, Karl: Salzburger Weihnacht. Wien 2013.

Der Autor

Dr. phil. Thomas Höffgen, Germanist und Philosoph, erforscht heidnische Traditionen und naturmagische Folklore in Europa. Er ist Autor mehrerer Bücher im Bereich der germanischen Altertumskunde und nordischen Naturspiritualität.
Website:

www.thomashoeffgen.de

Thomas Höffgen

Volkspoesie – Von grimmschen Märchen, germanischen Mythen und den Gesängen der Naturvölker

196 Seiten, mit vier Abb., 14,8 x 21 cm,
Hardcover
ISBN 978-3-946425-70-0
16,00 €

Die von den Brüdern Grimm gesammelte Volkspoesie – Götterlieder, Zaubermärchen und Dämonensagen – zählt zum UNESCO-Weltkulturerbe.

Die Gründungsväter der Germanistik gingen davon aus, dass die volkstümliche Dichtung auf uralte Überlieferungen der europäischen Naturvölker zurückgehe, insbesondere die Mythen und Rituale der Germanen. Von der modernen Forschung wurden derlei Theorien jedoch grundsätzlich verworfen: Nichts von alledem sei wirklich alt oder authentisch, sondern das phantastische Produkt romantischer Gelehrter.

Dr. Thomas Höffgen, Philologe und Volkskundler, untersucht die alten Texte neu und gelangt zu der erstaunlichen Erkenntnis, dass vielerlei Folklore fürwahr aus jener Zeit stammt, die „einmal war“.

Thomas Lückewerth
Totenschiff und Schlangensaal – Eine Reise zu den Kultstätten der Bronze- und Eisenzeit Nordeuropas
296 farbige Seiten, über 350 Bilder, DIN A4, Hardcover
ISBN 978-3968150-63-5
40,00 €

Totenschiff und Schlangensaal ist eine Reise zu den religiösen Stätten und Praktiken im Siedlungsgebiet der nordgermanischen Völker: Von Norddeutschland über Dänemark nach Schweden, von Norwegen nach Island. Der Autor beschreibt die unterschiedlichen Ausdrucksformen der Kulthandlungen und Kultstätten - von den bronzezeitlichen Fruchtbarkeitskulten und den ihnen zugeordneten Felsbildern bis hin zu den gotländischen Bildsteinen der Wikingerzeit, die das letzte Aufblühen der heidnischen Kultur des Nordens darstellen.

Knapp einhundertvierzig herausragende Stätten und Relikte des religiösen und kultischen Lebens des Nordens werden in Wort und mit über dreihundertfünfzig Bildern vorgestellt, herausragend fotografiert und mit neuesten archäologischen und historischen Erkenntnissen versehen. Die religiösen Ausdrucksformen der dreitausend Jahre vom Beginn der Bronzezeit bis zum Ende der Eisenzeit sind vielfältig: Felsritzungen, Schiffssetzungen, Runensteine, Bildsteine, Hügelgräber, Steinkreise, Bautasteine, hölzerne Tempel und Kulthöfe, Götteridole, Opferseen, heilige Quellen und Haine, Labyrinthe, Kultwege etc. Alle beschriebenen Orte wurden vom Autoren auf dutzenden Exkursionen in den letzten zwei Jahrzehnten selbst besucht und fotografiert.